DE MUJER A MUJER

Libros de Lydia Brownback publicados por Portavoz

De mujer a mujer: 23 mujeres de la Biblia hablan a la mujer de hoy

Florece: Deja que la verdad de Cristo te libere de la mentira de una vida centrada en ti misma

Mujeres sabias: Enseñanzas del libro de Proverbios para la vida diaria

Soledad redimida: Nunca estás realmente sola, Dios está contigo siempre.

DE MUJER A MUJER

23 MUJERES DE LA BIBLIA HABLAN A LA MUJER DE HOY

LYDIA BROWNBACK

EDITORIAL
PORTAVOZ

La misión de *Editorial Portavoz* consiste en desarrollar y distribuir productos de calidad —con integridad y excelencia—, desde una perspectiva bíblica y confiable, que animen a las personas a conocer y servir a Jesucristo.

Traducción: Rosa Pugliese

Las cursivas en los versículos bíblicos son énfasis de la autora.

EDITORIAL PORTAVOZ
2450 Oak Industrial Drive NE
Grand Rapids, MI 49505 USA
Visítenos en: www.portavoz.com

ISBN 978-0-8254-5082-2 (rústica)
ISBN 978-0-8254-6365-5 (Kindle)
ISBN 978-0-8254-6366-2 (epub)

1 2 3 4 5 edición / año 34 33 32 31 30 29 28 27 26 25

Impreso en los Estados Unidos de América
Printed in the United States of America

Dedicado a mi madre,
Wilma Lorraine Grunert Brownback

Se levantan sus hijos y la llaman bienaventurada…
Muchas mujeres hicieron el bien;
Mas tú sobrepasas a todas…
Dadle del fruto de sus manos,
Y alábenla en las puertas sus hechos.
Proverbios 31:28-31

CONTENIDO

PRÓLOGO

“¡Santo cielo! ¡Qué mujeres tan admirables hay entre los cristianos!”. Así se expresaba Libanio, el filósofo pagano que enseñaba retórica en la antigua Antioquía. Aunque no era amigo del cristianismo, Libanio se maravillaba de la fortaleza de las mujeres que decían ser seguidoras de Cristo.

Lo que hacían las mujeres cristianas en aquella época era realmente admirable. Frente a las dificultades, la persecución e incluso la muerte, demostraban el amor de Cristo con su servicio y obras de caridad. Con una gran demostración de perseverancia y fortaleza de carácter, trabajaban para formar comunidades cristianas solidarias. Educaban a los niños, visitaban a los presos, alojaban a los forasteros, alimentaban a los pobres, cuidaban a los enfermos y enterraban a los muertos. Y lo hacían todo con acción de gracias y adoración a Dios en la belleza de su santidad. ¿Cuándo volveremos a ver a mujeres como ellas?

Una forma de aprender a ser una mujer de Dios es seguir el ejemplo de las grandes mujeres de la fe. Por supuesto, los mejores ejemplos provienen de las historias reales de la Biblia. El libro que tienes entre tus manos contiene más de veinte lecciones bíblicas sobre cómo vivir para la gloria de Dios. Algunas de las mujeres que aparecen en estas páginas fueron leales al pueblo de Dios (Rahab y Rut). Otras perseveraron en la oración (Ana, la madre de Samuel y Ana, la viuda). Otras dedicaron su vida al servicio cristiano (Lidia) o tuvieron demostraciones extraordinarias de amor por Jesucristo (María Magdalena).

Cada ejemplo positivo es de inspiración para llegar a ser mujeres conforme al corazón de Dios.

No todas las mujeres de la Biblia tuvieron victorias espirituales. Sin embargo, incluso sus fracasos nos dejan enseñanzas. Así, este libro incluye lecciones sobre cómo dejar atrás el mundo y no mirar atrás (la mujer de Lot), cómo contentarse con la posición donde Dios nos coloca (María), cómo evitar manipular a otros con fines malvados (Dalila) y cómo sacar tiempo para estar en comunión con Cristo (Marta). En conjunto, los buenos y los malos ejemplos enseñan lo que hay que evitar y lo que hay que imitar.

Conocí a Lydia Brownback en el Westminster Theological Seminary, donde figuraba entre los mejores estudiantes de su clase. En este libro ha aprovechado su formación bíblica para ofrecer una nueva perspectiva sobre las mujeres más importantes de la Biblia. Cada capítulo está fundamentado teológicamente y contiene información relevante sobre el contexto bíblico y cultural.

Este es también un libro que asocia y aplica la verdad bíblica a los problemas del corazón que las mujeres cristianas reales enfrentan cada día. Aborda temas vitales como la fe y la amistad, el fracaso y el éxito. Mi oración es que, a medida que lo leas, aspires a estar a la altura de las grandes mujeres cristianas del pasado.

Philip Graham Ryken
Pastor principal
Tenth Presbyterian Church
Filadelfia, Pensilvania

AGRADECIMIENTOS

Dios me ha ayudado enormemente a comprender su amor, no solo a través de las mujeres que aparecen en las Escrituras, sino también de aquellas a través de las cuales me ha bendecido personalmente. En concreto, estoy agradecida por el apoyo y el aliento que recibí para llevar a cabo este proyecto de parte de Mina Brownback Hayn, Susan Flanigan, Karen Montgomery, Ruth Floyd Rush y Sue Wilkey, así como de las demás mujeres de mi estudio bíblico femenino. Estoy en deuda con mi madre, Wilma Brownback, por dejar de lado sus propios proyectos para ofrecerme su ayuda editorial. Por último, estoy agradecida a Dios por el ejemplo de amor, compromiso y piedad que me ha dado a través de mi mejor amiga y hermana, Elizabeth Renee Blackburn.

INTRODUCCIÓN

Por todas partes oímos hablar de lo que la mujer de hoy piensa y siente. Se nos dice que las mujeres occidentales, que viven en los albores del siglo XXI, pueden tener oportunidades, ambiciones y éxitos como nunca antes en la historia. En varios aspectos es cierto. Las mujeres de hoy deben mucho al movimiento feminista de principios del siglo XX, el movimiento tal como era antes de su forma militante y vanguardista. Tenemos una libertad de elección sin precedentes en materia de profesión, estilo de vida y estado civil.

Sin embargo, en realidad, las mujeres de hoy, a pesar de su libertad, experimentan los mismos sentimientos que sus hermanas a lo largo de los siglos. Nuestras nuevas libertades no han aliviado la soledad, la vergüenza, el fracaso y la angustia. Sufrimos con la misma intensidad que las mujeres de todas las épocas y sociedades. En realidad, el potencial de estrés y ansiedad no ha hecho más que aumentar, ya que junto con una mayor libertad ha venido una mayor responsabilidad.

El grave error que cometen numerosas mujeres hoy día es creer la mentira de que somos más cultas que las mujeres de siglos anteriores o de países menos civilizados. Las oportunidades educativas abundan en nuestra cultura como en ninguna otra, sin embargo, la iluminación más pura no proviene de ningún aula o curso universitario. Solo proviene de la Palabra de Dios revelada por el Espíritu Santo. ¿Adónde se ha ido esa dependencia de las Escrituras? La respuesta es sencilla: La creencia en las Escrituras como autoridad ha disminuido enormemente por una independencia personal caracterizada por el egoísmo, que es, y siempre ha sido, un compañero desafortunado y demasiado frecuente de la libertad.

Para ser sinceras, debemos admitir que no somos más felices que las mujeres que llevaban vidas tan restringidas antes que nosotras en sociedades sumamente dominadas por los hombres. Nada de nuestra absoluta libertad nos ha proporcionado verdadera paz y satisfacción. Esto se debe a que tales cosas solo se pueden encontrar donde siempre se han encontrado: en el reconocimiento de nuestro pecado y la total dependencia de Jesucristo, tal y como se describe en la Palabra de Dios.

En las Escrituras, tenemos la oportunidad de descubrir cómo Dios ha obrado en y por medio de mujeres de diversas condiciones. Allí las encontramos ricas y pobres, amadas y no amadas, de buena y de mala reputación. Vemos a mujeres como Sara y Ana, que conocieron de primera mano la angustia de la infertilidad. Hay mujeres como Rahab, que conocieron la humillación de un pasado vergonzoso. Otras, como María y Marta, lucharon con problemas derivados de sus fuertes temperamentos, siempre catalizadoras de conflictos, en especial al considerar que pertenecían al grupo de mujeres comúnmente conocidas como el sexo débil. Está Abigail, una mujer elegante atrapada en un matrimonio con un borracho maleducado. En María Magdalena encontramos a una mujer cuyo deseo de amar apasionadamente encontró su eterna realización en Jesucristo.

Este libro contiene una breve mirada a veintitrés mujeres que aparecen en las Escrituras. De cada una de ellas podemos aprender sobre nuestra relación con Dios y cómo Él utiliza los problemas y las características inherentes a las mujeres para apartarnos para sí. Aunque de cada una de las veintitrés mujeres se puede extraer muchos aspectos valiosos, aquí solo se ha destacado una característica específica de cada una de ellas. Al leer sobre la vida de cada una, espero que, una vez despojada de su barniz cultural, veas que compartimos las mismas esperanzas y podemos reclamar las mismas promesas que ellas, porque Dios es el mismo ayer, hoy y por los siglos.

CAPÍTULO 1

EVA

Las trampas de la tentación

Tiendas de lujo frente a tiendas de descuento

¿Quién no tiene al menos una camiseta blanca de algodón? Para mayores y jóvenes, para hombres y mujeres, para el trabajo y el fin de semana, las camisetas son un básico del armario estadounidense. Se venden en percheros, pilas y paquetes de tres, livianas, de tramado fino, con cuello redondo o en v, con bolsillos o lisas, y son prendas que los minoristas de ropa tienen en *stock* todo el año. Independientemente de las diferencias de peso, estilo y escote, no dejan de ser camisetas blancas de algodón. Entonces, ¿por qué tantas mujeres se gastan cincuenta dólares en la versión de Ralph Lauren que se vende en una tienda de lujo en lugar de comprar un paquete de tres camisetas en una tienda de descuento por mucho menos? Porque los minoristas saben que el estadounidense promedio es presa fácil del poder de la sugestión. Los buenos anunciantes dominan ese poder; de hecho, nos dominan.

¿Qué imágenes te vienen a la mente cuando piensas en las tiendas de lujo? Riqueza, personas guapas, sonrisas sexys, cuerpos tonificados, creadores de tendencias. Por otro lado, las tiendas de descuento apelan al sentido práctico de clase media, una parte necesaria de lo mundano. Esas imágenes vienen a la mente porque los anunciantes así lo quieren. Cuando una mujer compra una camiseta de cincuenta dólares, está intentando comprar el aura que se promueve con ella. Los que compran en las tiendas de descuento sienten que han conseguido una ganga, una ventaja sobre los menos ahorrativos. Los compradores de las tiendas de descuento están comprando un sentimiento de superioridad y logro. El poder de la sugestión funciona porque apela a nuestros deseos. De hecho, ha funcionado tan bien que ahora domina nuestra cultura en todos los ámbitos de la vida.

Un paraíso sin problemas

Sin embargo, esto no es nada nuevo. Se remonta al comienzo de la historia de la redención en el huerto del Edén, donde el primer representante de *marketing* exitoso fue una serpiente. Todo comenzó un día como cualquier otro mientras Adán cuidaba del huerto y Eva lo ayudaba. Había mucho que comer y beber, y los dos vivían en comunión ininterrumpida con Dios. Vivían en paz porque Dios había dado instrucciones para tener una vida feliz en el huerto. Adán y Eva tenían libertad de acción para hacer uso de todo lo que había allí, excepto de un solo árbol, el árbol del conocimiento del bien y del mal. Dios había dejado claro que, si comían de ese árbol, morirían. No obstante, podían disfrutar del resto de la variedad de frutos del huerto. Fue en ese escenario perfecto donde Satanás, disfrazado de serpiente, apeló a la codicia de Eva.

La tentación... nos lleva a cuestionar la bondad de Dios y la verdad de sus palabras.

Un vistazo a la vida de Eva nos lleva a preguntarnos por qué habría sido susceptible a la tentación, qué anhelos insatisfechos podrían haberse cultivado en sus deseos codiciosos. En ese momento, su vida era absolutamente perfecta. Dios le había proporcionado todo lo que necesitaba. A diferencia de nosotras, ella no tenía preocupaciones financieras ni de vestimenta. No tenía problemas de relaciones. Aún no tenía hijos que criar. La única tarea de Eva era disfrutar de la vida en el huerto en compañía de Dios y Adán. Dios se había ocupado de su bienestar en todos los sentidos. Eva no tenía excusa para pecar.

Sin embargo, para que no nos apresuremos a juzgar a Eva, debemos recordar que, a pesar de nuestros problemas, no tenemos más excusa para pecar que ella. A menudo buscamos excusas y circunstancias atenuantes para echar la culpa de lo que hacemos a otros factores. Culpamos a los problemas relacionales, las dificultades financieras, las hormonas, el exceso de trabajo y los deseos insatisfechos de un tipo u otro. Nuestras excusas son infinitas, pero no debemos permitir que tales cosas nos engañen a pecar, porque Dios proporciona lo necesario para el completo bienestar de las mujeres de hoy, tal como lo hizo con Eva. La Biblia señala: "Como todas las cosas que pertenecen a la vida y a la piedad nos han sido dadas por su divino poder, mediante el conocimiento de aquel que nos llamó por su gloria y excelencia" (2 P. 1:3). Por tanto, puesto que se nos ha dado todo lo que necesitamos, nuestros problemas no tienen por qué ser nunca causa para pecar, como tampoco lo fue para Eva.

Problemas subyacentes

Así que, puesto que las circunstancias difíciles no llevaron a Eva a caer, ¿qué lo hizo? Pecó por la misma razón que nosotras: quería algo que no tenía.

> Pero la serpiente era astuta, más que todos los animales del campo que Jehová Dios había hecho; la cual dijo a la mujer: ¿Conque Dios os ha dicho: No comáis de todo árbol del huerto? Y la mujer respondió a la serpiente: Del fruto de los árboles del huerto podemos comer; pero del fruto del árbol que está en medio del huerto dijo Dios: No comeréis de él, ni le tocaréis, para que no muráis (Gn. 3:1-3).

Lo primero que hizo la serpiente fue llevar a Eva a pensar en lo único que no tenía. Intentó que apartara sus ojos de todas las bendiciones que tenía para sembrarle la idea de la privación. La tentación viene a nosotras precisamente de la misma manera y, cuando lo hace, nos lleva a cuestionar la bondad de Dios y la verdad de sus palabras.

Una joven que asiste a mi iglesia, Raquel, se inscribió para viajar con el equipo misionero a Brasil. Cada participante era responsable de reunir la ayuda económica necesaria para ir; así que, para prepararse, Raquel se sometió a un estricto presupuesto. Se prohibió comprar ropa nueva, salir a comer con los amigos y otros gastos superfluos. Poco después, Raquel recibió una invitación a una velada de fiesta formal que aceptó encantada. A medida que se acercaba la fecha de la fiesta, Raquel empezaba a preocuparse por qué ponerse. Tenía ropa apropiada en su guardarropa, pero ya se la había puesto infinidad de veces.

Raquel empezó a replantearse las condiciones de su nuevo presupuesto. ¿Sería realmente un fracaso hacer una excepción puntual? "Después de todo —razonó— va a ser una ocasión muy especial. Además —pensó—, el viaje misionero es por el bien de los demás. También puedo hacer algo bueno por mí misma, ya que estoy haciendo un sacrificio para ir a Brasil". Asimismo, reforzó su determinación de hacer una concesión haciendo la vista gorda a la Palabra de Dios: "La Biblia dice que no necesito preocuparme por la ropa porque Dios cuidará de mí, pero no me garantiza que Dios me hará lucir bien: ¡necesito un vestido nuevo especial para verme bien!".

Así es como la tentación trabaja en nuestra vida y, una vez que se ha arraigado en nosotras, dejamos de ver todo lo que Dios nos ha dado. En cambio, empezamos a focalizarnos en lo que nos falta o en lo que creemos que merecemos. Detrás de la tentación siempre está el cuestionamiento a la bondad de Dios y su Palabra.

Batalla estratégica

Eva también intentó razonar con la tentación. En lugar de cerrar su mente a la sugerencia de la serpiente, entabló conversación con ella. Sin embargo, como el enemigo era más astuto que Eva, y mucho más inteligente, fue un error fatal. Si nos detenemos a conversar con el enemigo (aunque sea para argumentar), la mitad de la batalla está perdida. Por un lado, es un indicador de que ya estamos considerando lo que nos ofrece. Además, no podemos burlar la tentación solo con la fuerza de nuestra mente y nuestro corazón. No estamos a la altura de semejante tarea.

Entonces, si el argumento no funciona, ¿qué lo hace? Es muy fácil frustrarse en nuestras batallas contra el pecado. Lo que funciona es lo que hizo Jesús cuando fue tentado por el diablo en el desierto. El tentador se acercó y le dijo: "Si eres Hijo de Dios, di que estas piedras se conviertan en pan. Él respondió y dijo: Escrito está: No solo de pan vivirá el hombre, sino de toda palabra que sale de la boca de Dios" (Mt. 4:3-4).

Tanto Eva como Jesús fueron tentados con comer, pero la diferencia radicaba en que Eva tenía una abundancia de alimentos, mientras que Jesús no había comido nada durante cuarenta días. En ambos casos, Satanás trató hábilmente de apartar sus ojos de Dios y ponerlos sobre ellos mismos. No tuvo éxito con Jesús, pero Eva cayó porque no basó su respuesta únicamente en las palabras de Dios. La mayor diferencia en las respuestas de Eva y de Jesús fue que Jesús basó su respuesta en la Palabra de Dios y Eva no. Eso significa que, si Jesús usó las Escrituras para resistir las asechanzas del diablo, ¡cuánto más debemos hacerlo nosotras! De la experiencia de Jesús aprendemos que la Palabra de Dios es la única arma eficaz que podemos usar para obtener la victoria, y es un arma muy poderosa.

La Palabra de Dios es la única arma eficaz que podemos usar para obtener la victoria, y es un arma muy poderosa.

En ese momento, la tentación se apoderó más de Eva, que empezó a atribuir cualidades mezquinas a Dios. Le dijo a la serpiente: "... del fruto del árbol que está en medio del huerto dijo Dios: No comeréis de él, ni le tocaréis, para que no muráis" (Gn. 3:3). Pero, si te fijas en lo que realmente dijo Dios (Gn. 2:16-17), verás que nunca afirmó que no podían tocar el árbol, sino solo que no debían comer de él. ¿Has caído en esa trampa? Ocurre cuando le damos vueltas a una sugerencia pecaminosa y jugamos con ella en nuestra mente. De repente, los mandamientos de Dios parecen insignificantes y restrictivos. En nuestro pensamiento, Dios adquiere el aspecto de un tirano, que exige pruebas de lealtad mediante privaciones personales. Así es exactamente como Eva llegó a pensar, y solo hizo falta una sutil insinuación para lograrlo.

A medida que el diálogo destructivo continuaba, la serpiente ejercía su ventaja con mentiras descaradas como: "No moriréis; sino que sabe Dios que el día que comáis de él, serán abiertos vuestros ojos, y seréis como Dios, sabiendo el bien y el mal" (Gn. 3:4-5). La insinuación cuidadosa y la sugerencia sutil ya no eran necesarias. Básicamente, le dijo: "Mira, Eva. Dios dijo que morirías, pero solo para asustarte. Lo que Él realmente sabe (pero no te lo dijo) es que te sentirás más realizada como persona si comes de este árbol. Dios no quiere que experimentes tu realización personal, Eva. Quiere mantenerte abajo para poder controlarte. Sabe que si comes de ese fruto serás independiente, tendrás el control de tu propia vida. ¿Por qué Dios debería tener todo el poder? ¿No quieres ser como Él?".

¿Quién es el que manda?

Sucumbir a la tentación de tal autonomía es el mayor de todos los males. Cuando deseamos levantarnos en independencia de Dios, buscamos desplazarlo de su poder. Por horrible que suene, por mucho que nos estremezcamos al oírlo, detrás de esa independencia está el deseo de la muerte de Dios. Tal deseo es orgullo en su máxima expresión, y es un deseo que acecha en cada corazón humano, incluyendo el mío y el tuyo, aun después de ser salvos. El más pecaminoso de los pecados es más destructivo que cualquier otra cosa imaginable. Es lo que hizo que Satanás fuera expulsado del cielo. Es lo que llevó al rey Nabucodonosor a la locura. Es lo que causó la crucifixión de Jesucristo. Y todos somos culpables de ello. Desde luego, no pensamos o decimos conscientemente que queremos ser como Dios, pero el deseo está ahí en nuestro corazón. En cada pecado que cometemos, estamos declarando nuestro deseo de independencia, autonomía y control sobre nuestra propia vida. Fue el anzuelo definitivo para atrapar a Eva, y es el anzuelo que nos atrapa a nosotras también.

El Nuevo Testamento declara: "Porque todo lo que hay en el mundo, los deseos de la carne, los deseos de los ojos, y la vanagloria de la vida, no proviene del Padre, sino del mundo" (1 Jn. 2:16). Cuando Eva vio que el árbol era bueno para comer (los deseos de la carne), que era agradable a los ojos (los deseos de los ojos) y que era un árbol deseable para alcanzar la sabiduría (la vanagloria de la vida), tomó de su fruto y comió (no del Padre, sino del mundo). ¿Puedes ver esa cadena de acontecimientos en las cosas que te tientan? Está presente tanto en las cosas pequeñas como en las grandes. Todas las mujeres somos propensas a la codicia de un tipo u otro. A menudo son deseos de cosas buenas que, cuando se exageran, se convierten en fuertes antojos que hacen estragos en nuestro interior. Si estos deseos no se controlan, la mayoría de las veces sucumbimos y caemos en el pecado. Eso es lo que hizo Eva, y el resultado fue la vergüenza, la miseria y la muerte.

En cada pecado que cometemos, estamos declarando nuestro deseo de independencia, autonomía y control sobre nuestra propia vida.

Un Redentor al rescate

Sin embargo, Dios no dejó que Eva saliera sola de ese apuro, como tampoco lo hace con nosotras. Después, Dios fue a buscar a Eva y a su marido y, cuando no salieron a recibirlo, los llamó, pero sus conciencias culpables los hicieron encogerse de miedo al verse expuestos. ¿No es así como te sientes después de haber pecado? Enfrentarse a Dios es muy difícil porque nos sentimos avergonzadas. Pensamos que primero tenemos que encontrar una manera de arreglar las cosas, o al menos tratar de minimizar nuestra vergüenza y nuestra culpa. Eva intentaba hacer eso cuando se cubrió con hojas de higuera, pero Eva no tenía que esconderse y nosotras tampoco. Dios viene a buscarnos. Nos llama para que volvamos a Él. Si has sido redimida por la sangre de Cristo, nunca tendrás que temer que tu pecado aleje a Dios de ti. Si sientes que Él se ha ido, es una ilusión creada por tu sentimiento de culpa y fracaso. Dios sigue a tu lado y, además, hace todo el trabajo para reconciliarte consigo mismo, como lo hizo con Eva en el huerto.

Jesús dijo: "¿Qué hombre de vosotros, teniendo cien ovejas, si pierde una de ellas, no deja las noventa y nueve en el desierto, y va tras la que se perdió, hasta encontrarla? Y cuando la encuentra, la pone sobre sus hombros gozoso; y al llegar a casa, reúne a sus amigos y vecinos, diciéndoles: Gozaos conmigo, porque he encontrado mi oveja que se había perdido" (Lc. 15:4-6).

Dios también sabe que, cuando nos enfrentamos a Él con nuestro fracaso, tendremos la tentación de echar la culpa a alguien o a algo más por miedo al castigo. Eso es lo que sucedió en el huerto cuando Dios fue a restaurar a sus hijos caídos: "Y el hombre respondió: La mujer que me diste por compañera me dio del árbol, y yo comí. Entonces Jehová Dios dijo a la mujer: ¿Qué es lo que has hecho? Y dijo la mujer: La serpiente me engañó, y comí" (Gn. 3:12-13). Adán culpó a Eva; Eva culpó a la serpiente. Si has jugado al juego de la culpa, no eres la única. Es instintivo a nuestra naturaleza pecaminosa, evidenciado en el hecho de que incluso los niños pequeños emplean las mismas tácticas.

Sin embargo, como adultos, nuestros señalamientos con el dedo son más sofisticados que cuando un niño señala a otro y dice: "¡Fue ella!". La transferencia de nuestra culpa es más parecida a esto: "Yo podría amar a los demás, si Dios me diera a alguien que me amara primero". O: "¿Cómo esperas que esté alegre cuando mi marido está siempre de mal humor?". Y: "¡Tú también perderías la paciencia si tuvieras los compañeros de trabajo que yo tengo!". Y qué tal: "La vida es demasiado estresante para bajar estos kilos de más. Ahora no puedo hacer dieta". Esas excusas son un sofisticado intercambio de culpas, ecos de Eva. ¿Reconoces este tipo de pensamientos en ti? Si eres como la mayoría de nosotras, los reconocerás. Tenemos miedo de asumir la responsabilidad de nuestros pecados.

La buena noticia del evangelio es que no tienes nada que temer si has sido redimida por Jesucristo. Esto se debe a que Él ya ha sufrido el castigo por todos tus pecados, pasados, presentes y futuros. Aun así, podemos sufrir las consecuencias de nuestro pecado; pero, cuando eso sucede, es la disciplina amorosa de Dios y no su justicia iracunda la que actúa. Un buen padre no disciplina a su hijo con ira, sino que lo hace para apartarlo del camino destructivo. Lo mismo ocurre con Dios. Incluso, Él controla las consecuencias de nuestro pecado para nuestro bien.

Eso no significa que Dios ignore nuestros pecados. Ni mucho menos. De hecho, el precio que Jesús pagó por nuestros pecados fue insuperablemente alto. Le costó la vida, que le fue arrebatada mediante una muerte sangrienta y horrible. Tal muerte era necesaria, porque el derramamiento de sangre siempre es necesario para quitar el pecado. Eso fue tan cierto para el pecado de Eva como lo es para tu pecado y el mío, y Jesús pagó por el pecado de Eva al igual que lo hizo por el nuestro. No obstante, como Jesús aún no había venido a redimirnos, Dios prefiguró el sacrificio de Cristo en favor de Eva de otra manera.

La historia nos dice: "Y Jehová Dios hizo al hombre y a su mujer túnicas de pieles, y los vistió" (Gn. 3:21). ¿Cómo podían las pieles de animales expiar el pecado? Piensa en lo que implica el proceso de obtención de pieles de animales. Primero hay que sacrificar a un animal y, cuando eso ocurre, se derrama sangre. Dios vino y les quitó la culpa de su pecado. Luego cubrió su desnudez, su vergüenza, con su provisión de justicia. Dios hizo todo el trabajo. Eva no tuvo que ganarse su vuelta a Dios después de sucumbir a la tentación.

Puede que tú estés cargada con la culpa de algún pecado, algo que te impide volver a Dios. Si es así, no necesitas esconderte, porque Jesucristo ya ha pagado por tu fracaso. Levántate y vuelve, y ten presente todo lo que Jesús ha hecho por ti. Cuando lo hagas, descubrirás lo mismo que Eva: que Dios ya ha salido a tu encuentro, no con un merecido castigo, sino con amor y bendición.

GUÍA DE ESTUDIO

Capítulo 1: Eva

Lee los siguientes pasajes para aprender lo que las Escrituras nos dicen sobre Eva: Génesis 2–3; 4:1-2.

1. ¿Qué relación podemos establecer entre los problemas de la vida cotidiana y nuestra tentación de pecar? ¿Cuál es la causa subyacente de la tentación?

2. Explica las estrategias utilizadas por la serpiente para conseguir que Eva pecara.

3. ¿Por qué el razonar no es un arma eficaz contra la tentación?

4. Explica tanto las similitudes como las diferencias entre Jesús y Eva en su manejo de la tentación.

5. Explica por qué el deseo de autonomía es el peor de los males.

6. ¿Cuál es el remedio cuando hemos sucumbido a la tentación?

CAPÍTULO 2

SARA

Vale la pena esperar

Promesas... Promesas

Las promesas, los votos y los compromisos (tan fáciles de hacer, tan fáciles de romper) nos llevan por el camino incierto de las buenas intenciones. El político que promete no aumentar los impuestos, el padre que promete a su hijo jugar a la pelota después de cenar o los novios que intercambian sus votos matrimoniales frente al altar, ¡con qué facilidad se olvidan esas promesas cuando aparecen las distracciones o las inconveniencias! ¿Hay alguien en quien podamos confiar? Nos han defraudado aquellos en quienes más confiábamos y, sin lugar a duda, también hemos faltado a nuestra palabra. Incluso cuando cumplir la palabra está a nuestro alcance, rompemos fácilmente nuestras promesas cuando cumplirlas no nos conviene.

No es el caso de Dios. Él nunca falta a su Palabra ni deja de hacer todo lo que dice. Las promesas de Dios son infinitas. Basta con abrir la Biblia para encontrar una. Cualquiera que sea nuestra necesidad, hay una promesa que se ajusta perfectamente a la medida de su provisión.

¿Qué promesas necesitas? Tal vez te sientas sola. Si es así, abre la Biblia en Salmos 68:6, y descubrirás la promesa de Dios de suplir la necesidad de los solitarios. ¿Te pesa la culpa en la conciencia? En Primera de Juan, Dios promete perdonar todos tus pecados por medio de Cristo Jesús. ¿Estás luchando para poder vencer un hábito pecaminoso? Si es así, Romanos 6:14 ofrece la tremenda promesa de que el pecado no tiene dominio sobre el pueblo de Cristo. ¿Es una cuestión de guía? Lee Proverbios 3:5-6 o Salmos 139, y verás que Dios ya tiene un camino marcado para ti. Él promete guiar a quienes estén dispuestos a ir adonde Él los guíe. Sin embargo, a la luz de tales promesas (y de miles más), ¿por qué dudamos tan a menudo? No es que Dios sea tan poco fiable como nosotras.

La lucha de Sara

Una mirada a Sara, la matriarca del Antiguo Testamento, nos ayudará a responder esta pregunta. ¿Quién era Sara? Era la esposa de Abraham y su medio hermana. Había llegado con su marido a la tierra de Canaán cuando Dios los llamó a salir de Ur, su tierra natal. A lo largo de su vida matrimonial sufrió la difícil situación de tantas mujeres: quería tener hijos, pero no podía concebir.

¿Conoces a alguna mujer en esa situación? Si es así, es probable que hayas sido testigo de la tristeza y el dolor que siente cuando pasan los años y renuncia a sus sueños e instintos maternales. En todo el sinnúmero de dificultades que Sara experimentó durante su vida con Abraham, su esterilidad fue quizás la mayor dificultad de todos esos años.

La infertilidad es común incluso en esta época de tecnología avanzada y médicos expertos. Muchas de nosotras conocemos a una o más mujeres que enfrentan la falta de hijos. No tener hijos era aún más difícil en la época de Sara. En el antiguo Cercano Oriente, el estatus social y la seguridad de una mujer dependían en gran medida del número de hijos que tuviera. Tener hijos era una garantía de respeto y favor dentro de la comunidad. En aquella época, los hijos estaban obligados a mantener a sus padres en la vejez, por lo que una mujer con muchos hijos pasaría una vejez sin necesidades.

No obstante, incluso en esta época de prestaciones sociales y autosuficiencia femenina, la mujer que desea tener hijos, pero no los tiene, suele experimentar una profunda angustia. Sin embargo, Sara no tenía motivos para sufrir, porque Dios había prometido un hijo a su marido.

Los pensamientos, los sentimientos y la perspectiva espiritual de Sara, tal como se nos muestran, pertenecen a una mujer que ya había vivido noventa años. Lo que descubrimos rápidamente de Sara es que, aunque tenía fe en Dios y había recibido promesas concretas de bendiciones futuras, dudaba de la capacidad de Dios para cumplir su palabra. La duda había caracterizado su actitud durante varios años, como podemos ver al seguir su historia en Génesis.

Comenzó años antes, cuando Dios se había aparecido a Abraham y había prometido darle una gran descendencia (Gn. 15:3-5). Sin embargo, el tiempo pasó y no tuvo ningún hijo. Sara perdió la esperanza en la promesa del Señor y, a medida que su duda se intensificaba hasta convertirse en desánimo, tomó cartas en el asunto.

Sara tomó las riendas y empleó una práctica común en numerosas culturas de la época. Una mujer estéril a menudo lograba ser madre indirectamente a través de una de las siervas del grupo familiar. El marido dejaba embarazada a la sierva, y el hijo que nacía era entregado a la esposa para que lo criara como propio. Sara decidió que esa era la única solución realista a su problema. En realidad, era la única solución *visible*.

Sara persuadió a su marido: "Ya ves que Jehová me ha hecho estéril; te ruego, pues, que te llegues a mi sierva; quizá tendré hijos de ella" (Gn. 16:2). Podríamos atribuir su acción pecaminosa a la impaciencia, pero lo más probable es que tuviera su origen en la falta de fe. Como resultado de una confianza disminuida en Dios, Sara probablemente se convenció a sí misma de que esa solución impía era la forma en que Dios había pensado cumplir su promesa. Así que Abraham dejó embarazada a la sierva de Sara, Agar, que le dio un hijo, Ismael.

Cuando miramos demasiado nuestras circunstancias... dejamos de ver con claridad al verdadero Dios y sus caminos.

Eso es lo que ocurre cuando miramos demasiado nuestras circunstancias. Dejamos de ver con claridad al verdadero Dios y sus caminos. Aunque la promesa inicial de Dios de dar una descendencia a Abraham no mencionaba a Sara personalmente, debería haberse sobreentendido, porque tener descendencia a través de una sierva era una desviación del diseño de Dios para el matrimonio (Gn. 2:23-24). Sara y Abraham lo tendrían que haber sabido.

Si tan solo hubiera mantenido sus ojos en Dios, ¡cuánta más paz habría experimentado la familia de Sara! Sus acciones resultaron en una gran aflicción para ella, su esposo, su sierva Agar, y el hijo resultante, Ismael. Naturalmente, surgieron celos entre las dos mujeres y predominaron fuertes peleas en el hogar. La solución de Sara había fracasado estrepitosamente.

Catorce años después de la desafortunada elección de Sara, el Ángel del Señor volvió para repetir la promesa divina de una descendencia. Aunque el Ángel volvió a dirigir sus palabras a Abraham, esta vez Sara las pudo oír por sí misma porque estaba cerca preparando la comida en la tienda. Afuera, donde el Ángel hablaba con su marido, Sara lo oyó decir: "De cierto volveré a ti; y según el tiempo de la vida, he aquí que Sara tu mujer tendrá un hijo" (Gn. 18:10). A pesar de los años de duda de Sara y su pecaminosa mala interpretación del decreto de Dios, el Ángel había ido para animar a la pareja y disipar su incredulidad.

¿Ver para creer?

¿Cómo crees que respondería una mujer estéril a una promesa así? Si conoce a nuestro Dios amoroso y todopoderoso, su tristeza desaparecería de inmediato. Sin embargo, la reacción de Sara no fue la esperada. Se echó a reír. No una risa de gozo, sino más bien nacida del cinismo y la burla, una reacción que revela una duda persistente en Dios y en sus promesas.

Ahora bien, ¿podemos criticar a Sara por dudar? Por un lado, el pensamiento práctico y racional le dictaba que no había forma de que físicamente pudiera tener un hijo. Había sido estéril desde el día de su boda: ¿iba a concebir ahora que era una mujer de noventa años? Por otro lado, el Señor les había dado esa promesa específica.

Sara dudó porque eligió dudar al mirar sus circunstancias en lugar de poner su mirada en Dios y sus palabras. Si su mirada hubiera estado puesta en Dios, la naturaleza de su risa habría sido diferente; habría manifestado una alegre expectativa por la bendición del Señor en lugar de cinismo.

Lo mismo ocurre con nosotras. ¿Te das cuenta de que cada vez que experimentas dudas es porque estás mirando tus circunstancias y no las promesas de Dios en las Escrituras? La duda es una respuesta directa a apartar tu mirada de Dios. Si miras tus circunstancias, estas dictarán tus pensamientos.

¿Qué hizo el Ángel cuando Sara se rio? Su risa no era audible, pero el Ángel, que en realidad era el Señor, la oyó. Sin embargo, no retiró su promesa ni la reprendió por dudar; más bien, después de repetir su promesa, empleó una táctica que se encuentra a menudo en las Escrituras. Le hizo una pregunta para reorientar sus pensamientos: "¿Hay para Dios alguna cosa difícil?" (Gn. 18:14). El Ángel quería que Sara volviera a centrar su atención en la realidad del poder de Dios y dejara de considerar su frágil cuerpo. Si tan solo mantenía sus ojos en Dios, recordaría que Él puede hacer y haría todo lo que había prometido.

Escépticos en las Escrituras

Sara no es la única escéptica que aparece en la Biblia. Moisés es otro. Después que Moisés sacara a los israelitas de Egipto y los llevara al desierto, el Señor lo confrontó con sus dudas. Mientras estaba en el desierto, Moisés enfrentó un duro desafío. Después de más de dos años de liderar al pueblo de Dios, Moisés se había desanimado. La tribu israelita, de la que era responsable, se quejaba amargamente de sus circunstancias en el desierto, y la actitud negativa del pueblo desanimó enormemente a Moisés (véase Nm. 11).

Sin embargo, en lugar de reírse cínicamente, Moisés llevó su desánimo a Dios, que le ofreció ayuda inmediata. Pero, a pesar de la promesa concreta de Dios, Moisés seguía dudando. Tenía los ojos fijos en las circunstancias que lo rodeaban, así que no podía imaginar cómo era posible que Dios cumpliera su palabra, pero tal como Dios había hecho con Sara, hizo una pregunta a Moisés para que pensara y volviera a poner su mirada en Él. "¿Acaso se ha acortado la mano de Jehová? Ahora verás si se cumple mi palabra, o no" (Nm. 11:23). En otras palabras: "¿Ha llegado al límite el poder del Señor?". Quería que Moisés pensara en todo lo que sabía de Dios por todo lo que Dios había hecho por él en el pasado. ¿Había fallado Dios alguna vez en dar una respuesta oportuna? Si Moisés reflexionaba sobre la provisión de Dios en el pasado, también tendría confianza para el futuro.

El profeta Jeremías es otro ejemplo de alguien que atravesó circunstancias difíciles, que también se desanimó mientras esperaba que Dios actuara. Jeremías había hecho todo lo que Dios le había ordenado, pero los resultados esperados no llegaban. Puedes leer cómo el profeta manejó sus dudas en el capítulo 32 de Jeremías. Básicamente, Jeremías oró: "Dios, sé que puedes hacer cualquier cosa. ¿Por qué entonces no haces lo que prometiste?". Dios respondió a Jeremías con la misma pregunta que les había hecho a Sara y Moisés años antes: "He aquí [en otras palabras, mírame] que yo soy Jehová, Dios de toda carne; ¿habrá algo que sea difícil para mí?" (Jer. 32:27).

El cumplimiento de las promesas de Dios no depende de nosotros, sino de Él.

Pedro, el discípulo de Jesús, dudó, y eso lo metió en problemas. Leemos en Mateo 14 que Jesús ordenó a Pedro que fuera a Él caminando sobre el agua, una tarea físicamente imposible. Mientras Pedro mantuvo sus ojos fijos en Jesús, fue capaz de hacer lo imposible, pero en cuanto apartó la mirada de su Maestro y miró las aguas tormentosas que se agitaban bajo sus pies, empezó a hundirse. A pesar de la duda de Pedro, Jesús no dejó que se ahogara. Porque el cumplimiento de las promesas de Dios no depende de nosotros, sino de Él. No obstante, Jesús reprendió a Pedro, como había hecho con Sara y los demás. Mientras Jesús lo ayudaba a salir de las olas, le dijo: "¡Hombre de poca fe! ¿Por qué dudaste?" (Mt. 14:31).

Duda, desánimo y desesperación: un trío mortal

Dios sabe que nos desanimamos, pero también sabe que no tenemos razón para dudar porque Él siempre suplirá nuestras necesidades. El desánimo, hermana de la duda, nunca es necesario para quienes pertenecemos a Jesucristo. De Pedro, Jeremías, Moisés y Sara aprendemos que la forma de salir de esa negatividad consiste en llevar nuestros pensamientos directamente a Dios y mantenerlos centrados allí.

Puesto que el desánimo surge cuando permitimos que la duda domine nuestro pensamiento, es lógico que el desánimo, si permitimos que se agrave, acabe en desesperación. ¿Has experimentado esta espiral descendente espiritual? ¿Te has cansado de esperar que se cumpla en tu vida una promesa de Dios? Si es así, ¿cómo manejas tus pensamientos? Si dudas de la bondad, la capacidad o la voluntad de Dios de bendecirte, lleva esas dudas directamente a Él. Hacerlo lo más pronto posible evitará que caigas en depresión.

Como en el caso de Sara, si no lo hacemos caeremos fácilmente en la tentación de buscar nuestra propia salida de las dificultades. Con los ojos fijos en las circunstancias (su cuerpo envejecido, la vejez de Abraham, su vida de esterilidad), Sara no podía imaginar que Dios pudiera cumplir su promesa. En lugar de mirar a Dios y confiar en Él, intentó fabricar el cumplimiento de su esperanza tomando el control de sus circunstancias de una manera claramente ajena a la instrucción de Dios. Su primer error fue pensar pecaminosamente en su propia solución, una trampa de la que nosotras también debemos cuidarnos. Si intentamos conseguir lo que queremos fuera de los caminos de Dios, encontraremos lo que Sara encontró: que nuestros propios planes no ofrecen soluciones permanentes a lo que nos preocupa. Esta es una verdad que a menudo aprendemos solo después de repetidos intentos fallidos de conseguir lo que queremos.

Control que conduce al caos

Considerando tu propia vida, piensa detenidamente en las siguientes preguntas. ¿Has intentado alguna vez ir por delante de Dios para escapar de las dudas o el desánimo? Tal vez has esperado que Dios supla una necesidad durante mucho tiempo. Mientras esperas, ¿te has aferrado inquebrantablemente a su Palabra o te has obsesionado con tu problema con lo que has dado cabida a las dudas? ¿Te has desesperado por encontrar una solución? ¿Has pensado en lo que podías hacer para resolver tu problema por ti misma y cumplir tu sueño, tal vez con el razonamiento de que un determinado plan a seguir estaba dentro de la voluntad de Dios, aun cuando ese camino contradecía las Escrituras? Si lo has hecho, ¿cuál fue el resultado? ¿Han funcionado tus planes? ¿Te has adelantado a Dios y conseguido lo que esperabas? Es muy probable que no puedas decir "sí" con absoluta seguridad.

Aprendí esta lección antes de empezar a trabajar en el ministerio cristiano a tiempo completo. Durante años, trabajar en el ministerio fue uno de los mayores deseos de mi corazón. Me gradué del seminario llena de esperanza y expectativa por las puertas que Dios abriría, pero un año después seguía trabajando en un empleo que no me gustaba mientras esperaba una oportunidad. La duda creció, y comencé a preguntarme si me había equivocado en creer que Dios me había dado un don para trabajar para Él. La duda se convirtió en desánimo y, al borde de la desesperación, tomé cartas en el asunto.

Decidida a vivir de mis ahorros, dejé mi empleo para dedicar todas mis energías a abrir una puerta al trabajo cristiano a tiempo completo. Durante los tres meses siguientes me puse en contacto con innumerables ministerios y escribí infinidad de cartas, con la oración constante de que Dios bendijera mi esfuerzo, pero no se abrió ninguna puerta. No era el tiempo de Dios. Tal vez puedas adivinar lo que pasó. Me quedé sin dinero y me vi obligada a volver a trabajar a tiempo completo en un ambiente secular. Una vez que reanudé mi trabajo secular, decidí que debía abandonar mi esperanza. Pensé que había confundido el deseo personal con el llamado de Dios a mi vida. Sin embargo, un año después recibí una llamada de una organización cristiana a la que había escrito, no durante mi frenética búsqueda, sino mucho antes. Ese ministerio no solo me ofreció un puesto mucho mejor que cualquiera que hubiera esperado, sino que también me abrió las puertas a oportunidades de ministerio que no habían existido el año anterior.

Dios es bueno, y su tiempo es perfecto. Ahora veo que emprender mi propio camino no fue más que un intento egoísta de escapar de mi depresión y una falta de voluntad de vivir para Dios donde Él me quería en ese momento. He aquí una valiosa lección: cuando Dios quiere actuar, nada se interpone en su camino. Cuando intentamos adelantarnos a Él, el camino es pedregoso y, por lo general, infructuoso. Si hubiera renovado mi confianza con mis ojos puestos en su Palabra, habría acabado trabajando en ese ministerio, pero probablemente con mucho más dinero en el banco y más paz en mi corazón.

Ahora bien, no tienes que comprobarlo por ti misma. En cambio, puedes aprender en las Escrituras, de la vida de Sara, que las respuestas a la oración a menudo tardan en llegar y se revelan después de un largo período de tiempo.

Vale la pena esperar

Sara esperó catorce años después del nacimiento del ilegítimo Ismael antes que Dios cumpliera la promesa que le había hecho: "Visitó Jehová a Sara, como había dicho, e hizo Jehová con Sara como había hablado. Y Sara concibió y dio a Abraham un hijo en su vejez, en el tiempo que Dios le había dicho" (Gn. 21:1-2).

El hijo de la promesa recibió el nombre de Isaac, que significa "risa", y era el nombre que Dios había elegido para el niño (Gn. 17:19). El nombre de Isaac serviría para siempre como recordatorio a Sara y Abraham de que Dios es Aquel que convierte la risa cínica en risa de gozo.

Sin embargo, no debemos pasar por alto que el anterior cinismo de Sara había desagradado a Dios. Cuando el Ángel había aparecido frente a la tienda de Sara y le había reafirmado la promesa divina de descendencia, la respuesta burlona de Sara no le pareció poca cosa. "Entonces Jehová dijo a Abraham: ¿Por qué se ha reído Sara diciendo: Será cierto que he de dar a luz siendo ya vieja? ¿Hay para Dios alguna cosa difícil?... Entonces Sara negó, diciendo: No me reí; porque tuvo miedo. Y él dijo: No es así, sino que te has reído" (Gn. 18:13-15).

Dios se toma muy en serio la duda. No es poca cosa. Lo deshonra, y, como hemos visto, la duda que no se controla conduce al desánimo, y Él nos lo quisiera evitar. Cuando confiamos en la voluntad y la capacidad de Dios para cumplir sus promesas, Él es glorificado y nosotros tenemos paz.

Fíjate en lo diferente que era la actitud de Sara catorce años después: "Entonces dijo Sara: Dios me ha hecho reír, y cualquiera que lo oyere, se reirá conmigo. Y añadió: ¿Quién dijera a Abraham que Sara habría de dar de mamar a hijos? Pues le he dado un hijo en su vejez" (Gn. 21:6-7). El nombre de Isaac debía servir para recordarnos que una actitud cínica desagrada a Dios, porque Él es digno de la confianza de Sara y también de la nuestra. Dios también sabe que, cuando perseveramos en la fe, el resultado siempre será el gozo.

Desterrar la duda

La epístola de Santiago en el Nuevo Testamento nos advierte con firmeza sobre la duda. Santiago escribió: "Pero pida con fe, no dudando nada; porque el que duda es semejante a la onda del mar, que es arrastrada por el viento y echada de una parte a otra. No piense, pues, quien tal haga, que recibirá cosa alguna del Señor" (Stg. 1:6-7).

No es que Dios no nos quiera dar, sino que somos incapaces de recibir sus dádivas. Estamos demasiado ocupadas en mirarnos a nosotras mismas y a nuestras circunstancias para ver lo que Dios tiene para nuestra vida. Por eso, recibir las dádivas de Dios solo es posible desde la confianza. Si nuestros ojos están fijos solo en lo que queremos, no podemos recibir lo que Dios nos ofrece.

Sara venció sus dudas cuando el Ángel la reprendió. No leemos sobre esto en Génesis, sino mucho más adelante, en la carta a los Hebreos, en el Nuevo Testamento, donde señala: "Por la fe también la misma Sara, siendo estéril, recibió fuerza para concebir; y dio a luz aun fuera del tiempo de la edad, porque creyó que era fiel quien lo había prometido" (He. 11:11). Sara apartó los ojos de sus circunstancias y los puso en Dios, y la confianza resultante fue el vehículo que Dios utilizó para permitirle concebir. La duda solo conduce a la pérdida de poder. La fe siempre da poder.

¿Dudas de Dios? ¿Te has desanimado? Lleva tus dudas, preocupaciones y temores a Dios en oración. Luego aparta tu mirada de ti misma y ponla en las promesas que se encuentran en su Palabra. Descubrirás que el centro de atención correcto te conducirá a la perspectiva correcta, y tu risa cínica, como la de Sara, se convertirá en risa de gozo.

GUÍA DE ESTUDIO

Capítulo 2: Sara

Lee los siguientes pasajes para aprender lo que las Escrituras nos dicen sobre Sara: Génesis 11:29–13:1; 16:1–18:15; 20:2–21:12; 23:1-2, 19; 24:36; 25:10, 12; 49:31; Isaías 51:2; Romanos 4:19, 9:9; Hebreos 11:11; 1 Pedro 3:6.

1. ¿Qué hizo Sara cuando se cansó de esperar a que Dios cumpliera su promesa? ¿Cuál fue el razonamiento de su acción?

2. ¿Cuál era la raíz de la duda de Sara? ¿Qué hay detrás de todas nuestras dudas? ¿Adónde nos lleva la duda?

3. ¿Qué podemos aprender de Sara sobre los tiempos de Dios y las respuestas a la oración?

4. Explica la espiral espiritual descendente que se menciona en las páginas 29-30 del Capítulo 2. ¿Has experimentado alguna vez esta espiral? ¿Qué impulsó tu lucha? ¿Cómo podemos evitar que este descenso se apodere de nosotras?

CAPÍTULO 3

AGAR

El camino a la libertad

¡No es justo!

Hace poco conocí a una mujer con la alegre experiencia de una nueva libertad. Se llama Emilia y, por primera vez en siete años, se siente aliviada. Intentar criar a dos hijos prácticamente sola la ha dejado exhausta, frustrada e indignada por la incapacidad de su marido para mantener un empleo. Ahora que ha encontrado el valor para dejarlo y volver a su casa paterna, tiene a sus padres que cuidan de sus niños y unas horas de soledad muy necesarias para descubrir lo que les espera a ella y a sus hijos.

Cuando Emilia conoció a Roberto, él parecía ambicioso y su carrera publicitaria prometedora, pero justo después del nacimiento de su primer hijo, Leo, Roberto fue parte de un despido masivo de la empresa donde trabajaba. El rol de Roberto como proveedor de su joven familia se vio amenazado. A ello se sumó la adaptación de compartir a su mujer con las exigencias de un recién nacido. Roberto empezó a resentirse por las horas del día y de la noche que Emilia pasaba con Leo. Con el tiempo, sus esfuerzos por encontrar un trabajo nuevo y gratificante se fueron desvaneciendo, hasta que, por limitaciones económicas, Roberto se vio obligado a aceptar un puesto de menor categoría en una pequeña agencia de publicidad. La agencia quebró justo después de la llegada de su segundo hijo, Lorenzo, y también lo hizo la ambición de Roberto. Y así, se fue alejando cada vez más de Emilia a medida que ella dedicaba el tiempo necesario al cuidado de dos niños pequeños.

Durante los años siguientes, Roberto pasaba la mayor parte del tiempo en el sofá, con la televisión a todo volumen. Estaba callado y retraído, sin interactuar mucho con Emilia y los niños. La familia se vio obligada a aceptar una y otra vez la ayuda económica de los padres de Emilia, lo que agravó la depresión de Roberto y avergonzó a Emilia. Finalmente, Emilia amenazó con marcharse con los niños, por lo que Roberto accedió a buscar ayuda. Juntos se reunieron con su pastor, que les ayudó a hacer algunos planes para remediar su crisis matrimonial. Emilia aceptó un trabajo de secretaria a tiempo completo después que Roberto prometiera convertirse en un padre totalmente involucrado que se quedaría en casa. "Tal vez todo funcione mejor así —pensó Emilia—. Muchas familias lo estaban intentando con gran éxito".

Emilia se sintió eufórica durante las semanas siguientes. Roberto había vuelto a la vida. Cuando llegaba a casa del trabajo, la cena estaba hecha y los niños alimentados, y Roberto expresaba un real interés por las tareas diarias de su esposa. Quizás las cosas iban a salir bien después de todo. Sin embargo, después de ese primer mes, Roberto volvió a su patrón de conducta anterior. Cada noche esperaban a Emilia pilas de platos sucios, ropa sin lavar y niños que lloraban y necesitaban atención. Llanto y televisión eran su regreso a casa al final de cada jornada laboral.

Fortalecida por su recién descubierta independencia para proporcionar ingresos a la familia, Emilia llegó a casa una noche, empacó algunas cosas necesarias para los niños y para ella, y dejó a su marido. "Estoy harta de esta vida —le dijo—. No somos un equipo. Yo lo hago todo mientras tú estás cruzado de brazos y te aprovechas de mi sueldo. Si me quisieras a mí y a los niños, te ocuparías de tu depresión y seguirías adelante con nuestra vida juntos, pero no lo haces, ni lo harás, ¡y no puedo soportarlo más!".

Ahora, mientras Emilia descansa en el alivio que siente fuera de la penumbra de su vida de casada, empieza a anticipar un nuevo comienzo. Piensa en cómo será la vida sin el peso de Roberto y su mal humor, su pereza y su resentimiento hacia ella cuando no se dedica exclusivamente a él. "Ahora no hay límites —piensa—. Puedo empezar de nuevo, quizás incluso conocer a alguien más, un hombre con la ambición que Roberto tuvo una vez".

No pasaron muchos días hasta que Emilia recibió una llamada de su pastor. ¿Estaría dispuesta a recibir su visita esa tarde? Emilia aceptó, ansiosa por recibir apoyo y reivindicación por la audaz decisión que había tomado, pero no estaba preparada para las palabras del pastor. Había ido a enseñarle todo lo que dice la Biblia sobre el matrimonio, y el mensaje fue claro: si quieres agradar a Dios, debes volver con Roberto. O si decides seguir separada, debes permanecer fiel a él. El pastor le recordó sus votos matrimoniales: hasta que la muerte nos separe.

Emilia estaba desolada, con sus nuevas esperanzas truncadas. ¿Volver con Roberto? ¿Volver a la interminable monotonía de un matrimonio muerto?

"¿Cómo podría? —pensó Emilia—. Ya ni siquiera lo amo. ¡No es justo!".

Emilia tiene solo una opción: obedecer la Biblia o tomar el camino que parece ofrecerle libertad y una nueva oportunidad de ser feliz. Una elección que todas enfrentamos en un momento u otro, y que se hace especialmente difícil para las mujeres de hoy. Vivimos en una época en la que la libertad personal es más importante que nunca.

Obsesión por la libertad

A lo largo del siglo XX, las mujeres occidentales lucharon denodadamente para mejorar sus condiciones en todos los ámbitos de la vida. Como resultado, tenemos voz en la elección de nuestros dirigentes políticos, una diversidad de oportunidades profesionales, y el lujo de elegir un estilo de vida de soltería o matrimonio. Fueron batallas duramente ganadas, y todas disfrutamos a diario de los beneficios resultantes de alguna forma u otra, seamos o no conscientes de ello. Las mujeres de hoy disfrutan de una libertad de vida como nunca antes en la historia de la humanidad.

Sin embargo, para las mujeres cristianas también hay repercusiones negativas. Ser una mujer exitosa según los estándares contemporáneos a menudo se opone al éxito tal y como se define en las Escrituras. Las nuevas libertades han dado lugar a una feminidad comprometida, y las mujeres cristianas han dado muestras de sucumbir en las últimas décadas. Incluso como cristianas, cuando leemos o escuchamos algo que parece limitar nuestros derechos, nuestra igualdad, nuestra libertad, nos inclinamos hacia una mentalidad defensiva. Haremos cualquier cosa para preservar esta nueva independencia, porque hemos llegado a creer que abdicar de ella nos privará de la felicidad.

Ser una mujer exitosa según los estándares contemporáneos a menudo se opone al éxito tal y como se define en las Escrituras.

Las mujeres abandonan matrimonios e interrumpen embarazos, todo en nombre de la igualdad y el derecho a la felicidad, sin tener en cuenta las enseñanzas de las Escrituras sobre lo que realmente las hace felices y libres. Hemos perdido de vista que la igualdad no es un principio bíblico, sino democrático. Tal vez por eso, cuando leemos la historia de Agar en Génesis, nos apresuramos a reaccionar indignadas ante su situación.

La encrucijada de Agar

Agar, una muchacha egipcia, era una sierva, la criada personal de la esposa de Abraham, Sara. Es probable que Abraham la adquiriera durante su estadía en Egipto.

Cuando examinamos la vida de Sara en el capítulo anterior, descubrimos que su duda en las promesas de Dios la llevó a tomar el asunto en sus propias manos. Al examinar la vida de Agar, veremos cómo el pecado de Sara puso en marcha toda una serie de consecuencias, muchas de las cuales afectaron directamente la vida de su sierva, Agar. La duda de Sara sobre la capacidad de Dios para darle un hijo propio la llevó a buscar la realización de su deseo a través de Agar: "Dijo entonces Sarai a Abram: Ya ves que Jehová me ha hecho estéril; te ruego, pues, que te llegues a mi sierva; quizá tendré hijos de ella" (Gn. 16:2).

Se habla mucho del derecho de la mujer de hacer lo que quiera con su cuerpo, aun cuando eso implique asesinar a otro ser humano. Sin embargo, en el antiguo Cercano Oriente, las mujeres, independientemente de su estatus social, tenían poco control sobre las circunstancias de sus vidas, y las mujeres de la clase servil no tenían casi ninguno.

Por lo tanto, sentir compasión por Agar es nuestra reacción natural. Agar se vio obligada a mantener relaciones sexuales con un hombre que no era su marido, luego tuvo que soportar las molestias del embarazo y el doloroso parto, para luego entregar el bebé a otra mujer que lo criaría como suyo. No hay nada que podamos llamar "justo" en esa situación.

No hay solución en el pecado

No obstante, hay que tener en cuenta que Agar tenía una perspectiva de la situación muy diferente de la nuestra. Según las costumbres de la época, probablemente se consideraba afortunada. Ser elegida para dar a luz al hijo del patriarca de la familia era un gran honor, y la suerte de Agar habría mejorado significativamente, si no fuera por la forma pecaminosa en que actuó cuando quedó embarazada.

Agar adoptó lo que llamaríamos una "mala actitud", que aparece en Génesis 16:4: "cuando vio [Agar] que había concebido, miraba con desprecio a su señora". Agar se sentía superior a Sara porque ella, una simple criada, podía dar un hijo a Abraham, mientras que Sara, la esposa amada y privilegiada, no podía. A medida que avanzamos en la historia, es evidente que su actitud no pasó desapercibida para Sara, que se sintió invadida por la ira y los celos. Es fácil no sentir compasión por Sara, ¿verdad? Después de todo, ella se lo buscó. Felizmente, Dios es mucho más clemente con nosotras que nosotras mismas.

Sin embargo, ambas mujeres sufrieron las consecuencias de sus respectivos pecados. Sara, celosa, trató de manipular a su marido contra Agar, pero él no quiso saber nada de su amarga rivalidad y se lavó las manos. Y pecó al no asumir la responsabilidad que le correspondía por la paz y el bienestar de su familia: "Y respondió Abram a Sarai: He aquí, tu sierva está en tu mano; haz con ella lo que bien te parezca. Y como Sarai la afligía, ella huyó de su presencia" (Gn. 16:6).

Dios es mucho más clemente con nosotras que nosotras mismas.

¡Con qué facilidad el pecado de una persona inflama la naturaleza pecaminosa de otra! La cadena de acontecimientos pecaminosos de Sara (desconfiar de Dios, luego persuadir a su esposo para que cometiera adulterio) desencadenó el pecado de Abraham, quien accedió al plan de Sara. Esto sirvió como catalizador para el pecado de Agar: su mala actitud con Sara. Entonces Sara maltrataba a Agar, y así sucesivamente hasta que Dios intervino con misericordia.

Sin embargo, Dios esperó hasta que Agar huyó de la casa. Al parecer, el maltrato que Sara infligía a Agar era lo suficientemente grave como para que el desierto fuera una opción más atractiva que seguir sometida a su ama. O era eso, o bien la actitud orgullosa de Agar que se negaba a soportar la autoridad de Sara. Cualquiera haya sido el caso, abandonar las comodidades de tener comida y techo para emprender un viaje solitario que implicaba la exposición a los elementos del desierto, animales salvajes e insectos, y suministros poco fiables de alimentos y agua (todo eso mientras estaba embarazada) indicaba una situación desesperante.

Independientemente de su actitud, es fácil simpatizar con Agar. Después de todo, ¿qué es un poco de orgullo y un problema de actitud cuando se compara con todo lo que Sara le había hecho? Ahora se encuentra sola en el desierto, sin ningún lugar adónde ir ni nadie a quién recurrir. ¿Qué harías tú si te encontraras en la situación de Agar? ¿Te internarías en el desierto, arriesgando tu vida y la de tu hijo por nacer? Tal vez lo harías si sintieras que esa es tu única opción.

Nuestro guía misericordioso

Es aquí, en su punto de mayor desesperación, cuando el Ángel del Señor se acercó a Agar mientras languidecía junto a una fuente de agua en el desierto, que está en el camino de Shur. El Ángel le dijo: "Agar, sierva de Sarai, ¿de dónde vienes tú, y a dónde vas?" (Gn. 16:8). Nótese la iniciativa divina. Dios siempre da el primer paso para comunicarse con nosotras. Cada vez que oramos, es solo porque Dios, a través de su Espíritu, ha obrado primero en nuestro corazón para que lo hagamos.

Fíjate también en cómo se dirigió a Agar: de manera afectuosa y personal. Dios desea una relación íntimamente personal con todo su pueblo, y nos llama a cada una por nuestro nombre. Si dedicamos tiempo a estudiar las diversas ocasiones y personas a las que Dios se dirige a lo largo de las Escrituras, encontraremos que esos momentos se caracterizan por la amabilidad y el trato personal.

También verás con qué frecuencia Dios comienza su comunicación con una pregunta a su oyente. Lo vemos en el caso de Job, un hombre que se quejaba con Dios de su sufrimiento. Tras un largo silencio, Dios respondió a Job. Sin embargo, le respondió a ese hombre que sufría con una serie de preguntas incisivas (Job 38:2). También encontrarás en los Evangelios que Jesús comenzaba muchas de sus parábolas de esa manera y, a menudo, respondía las preguntas capciosas de sus críticos con su propia pregunta capciosa. Después de fulminar a Saulo en el camino a Damasco, Jesús le hizo una pregunta: "Saulo, Saulo, ¿por qué me persigues?" (Hch. 9:4).

No es de suponer que Dios carece de respuestas. Cuando preguntó a Agar de dónde venía y adónde iba, Dios ya lo sabía todo sobre sus circunstancias. Más bien, el hecho de que Dios pregunte es un aspecto de su amable trato con nosotras; es también una forma amable de hacernos pensar en la dirección que quiere que tomemos.

En el caso de Agar, esa dirección se remontaba a Sara, como lo demuestra el hecho de que se dirigiera a ella como "sierva de Sarai". El Señor está llevando cuidadosamente su pensamiento por el camino que ha trazado para ella. En esencia, Dios está diciendo: "Agar, te conozco personalmente. Conozco tus pruebas. Sé lo injustas que han sido las cosas para ti en la casa de Sara y Abraham. Sé por qué huiste y sé que estás sufriendo aquí en el desierto. Crees que cualquier cosa es preferible a tu situación en aquella casa. Y como sé todo eso, puedes confiar en que también sé qué es lo mejor para ti".

Dios trató con Agar para que fuera receptiva a su próxima instrucción. El texto dice: "Y le dijo el ángel de Jehová: Vuélvete a tu señora, y ponte sumisa bajo su mano" (Gn. 16:9). No está negando la validez de su sufrimiento, ni le promete que, cuando obedezca, las cosas mejorarán al instante. Solo le está dejando claro lo que quiere que haga. A pesar de la amabilidad de Dios hacia Agar, la instrucción fue probablemente difícil de aceptar para ella. Dios no le dio una oportunidad nueva y emocionante ni la ayudó a huir de sus dificultades. El camino de la obediencia era la opción menos atractiva de todas las alternativas que se le presentaban.

Obediencia: El camino a la libertad

Antes de analizar la respuesta de Agar, pregúntate qué harías tú en circunstancias similares. Tal vez te encuentres buscando una salida a tus problemas o dificultades. Si es así, ¿la vía de escape que estás contemplando concuerda con las Escrituras y el consejo de personas piadosas? Tal vez no estés segura. Si es así, tu tarea inmediata es comprometerte a obedecer con una mente dispuesta a ir a donde Dios te guíe.

Podemos pensar que no sabemos qué hacer, cuando en realidad el camino para nuestra vida está claramente marcado en las Escrituras.

Una señal de alerta de un corazón no rendido es la confusión. Hay una confusión que proviene de idolatrar nuestros deseos. Podemos pensar que no sabemos qué hacer, cuando en realidad el camino para nuestra vida está claramente marcado en las Escrituras. Santiago 3:16

señala: "Porque donde hay celos y contención, allí hay perturbación y toda obra perversa". Por lo tanto, siempre que nos sintamos confundidas acerca de un camino en particular, es sabio hacer una pausa y examinar si nuestra confusión es causada por una demanda interna de salirnos con la nuestra.

El ministro y escritor Donald Grey Barnhouse ilustró bien este principio en una historia que contaba con frecuencia. Un día, su hija le hizo una petición a la que él se negó. "¿Qué quieres que haga?", le preguntó ella. Barnhouse le dio su respuesta y volvió a su trabajo, pero ella permaneció de pie frente a él. Unos minutos más tarde, la Sra. Barnhouse llamó a la hija desde otra habitación.

—¿Dónde estás? ¿Qué haces?

—Estoy esperando a que papá me diga lo que quiere que haga —contestó la hija.

En ese momento, Barnhouse levantó la vista de su trabajo y le dijo: "Hagas lo que hagas, no estás esperando para saber lo que quiero que hagas. Ya te he dicho lo que quiero que hagas, pero no te gusta. En realidad, estás esperando para ver si consigues que cambie de opinión".[1]

¡Cuántas veces leemos la Palabra de Dios de forma selectiva, tentadas a ignorar lo que no nos hace sentir mejor o no nos lleva adonde queremos ir!

A veces nuestro criterio es tan sutil que no somos conscientes de ello, y por eso el consejo de Dios es vital en momentos de extrema confusión.

Luz en nuestro camino

Las Escrituras no hablan directamente de algunas cosas, lo que llamamos áreas grises, como qué trabajo aceptar, o si casarse o no con un hombre en particular o si tener un tercer hijo. No obstante, si estudiamos lo que dice la Biblia en general, tendremos la luz que necesitamos para todas las circunstancias que enfrentamos. El escritor de Hebreos

---

1. James Montgomery Boice, *The Minor Prophets, Two Volumes in One* (Grand Rapids, Mich.: Kregel, 1996), 230.

declara: "Porque la palabra de Dios es viva y eficaz, y más cortante que toda espada de dos filos; y penetra hasta partir el alma y el espíritu, las coyunturas y los tuétanos, y discierne los pensamientos y las intenciones del corazón" (He. 4:12).

Recuerda a Emilia. Regresar a su matrimonio era la alternativa menos atractiva de todas, pero era la que las Escrituras le señalaban. Este es el punto donde las mujeres caemos fácilmente en los razonamientos de nuestra cultura con respecto a nuestros derechos. Las presiones de la sociedad pueden tentarnos, como hicieron con Emilia, a adoptar el pensamiento moderno de que volver a tu matrimonio inhibiría tu crecimiento personal, ahogaría oportunidades futuras o anularía tu derecho a la felicidad. Sin embargo, el mandato sigue en pie: Vuelve, sométete. Luego, confía en Dios para el resultado.

Solo el camino de la obediencia nos lleva a la bendición.

Podemos aprender mucho de la respuesta de Agar, porque no solo se levantó y regresó, sino que lo hizo con un corazón humilde. Estaba encantada de que el asombroso Dios del universo, el Dios de su ama y señora, hubiera condescendido a buscar a una solitaria y maltratada sierva para guiarla de manera personal (Gn. 16:13).

Dios también animó a Agar al darle una promesa de bendición futura para su hijo por nacer. Y puesto que una promesa animó a Agar a obedecer, ¿cuánto más deberíamos sentirnos animadas a obedecer con las innumerables promesas que tenemos en las Escrituras? Cuando obedecemos, aprendemos lo que aprendió Agar: que solo el camino de la obediencia nos lleva a la bendición. Y podemos estar seguras de que así será, porque Dios es fiel a su Palabra.

GUÍA DE ESTUDIO

Capítulo 3: Agar

Lee los siguientes pasajes para aprender lo que las Escrituras nos dicen sobre Agar: Génesis 16; 21:9-21; 25:12-16; Gálatas 4:24-25.

1. Describe cómo Abraham, Sara y Agar alimentaron los pecados los unos de los otros. ¿Eres consciente de patrones similares en tu propio hogar, lugar de trabajo o iglesia?

2. Describe cómo Dios habló con Agar en el desierto. ¿Qué te enseña esto sobre la manera en que Dios se acerca a nosotras?

3. ¿Qué actitud del corazón le permitió a Agar levantarse y regresar con Sara?

4. ¿Estás soportando actualmente una situación injusta? ¿Cómo puedes responder bíblicamente? ¿Sientes la tentación de aplicar tus propios remedios? Si es así, ¿coinciden tus planes con las Escrituras?

CAPÍTULO 4

LA MUJER DE LOT

Según como se mire

Pasiones personales

Ángela, Emma, Manuela y Lucía son amigas. Sus estilos de vida difieren, pero se conocen de la iglesia y asisten al mismo estudio bíblico semanal. Las cuatro están ocupadas y, por ese motivo, rara vez se ven fuera de las actividades relacionadas con la iglesia.

Ángela, de treinta años, es consultora informática en una importante empresa internacional de contabilidad. Asiste a clases nocturnas para mantenerse a la vanguardia de la tecnología y avanzar en su carrera. Tres o cuatro veces por semana, va al gimnasio para levantar pesas o hacer ejercicio aeróbico. Para Ángela es importante estar al día con las tendencias de la moda y, como es soltera, puede gastar una buena parte de sus ingresos discrecionales en ropa, zapatos y accesorios de moda. A Ángela le apasiona el mundo del espectáculo, y siempre está al tanto de la última chismografía de Hollywood.

Emma es una atractiva abogada empresarial de treinta y tantos años. También es soltera y tiene a los hombres de su bufete cautivados. Emma dedica dos tardes a la semana a aprender italiano a fin de prepararse para sus próximas vacaciones en Florencia dentro de dos meses. Su personalidad cálida y amistosa la hace popular dondequiera que vaya. Le gustaría casarse, pero no ha encontrado una pareja compatible.

Manuela tiene treinta y tantos años, pero está casada y es madre de dos niñas. Su marido es un genio del sector financiero, y su perspicacia para los negocios ha situado a la familia en un nivel de ingresos que rara vez alcanza la mayoría de la gente, incluso en los Estados Unidos. Una niñera y un ama de llaves permiten que Manuela participe de las actividades comunitarias y otros proyectos de voluntariado. Manuela dedica gran parte de su tiempo al mantenimiento de su enorme casa y a la reforma de su residencia de fin de semana en la playa recién adquirida.

Por último, está Lucía, una joven de unos veinte años que desea ante todo ser misionera en el extranjero. Su trabajo como secretaria de la iglesia no está muy bien remunerado, lo que limita su participación en las actividades sociales. Vive con austeridad para ahorrar los fondos necesarios para trasladarse al extranjero en algún momento de los próximos años. Los padres de Lucía han muerto, así que comparte un apartamento con su hermana pequeña, que está terminando la universidad. Cuando no tiene que cuidar de su hermana, Lucía ofrece ayuda y apoyo a otros misioneros con los que se mantiene en contacto. Lucía pasa las tardes de los viernes dando clases particulares de inglés y matemáticas elemental a adultos sin estudios.

Estas cuatro mujeres tienen en común su fe en Jesucristo. Sin embargo, a pesar de haber asistido con regularidad al estudio bíblico durante los últimos tres años, su vínculo de fe no se ha convertido en una amistad más profunda. Aunque Lucía disfruta del compañerismo cada miércoles por la noche, se aburre con muchas de las actividades que las demás encuentran estimulantes. Por el contrario, Ángela, Emma y Manuela sienten que no pueden relacionarse con Lucía. Su compromiso con las misiones les parece intimidante. Exige mucho sacrificio personal, algo en lo que no quieren pensar demasiado.

Sin embargo, a pesar de sus sacrificios, Lucía es la más contenta de las cuatro. Ángela está tan ocupada con seguir las tendencias, lograr un ascenso en su carrera y mantenerse en forma, que a menudo no encuentra tiempo para ir a la iglesia. Ser una creadora de tendencias requiere dinero, un cuerpo bien tonificado y conocer las últimas tendencias de la moda, todo lo cual requiere tiempo y energía. Ángela ha trabajado duro para conseguir sus ingresos, su vestuario y su tono muscular. No quiere ni pensar en nada que pueda obligarla a renunciar a estos logros.

Emma disfruta de la atención masculina que recibe dondequiera que vaya, porque en el fondo, Emma se siente sola. La compañía de hombres de negocios de alto nivel le resulta estimulante. Ha salido con algunos hombres de la iglesia, pero en general los encuentra un poco aburridos. Los hombres cristianos son menos propensos a gastar dinero en llevarla a un restaurante exótico y, en su mayoría, son mucho menos sofisticados. A Emma siempre le han atraído los hombres con un toque cosmopolita y, puesto que ha pasado la mayor parte de su tiempo social en compañía de no creyentes, le cuesta relacionarse socialmente con cristianos.

La familia y el estilo de vida privilegiado de Manuela no son el impedimento para desarrollar una amistad profunda con las otras tres mujeres; más bien es el miedo. Manuela es una persona preocupada, siempre tensa y ansiosa de que algo salga mal. ¿Y si el dinero se termina? Si la bolsa de valores se desploma, la bonificación de su marido podría disminuir. Un error torpe podría aniquilar su posición social en la comunidad. ¿Qué podría pasar si va con su familia al picnic de la iglesia en lugar de ayudar como voluntaria en el baile benéfico del museo de arte? A Manuela le cuesta dormir por la noche porque tiene miedo de perder todo lo que posee.

¿Por qué crees que Lucía es la más contenta de estas cuatro mujeres cristianas? No es porque sea misionera. No es porque tenga una capacidad especial para el contentamiento, que las demás carecen. Más bien, es porque su corazón está puesto en cosas de valor duradero, cosas que no la defraudarán; en esencia, su corazón está puesto en las cosas de Dios.

Mucho que perder

Ángela, Emma y Manuela son muy parecidas a la mujer de Lot, una mujer que se menciona brevemente en el libro del Génesis. En la Biblia, nunca se nos dice su nombre; se hace referencia a ella simplemente como la mujer de Lot. Se nos presenta mientras ella y su familia vivían en la ciudad de Sodoma, un antiguo asentamiento conocido por su inmoralidad. Su marido, Lot, sobrino de Abraham, se había sentido atraído en un principio por el ambiente cosmopolita de Sodoma, y es probable que conociera a su mujer después de establecerse en aquella ciudad. La Biblia no indica si esta mujer creía en Dios, pero tendría que conocer algo de Él, ya que se había casado con un hombre que sí creía en Dios.

Con el tiempo, Lot y su familia llegaron a ocupar un lugar destacado en la ciudad. Génesis 19 señala que Lot se sentaba en la puerta de la ciudad, un honor reservado para los hombres de alta estima. Eran residentes reconocidos y consolidados, un estatus que típicamente se alcanza solo a través de la participación activa y la identificación con otros ciudadanos. No se nos dice cómo alcanzó Lot su posición social. Puede que adquiriera respeto por sus intentos de ser una persona íntegra. Lo más probable es que haya transigido con el mundo que lo rodeaba para obtener tal posición. Su esposa pudo haber pertenecido a una familia prominente en Sodoma, lo que le habría conferido a Lot un estatus social instantáneo. No lo sabemos. Todo lo que sabemos es que Lot y su familia vivían con bastante prosperidad en esa malvada ciudad en el momento que Dios había señalado para su destrucción. Este antiguo centro urbano se había convertido en un pozo negro de corrupción, depravación sexual e impiedad. Era una ciudad tan malvada, que Dios decidió reducirla a cenizas junto con todos sus habitantes.

Sin embargo, antes de destruir la ciudad, Dios había decidido rescatar a Lot y a parte de su familia. Para lograr el rescate, Dios envió ángeles para librarlos del juicio venidero y llevarlos a un lugar seguro. Lot estaba sentado en la puerta de la ciudad cuando los ángeles, disfrazados de hombres, llegaron y, siguiendo las antiguas costumbres de hospitalidad, Lot los invitó a su casa.

¿Qué pensó la mujer de Lot de estos dos forasteros? Al parecer, pensó que eran dos intrusos, pues, a diferencia de su marido, no les brindó una amable hospitalidad. Lot fue quien recibió a los ángeles en su casa y les preparó una abundante comida. La Biblia no señala en qué pensaba su mujer mientras Lot preparaba el banquete y servía a sus invitados. Tal vez se preguntaba: "¿Qué pensarán mis amistades? ¿Cuándo se irán estos forasteros? ¿Podremos sacarlos antes que los vecinos se den cuenta?". No comprendía que la situación estaba a punto de empeorar.

Aquella noche, mientras la familia y sus invitados se preparaban para dormir, un sonido de voces rodeó la casa. Puedes leer sobre ello en Génesis 19. Los hombres de la ciudad se agolparon en la puerta y exigieron a Lot que sacara a sus invitados para conocerlos. Los malvados hombres de Sodoma clamaban en un frenesí de lujuria por tener relaciones sexuales con los dos forasteros. Lot, como anfitrión, tenía el deber de proteger a sus invitados, y lo hizo pese al peligro que corrían él y su familia. Lot salió para razonar con los sodomitas.

Les dijo: "Os ruego, hermanos míos, que no hagáis tal maldad. He aquí ahora yo tengo dos hijas que no han conocido varón; os las sacaré fuera, y haced de ellas como bien os pareciere" (Gn. 19:7-8a). La sugerencia de Lot no hizo sino incitar la furia de la turba, y se volvieron contra él en un intento de saciar su lujuria sexual. Si los ángeles no hubieran intervenido, es probable que la familia, a pesar de su reputación cívica, hubiera sido asesinada en el acto.

La mujer y las hijas de Lot seguramente se habrán estremecido de miedo ante la sugerencia de Lot, pero no se habrían escandalizado tanto como nosotras. En aquella época, el deber del anfitrión de cuidar a sus invitados prevalecía sobre cualquier otra consideración. Esa era la práctica habitual entre todos los hombres honorables.

Sin embargo, nadie en la casa resultó herido porque los ángeles intervinieron y los planes de los hombres malvados se truncaron. La familia y sus invitados estuvieron a salvo durante la noche. Durante esas horas oscuras, Lot, ante la insistencia de los ángeles, instó a su familia a prepararse para huir, pero luego se quedó dormido. Cuando llegó la mañana, los ángeles apremiaron a Lot y a su esposa a que se levantaran y huyeran inmediatamente de la ciudad. Se acercaba la destrucción. De hecho, estaba a punto de llegar a Sodoma y a su ciudad hermana, Gomorra.

A esas alturas, después de todo lo que había sucedido desde el día anterior, la esposa de Lot debería haber estado ansiosa por irse. Su familia había sido amenazada por las mismas personas con las que se relacionaban a diario. Los corazones fríos y malvados que se escondían tras los rostros sonrientes de vecinos y amigos habían sido expuestos con crudeza la noche anterior. Su posición social estaba en ruinas porque su marido había denegado las demandas de los vecinos. Además, esos dos extraños huéspedes, hombres con aura de autoridad, la instaban a huir de su casa. Sin embargo, a pesar de todo, se mostraba reticente a marcharse.

Una encrucijada en el camino

¿Has experimentado alguna vez este tipo de incidente que te abre los ojos, un momento crucial en tu vida en el que Dios te abrió los ojos y pudiste ver algo con toda su fealdad, algo que antes estaba envuelto en el *glamour* del mundo? ¿Se te han abierto alguna vez los ojos de repente y pudiste ver algo o a alguien (quizás incluso todo un estilo de vida) de una manera distinta de la que suponías que era? Si es así, ¿la desilusión experimentada te ha ayudado a no comprometer tus valores ni ceder a las costumbres mundanas? Si fue así, no ha sido más que la gracia de Dios que te ayudó a ponerte a salvo. Lamentablemente, la mujer de Lot no aprovechó la oportunidad.

La Biblia indica que se demoró. Los ángeles tuvieron que tomarla de la mano y sacarla a la fuerza de la ciudad. Si eres una hija de Dios, Él hará lo mismo por ti si es necesario. En su misericordia, Dios hará lo que sea necesario para librar a sus escogidos del peligro. A veces, también lo hará por aquellos que están íntimamente relacionados con su pueblo escogido, como ocurrió aquí durante aquellas primeras horas de la mañana. Lo vemos en Génesis 19:16, que señala: "Y deteniéndose él [Lot], los varones [los ángeles] asieron de su mano, y de la mano de su mujer y de las manos de sus dos hijas, según la misericordia de Jehová para con *él*".

A pesar de sus malas decisiones y el caos que tales decisiones trajeron sobre él, las Escrituras testifican que Lot fue un hijo escogido de Dios:

> ... y si condenó por destrucción a las ciudades de Sodoma y de Gomorra, reduciéndolas a ceniza y poniéndolas de ejemplo a los que habían de vivir impíamente, y libró al justo Lot, abrumado por la nefanda conducta de los malvados (porque este justo, que moraba entre ellos, afligía cada día su alma justa,

> viendo y oyendo los hechos inicuos de ellos), sabe el Señor librar de tentación a los piadosos, y reservar a los injustos para ser castigados en el día del juicio (2 P. 2:6-9).

Lot y su esposa abandonaron Sodoma, pero con gran reticencia. Tan pronto como estuvieron fuera de la ciudad de Sodoma, Dios hizo llover fuego y azufre sobre la tierra, dejando a Sodoma y Gomorra en ruinas ardientes. Nadie que habitara en tales ciudades ese día sobrevivió al juicio de Dios. Lot, su esposa y sus dos hijas escaparon a la cercana ciudad de Zoar. Tenían mucho que agradecer. Dios había demostrado su misericordia. La mujer de Lot también contaba con la presencia de su marido y sus hijas para consolarse, pero a pesar de la provisión de Dios y su refugio seguro en Zoar, la esposa de Lot tenía poco espacio para la gratitud en su mente mundana. Las Escrituras señalan que ella miró hacia atrás y se convirtió en una estatua de sal (Gn. 19:26). No se sabe con certeza qué fenómeno utilizó Dios para destruir milagrosamente aquellas ciudades malvadas ni qué significa exactamente "una estatua de sal". No obstante, fuera lo que fuera, fue tal que Moisés, el autor del Génesis, utilizó un lenguaje poético, "una estatua de sal", para describir su destino.

Camina sin mirar atrás

¿Cuáles son las implicaciones que subyacen a aquella acción de mirar atrás? Reflexiona un momento sobre la huida de la familia. No tuvieron tiempo para empacar las provisiones necesarias, mucho menos los preciados tesoros familiares y otros lujos. Llegaron sanos y salvos a Zoar con solo la ropa que llevaban puesta. La vida que la mujer de Lot había conocido, probablemente desde su infancia, había desaparecido. Se encontraba en la ciudad de Zoar sin nada que la encomiara a un lugar de estatus social, sin riqueza y sin hogar. Su mirada hacia Sodoma, por lo tanto, no era una mirada ociosa de curiosidad; más bien, era una mirada de anhelo. La mujer de Lot abandonó Sodoma, pero su corazón nunca lo hizo. Tal vez su mirada hacia atrás indica que físicamente corrió hacia su antiguo hogar en la ciudad en llamas y se acercó demasiado a la lluvia de fuego. Cualquiera haya sido el caso, Dios permitió que la mujer de Lot siguiera el camino de su corazón.

Si Dios en su misericordia nos llama a huir, ese es el camino más sabio que debemos seguir, no importa el costo personal.

¿Y qué tal nosotras? Cuando despertamos al hecho de que estamos viviendo en medio de un pecado generalizado, a menudo también debemos huir por cualquier medio que Dios nos proporcione. Si Dios en su misericordia nos llama a huir, ese es el camino más sabio que debemos seguir, no importa el costo personal. Siempre es lo más seguro y lo mejor. Dios se encargará de que no perdamos nada de lo que realmente necesitamos en el proceso. Jesús ha prometido:

> De cierto os digo que no hay ninguno que haya dejado casa, o hermanos, o hermanas, o padre, o madre, o mujer, o hijos, o tierras, por causa de mí y del evangelio, que no reciba cien veces más ahora en este tiempo; casas, hermanos, hermanas, madres, hijos, y tierras, con persecuciones; y en el siglo venidero la vida eterna (Mr. 10:29-30).

Ahora relacionemos la historia de la mujer de Lot con Ángela, Emma, Manuela y Lucía. Aunque Ángela, Emma y Manuela, a diferencia de la mujer de Lot, profesan tener fe en Dios, están coqueteando con Sodoma. Están jugando con sus placeres, pensando que pueden tener la seguridad que Dios ofrece junto al mundo.

Aunque no hay pecado en el amor de Ángela por la moda, o en el bienestar que obtiene de su condición física, o en la búsqueda de un escalafón superior en su carrera profesional, su estilo de vida se vuelve pecaminoso cuando consume su pasión por las cosas de Dios. Su gran interés por la chismografía de Hollywood puede indicar un amor por el mundo y, a la luz de la eternidad, quizá un mal uso de su tiempo y su energía mental.

¿Y Emma? Si sigue dedicando su tiempo libre a salir con hombres impíos, puede que nunca desarrolle la capacidad espiritual para disfrutar de los hombres de fe, y así privarse de disfrutar de una verdadera compañía. Dios podría intervenir y, como hizo con la mujer de Lot, llevarla a la fuerza de la mano a un lugar seguro, tal vez a una pareja piadosa. Pero si ella quiere disfrutar de lo mejor de Dios, necesita cultivar su corazón en la dirección correcta ahora, no sea que más tarde no encuentre contentamiento con lo mejor de Dios. Eso probablemente sucederá si su corazón permanece en la Sodoma en la que ha habitado por tanto tiempo.

¿A quién pertenece el corazón de Manuela? No podemos juzgarla. Ella lo sabe, sin embargo, si la riqueza de su marido desaparece y con ella su posición social, ¿encontraría entonces una renovada confianza en Dios, quien, a diferencia del dinero, nunca falla? Si su identidad, creada por ella misma, se destruyera, ¿se sentiría perdida por completo? Dios, en su misericordia, puede ponerla a prueba de esta manera.

¿Te identificas con Ángela, Emma o Manuela? ¿O tienes el alegre contentamiento de Lucía? La prueba vendrá cuando Dios envíe algo a tu vida que te obligue a dejar atrás tus cosas más queridas. ¿Irás voluntariamente o seguirás comprometiendo tus valores? Si te demoras, seguramente te perderás mucho del gran gozo que Dios tiene para ti, en esta vida y por toda la eternidad.

GUÍA DE ESTUDIO

Capítulo 4: La mujer de Lot

Lee los siguientes pasajes para aprender lo que las Escrituras nos dicen sobre la mujer de Lot: Génesís 19:15-16, 26; Lucas 17:32.

1. ¿De qué manera fue Dios misericordioso con la mujer de Lot?

2. ¿Cómo «perdió su oportunidad» la mujer de Lot?

3. ¿Cómo podemos inferir que la mirada de la esposa de Lot hacia Sodoma era una mirada de añoranza y no una simple mirada de curiosidad?

4. ¿Eres una discípula entregada a Jesucristo, o intentas tener a Dios y al mundo a la vez?

CAPÍTULO 5

REBECA

Una pareja hecha en el cielo

Tic-tac, tic-tac...

La mayoría de las personas se casan en algún momento de sus vidas. Así ha sido a lo largo de la historia. Sin embargo, en la cultura occidental de hoy, el número de matrimonios está disminuyendo y la gente se casa más tarde. Si eres una mujer cristiana soltera, quizá anheles encontrar una pareja, un compañero con quien vivir tu fe en la vida cotidiana.

Hace una o dos décadas, las mujeres solían casarse apenas terminaban la escuela secundaria o la universidad, se establecían como amas de casa y criaban a sus hijos a los veinte años. Eso ha cambiado. Las mujeres empiezan a formar una familia a los treinta e, incluso, a los cuarenta años. Algunas se casan más tarde por elección propia, a menudo porque primero quieren lograr el éxito en su carrera profesional. En una época que aboga por tenerlo todo, muchas mujeres priorizan su educación y siguen adelante con el plan de disfrutar de su independencia durante una década o un poco más antes de asentarse en la vida familiar. De este modo pueden mirar atrás y sentir que no se han perdido nada de lo que la vida les ofrece.

Sin embargo, las cosas no salen tan bien en muchos casos. A medida que un gran número de estas mujeres entran en la treintena, con sentimientos de soledad y hartas del estilo de vida empresarial, se encuentran con que la mayoría de sus homólogos masculinos ya están casados, y los que no lo están dirigen su interés hacia mujeres más jóvenes. Por primera vez sienten el pánico del tic-tac del reloj biológico.

En el lado opuesto están las mujeres que nunca se preocuparon demasiado por desarrollar una carrera profesional. Deseaban casarse muy jóvenes y formar una familia, pero nunca conocieron a alguien a quien amar. Estas mujeres desarrollan su carrera por necesidad, mientras esperan y desean conocer al candidato ideal. Ellas también oyen el tic-tac del reloj, y se preguntan si y cómo encontrarán una pareja adecuada.

Las mujeres cristianas no son una excepción a este modelo de matrimonio pospuesto. Cuando el pánico se apodera de ellas y se hace sentir con fuerza, las mujeres cristianas, como las mujeres de todo el mundo, intentan cambiar su soltería de muchas maneras. Para las mujeres de fe, sin duda está incluida la oración ferviente. Algunas también se apuntan a un gimnasio o se hacen un nuevo corte de cabello en un renovado intento de llamar la atención. Otras van de iglesia en iglesia para conocer al mayor número posible de hombres cristianos solteros. Muchas de estas mujeres están tan sumidas en su ansiedad por casarse, que no esperan en Dios o se niegan a someterse a su voluntad. Ceden a su propia voluntad y comienzan relaciones fuera de las pautas bíblicas. ¿Qué hay de ti? Si eres una mujer cristiana soltera, ¿anhelas conocer a un hombre con quien puedas compartir la vida dentro de la intimidad del matrimonio? Si es así, ¿estás manejando tu anhelo de una manera piadosa?

Dios no solo hace que todas las cosas redunden para bien, sino que también puede generar grandes bendiciones de tus fracasos.

Tal vez ya estés casada. Si es así, ¿puedes mirar atrás con agradecimiento por cómo Dios te unió a tu cónyuge? O quizás tu matrimonio no es todo lo que esperabas y, al reflexionar sobre tu noviazgo, te preguntas ahora si te adelantaste a Dios en tus esfuerzos por cumplir tu deseo. Si eso te describe, no hay por qué desesperarse. Dios es misericordioso. Sabe que somos débiles. Tiene compasión del corazón de una mujer y comprende nuestro anhelo de tener un amor y una familia. Si te adelantaste a Dios y ahora te preguntas si te perdiste lo mejor de Él, ten la seguridad de que no todo está perdido. Él no solo hace que todas las cosas redunden para bien, sino que también puede generar grandes bendiciones de tus fracasos. Recuerda que, aunque te hayas desviado del camino de Dios, fue Él quien se hizo a un lado y te permitió hacerlo, y también tiene planes para sacar algo bueno de tu error o pecado.

Casadas o solteras, podemos aprender mucho sobre el cuidado soberano de Dios de la vida de Rebeca, otra mujer cuya historia se relata en el libro del Génesis. No obstante, antes de profundizar en la vida de Rebeca, piensa detenidamente en las siguientes preguntas si estás considerando casarte. Las respuestas que des son cruciales para tu camino con Dios y tu bienestar en general. La primera es esta: Si eres soltera y te gustaría casarte, ¿estás totalmente dispuesta a someterte a la voluntad de Dios para tu vida en este ámbito? En segundo lugar, ¿esperarás a que Él elija una pareja para ti, aunque no sea en tu tiempo previsto? Por último, ¿estás dispuesta a permanecer soltera si Dios ha determinado que así le darás más gloria? Cuando puedas responder "sí" a estas preguntas, estarás en el camino del contentamiento y la felicidad, porque Dios ha ordenado que la verdadera felicidad esté ligada a vivir para Él.

Una mujer dispuesta

Las Escrituras presentan a Rebeca como una mujer soltera. Provenía de una familia temerosa de Dios, por lo que es probable que hubieran orado por el futuro de Rebeca con el compañero indicado para ella. En los tiempos de Rebeca, una mujer no era libre de andar por ahí buscando pareja. Tampoco se les permitía salir los sábados por la noche para disfrutar de la compañía masculina. No se salía con hombres. De hecho, las salidas como medio de cortejo no existieron antes del siglo XX. Rebeca vivía con sus padres en un hogar centrado en Dios, que disponía de algunos medios económicos. Aunque había criados en la casa, ciertas tareas domésticas le correspondían hacer a ella, y eso es lo que estaba haciendo cuando apareció Dios y cambió su vida. Un día su oración fue escuchada, un día que reveló la culminación de todo lo que Dios había hecho para hacer realidad el deseo de su corazón. Es emocionante comprender que Dios siempre está obrando en nuestro favor de maneras que no podemos ver en ese momento.

Unas semanas antes, en la tierra de Canaán, el patriarca Abraham decidió que había llegado el momento de buscar una esposa para su precioso hijo Isaac, que tenía cuarenta años, y sin duda ya era el momento de formar su propia familia. Además, la amada esposa de Abraham, Sara, había muerto recientemente y causado un gran dolor en el hogar. Era el momento oportuno para un nuevo y alegre comienzo. Así que Abraham envió a su fiel criado más allá de la tierra de Canaán para buscar a la mujer adecuada para Isaac, junto con una lista de requisitos que la novia indicada debía cumplir. En primer lugar, debía ser una mujer piadosa y del pueblo de Abraham. También debía estar dispuesta a dejar a su familia y todo lo relacionado con su vida anterior para regresar con el criado de Abraham y establecerse con Isaac en Canaán.

Comprometido a elegir a una mujer que cumpliera con tales requisitos, el criado inició su viaje. Mientras viajaba, lo invadía la tensión. Supongamos que conociera a varias mujeres que cumplieran los requisitos. ¿Cómo sabría cuál era la elegida por Dios? ¿Y si no encontraba a ninguna? Deseaba tanto complacer a su amo, Abraham, que la idea de regresar a casa sin una novia para Isaac era devastadora. Así que no perdió tiempo y viajó directamente hasta Nacor, la ciudad donde vivían los parientes de Abraham, pues sabía que era el lugar más probable para encontrar una mujer que cumpliera los requisitos.

Al atardecer de aquel primer día en Nacor, el criado se colocó astutamente junto al pozo de las afueras de la ciudad. Era un buen lugar para comenzar su búsqueda; la tarea de recoger agua para la casa siempre recaía en las mujeres, por lo que estaba seguro de encontrarlas allí. Mientras esperaba, el criado hizo una oración. De hecho, oró específicamente. Pidió que la primera mujer que le diera de beber agua y se ofreciera a dar agua a sus camellos fuera la novia elegida.

Antes que terminara de orar, apareció Rebeca con su cántaro al hombro. ¿Sería ella la elegida? Se acercó a ella y le pidió que le diera de beber, y se alegró cuando ella también se ofreció a dar de beber a sus camellos. Además de su diligencia, era amable y generosa, lo que evidenciaba más cualidades de un carácter piadoso. Entonces, al descubrir que esta mujer piadosa era hija del pueblo de Abraham, el criado se alegró tanto que le regaló joyas y le pidió que le permitiera acompañarla de regreso a su casa.

Seguramente, curiosa y entusiasmada por la misión de aquel hombre bondadoso, Rebeca corrió a casa para contárselo a su padre, que enseguida volvió al pozo para dar la bienvenida al forastero de Canaán. Una vez dentro de su casa, el criado contó su historia a la familia, empezando por el pedido de Abraham de una esposa para su hijo y terminando por cómo Dios lo había conducido directamente a Rebeca. Ahora bien, ¿estaría dispuesta a acompañarlo de regreso a Canaán para convertirse en la esposa de Isaac? ¡Por supuesto! Aunque nunca había conocido a Isaac, Rebeca no tenía ninguna duda de que Dios estaba cumpliendo su voluntad para ella en esas circunstancias, y estaba ansiosa por ir. Dios estaba derramando bendiciones sobre ella, pues Isaac no solo era hijo del patriarca Abraham, sino que además estaba bien establecido y podía proporcionarle un buen hogar.

El criado, ansioso por regresar a su amo con el regalo de Dios, hizo los preparativos para partir con Rebeca a la mañana siguiente, pero los padres de Rebeca se opusieron cuando lo vieron levantar campamento. *Es demasiado pronto,* pensaron, e intentaron razonar con el criado. *Necesitamos diez días con nuestra hija. Puede que no volvamos a verla*. Pero el criado se mostró inflexible. Así que decidieron dejar la decisión en manos de Rebeca. ¿Se iría ese mismo día? Ella accedió con entusiasmo. Dios había dado a conocer su voluntad; no había razón para retrasarla.

De modo que Rebeca, junto con su nodriza, partió con el criado de Abraham y la gran caravana que se dirigía a Canaán. El punto culminante de la gran bendición de Dios tuvo lugar al final de su largo viaje: "Y venía Isaac del pozo del Viviente-que-me-ve; porque él habitaba en el Neguev. Y había salido Isaac a meditar al campo, a la hora de la tarde; y alzando sus ojos miró, y he aquí los camellos que venían. Rebeca también alzó sus ojos, y vio a Isaac, y descendió del camello; porque había preguntado al criado: ¿Quién es este varón que viene por el campo hacia nosotros? Y el criado había respondido: Este es mi señor. Ella entonces tomó el velo, y se cubrió. Entonces el criado contó a Isaac todo lo que había hecho. Y la trajo Isaac a la tienda de su madre Sara, y tomó a Rebeca por mujer, y la amó; y se consoló Isaac después de la muerte de su madre" (Gn. 24:62-67).

En buenas manos

¿Qué podemos aprender de Rebeca? He aquí una mujer que, según las costumbres de la época, seguramente deseaba casarse. ¿Cómo hizo para hacer realidad su sueño? No hizo ningún esfuerzo imprudente, extralimitado o manipulador. No es de suponer que, antes de su encuentro con el criado, Rebeca viviera resignada a un destino de soltería y soledad. Más bien, da que pensar que había entregado su vida y todos sus anhelos en las manos de Dios, confiada a través de la oración, y había rendido a Él todos los detalles con un espíritu de paciencia y sumisión. Y luego habría seguido con su vida cotidiana como lo había hecho hasta entonces.

Como hemos señalado, en ese entonces las mujeres tenían pocas oportunidades de entablar relaciones con hombres ajenos a su familia. Sin embargo, como el matrimonio beneficiaba a las familias, Rebeca sabía que sus padres y otras personas trabajarían en su favor. Los padres eran quienes elegían a la pareja adecuada, y los padres de ambos debían estar de acuerdo para que se produjera el matrimonio. De modo que, si se hubiera presentado a Rebeca y su familia un buen candidato soltero antes de ese momento, probablemente Rebeca ya se habría casado. Pero Dios la estaba preservando para su elección.

Rebeca no estaba echada en la cama, deprimida por su soltería. ¿Qué estaba haciendo cuando Dios la llamó al matrimonio? Estaba realizando sus tareas cotidianas. Fue en el mismo proceso de realizar una tarea rutinaria, que apareció Dios y cambió su vida. Eso debería disipar el pánico a quedarte en casa el viernes por la noche, o a trabajar en un entorno en el que escasean los hombres cristianos o a pertenecer a una iglesia en la que no hay muchos solteros. Dios nos ha llamado a cada una de nosotras a tareas específicas en lugares específicos en momentos específicos de nuestra vida. No tenemos que cambiar las cosas que hacemos o tratar de hacer algo más por miedo a perdernos la bendición de Dios. Él trae a nuestra vida sus bendiciones, siempre y cuando vivamos en obediencia a su Palabra.

Libertad frente a la frivolidad del viernes por la noche

Muchas mujeres solteras regresan a casa cansadas del trabajo el viernes por la noche, solo para transformar su apariencia y volver a salir para pasar una noche de socialización superficial. ¿Cuántas de estas noches son espiritualmente gratificantes o incluso divertidas? Si son sinceras, estas mujeres probablemente admitan que esas veladas no suelen ser muy gratificantes. ¿Por qué salen entonces? No tiene tanto que ver con la esperanza de conocer a alguien, como con el miedo: miedo a que, si se dejan llevar por su cansancio y se quedan en casa, pierdan una oportunidad.

Dios trae a nuestra vida sus bendiciones, siempre y cuando vivamos en obediencia a su Palabra.

Hay una gran bendición en medio de esa ansiedad (algo que Jesús nos dio al morir) y es la libertad. Somos libres de quedarnos en casa los fines de semana. Somos libres de adorar en la iglesia a la que Dios nos ha llamado. Somos libres de renunciar a las fiestas para solteros para asistir a la cena con la tía abuela Elena que ya es una tradición antigua. Somos libres porque Jesús pagó por esa libertad para nosotras en la cruz. Ya no tenemos que trabajar para obtener nuestras bendiciones. En lugar de eso, todo lo que necesitamos lo recibimos providencialmente porque Jesús ya obtuvo nuestras bendiciones.

Sin embargo, tenemos que vivir en obediencia a la Palabra de Dios, que es lo que Rebeca estaba haciendo. Una manera de ser obedientes es glorificar a Dios en nuestra forma de vivir cada día. Debemos trabajar diligente y alegremente en el lugar donde Él nos ha colocado. Si hacemos eso, incluso cuando hacerlo parezca un obstáculo para lo que esperamos, estamos viviendo en sumisión a Dios, confiando en que Él tiene el control. Si buscamos complacer a Dios de esta manera mientras procuramos desarrollar un carácter piadoso, Él se encargará del resto. Una vez más, no es que nos ganemos las bendiciones de Dios, sino que Él se deleita en honrar la confianza que depositamos en Él, y lo hace por medio de la diversidad de sus dones, espirituales y temporales.

No es que nos ganemos las bendiciones de Dios, sino que Él se deleita en honrar la confianza que depositamos en Él.

El contentamiento: una elección

La conducta de Rebeca hacia el criado de Abraham indica que ella tenía un espíritu confiado y sumiso. Las mujeres que están enojadas con Dios, que se sienten desdichadas sin aquello que anhelan, rara vez pueden ser alegres y diligentes. Las mujeres que rinden sus deseos a Dios se parecen a Rebeca. Se dirigen al pozo dispuestas a trabajar y ser generosas con los necesitados. Mujeres así han aprendido un gran secreto: cuando oramos para entregar nuestros deseos a Dios y pedirle que transforme nuestros deseos conforme a su voluntad, Él lo hace. Este es el tipo de oración en cuya respuesta podemos confiar. Dios no nos dejará languidecer en nuestros deseos, ¡nosotras mismas lo hacemos!

He visto a numerosas mujeres que, en su deseo de casarse, hacen concesiones en la elección de su pareja, aunque esa pareja sea cristiana. Mientras te cases con otro creyente no pecas; sin embargo, incluso entre las opciones legítimas, siempre está lo bueno, lo mejor y lo mejor de lo mejor. Las mujeres rendidas a la voluntad de Dios para el matrimonio suelen esperar lo mejor de lo mejor. El miedo, la falta de confianza o la insistencia en que nuestro deseo se cumpla a nuestra manera y en nuestro tiempo oportuno pueden llevarnos con frecuencia a tomar decisiones mediocres. Las mujeres que caen presas de sus malas decisiones son las que a menudo terminan casadas con hombres espiritualmente inmaduros o con hombres cuyos objetivos apuntan en una dirección opuesta a la de ellas. Cuando se dan este tipo de matrimonios, es a menudo porque la mujer ha pensado que, puesto que el esposo potencial es creyente, al final todo saldrá bien. En tales casos, a veces es así; muchas veces no.

Tenemos opciones que las mujeres de otras culturas y épocas anteriores nunca han tenido. Somos libres de elegir a nuestro esposo. Dado que vivimos en una época en la que el matrimonio no es necesario para nuestra supervivencia, estoy convencida de que debemos esperar a tener una pareja que, a nuestro entender, mejore nuestra relación con Dios y nuestro llamamiento particular, y si no tenemos una pareja así, es mejor que sigamos solteras.

En resumidas cuentas: Si la voluntad de Dios es que te cases, así será. Eres libre de vivir para Él. No tienes que perder energía en tratar de ayudarlo en su tarea de enviarte un esposo para casarte. Cuando llegue el momento, si es que llega, lo sabrás. Dios se encargará de ello.

GUÍA DE ESTUDIO

Capítulo 5: Rebeca

Lee los siguientes pasajes para aprender lo que las Escrituras nos dicen sobre Rebeca: Génesis 24–27; 28:5; 29:12; 35:8; 49:31; Romanos 9:10-12.

1. ¿Qué hacía Rebeca cuando se encontró con el siervo de Abraham? ¿Qué nos enseña esto sobre la soberanía de Dios?

2. ¿Qué aprendemos acerca de Rebeca de su disposición a acompañar al siervo sin demora?

3. ¿Cómo honra Dios la confianza que depositamos en Él?

4. ¿Cómo fue glorificado Dios a través de Rebeca mientras vivió como mujer soltera?

5. ¿Qué acciones de nuestra parte son indicativas de un espíritu confiado y sumiso hacia Dios? Por el contrario, ¿qué acciones y actitudes indican que estamos excesivamente centradas en nuestros deseos personales?

CAPÍTULO 6

RAQUEL Y LEA

Juego sucio

No se trata de ganar o perder, sino de...

¿Qué tienen los eventos deportivos que nos hacen subir la adrenalina? ¿Por qué los *touchdowns*, los goles de campo y las canastas de tres puntos nos impulsan a abandonar las gradas en estridentes vítores? Es lo que llamamos espíritu de equipo, que es otro nombre para la rivalidad a la antigua usanza. Este tipo de rivalidad es un divertimento amistoso. Dios creó en nosotros un espíritu competitivo que, cuando se utiliza correctamente, puede ser una gran bendición. La rivalidad bien entendida puede motivarnos a todo tipo de actividades y metas constructivas.

Sin embargo, a veces la rivalidad puede tomar un giro pecaminoso. Cuando alguien hace cualquier cosa para ganar, para conseguir un fin deseable, sin importarle el costo personal y el de los demás, la rivalidad sana se convierte en una contienda mortal. Muchas de nosotras fuimos testigos de un ejemplo de eso hace varios años, cuando la jugadora olímpica de patinaje, Tonya Harding, se las arregló para que le destrozaran la rodilla a su oponente con un garrote de hierro.

Todos los días nos encontramos con ejemplos menos extremos: chicas adolescentes que compiten por la atención de un joven guapo; campañas publicitarias de políticos que compiten por un cargo; hermanos que compiten por el amor y la aprobación de sus padres. Tal vez la más común de todas estas competencias, la rivalidad entre hermanos, no solo se da en el núcleo familiar, sino también en la familia de Dios. La rivalidad pecaminosa puede surgir, y de hecho surge, con demasiada facilidad entre hermanas y hermanos cristianos.

La rivalidad de este tipo es una violación del décimo mandamiento, que dice: "No codiciarás la casa de tu prójimo, no codiciarás la mujer de tu prójimo, ni su siervo, ni su criada, ni su buey, ni su asno, ni cosa alguna de tu prójimo" (Éx. 20:17). La rivalidad de la que hablamos es ambición. Se puede definir como el deseo desmedido de poseer algo o a alguien a cualquier precio. Es codicia. A veces se cocina a fuego lento en silencio; otras veces se desata abiertamente; y, en diversos grados, todas somos culpables. ¿Qué tipo de cosas pueden atraparnos en una rivalidad pecaminosa? El objeto de este tipo de codicia puede ser material. Algunas personas sacrifican todas sus horas libres, el tiempo que pasan con sus seres queridos, incluso su salud, para adquirir una casa más grande, un automóvil mejor o unas vacaciones más lujosas. A veces la codicia se instala por cosas intangibles como la reputación, el poder o la búsqueda de ser admirada. Otras veces una persona es el centro de una rivalidad codiciosa.

La rivalidad pecaminosa puede surgir, y de hecho surge, con demasiada facilidad entre hermanas y hermanos cristianos.

Cómo se juega

Vemos este tipo de codicia tramada en una historia de Génesis. Es una historia sobre dos hermanas llamadas Raquel y Lea. Su rivalidad se prolongó durante muchos años, como podemos leer en los capítulos 29 al 33 de Génesis. Todo empezó porque un hombre llamado Jacob, hijo de Isaac y Rebeca, apareció un día en sus vidas y se enamoró al instante de Raquel. Jacob quedó tan cautivado por la bella Raquel, que aceptó cuidar las ovejas de su padre durante siete años para poder casarse con ella. "Así sirvió Jacob por Raquel siete años; y le parecieron como pocos días, porque la amaba" (Gn. 29:20).

Sin embargo, Lea estaba desolada por esta cadena de acontecimientos. Había entrado en escena un hombre que solo tenía ojos para

Raquel, lo cual era doblemente doloroso, sin duda, porque Lea era la mayor de las dos y, por tanto, esperaba ser la primera en casarse, según la costumbre de la época. La historia también nos da la idea de que Lea no poseía las cualidades físicas que tenía Raquel. Se nos dice: "Y Labán tenía dos hijas: el nombre de la mayor era Lea, y el nombre de la menor, Raquel. Y los ojos de Lea eran delicados, pero Raquel era de lindo semblante y de hermoso parecer" (Gn. 29:16-17). No sabemos con certeza qué tenían de malo los ojos de Lea, pero por la comparación que hace el versículo, podemos suponer que, fuera lo que fuera, el defecto le restaba a su apariencia.

Los elementos para la rivalidad entre hermanas estaban presentes incluso antes de la llegada de Jacob: dos hermanas en edad de casarse, ambas deseosas de un marido. Debido a su condición de hermana mayor, Lea era la más indicada para Jacob, pero Raquel poseía una gran belleza, sin duda una cualidad deseable en una esposa. Bastaba con que un solo hombre buscara una esposa para que surgieran problemas en esta familia, que fue lo que ocurrió cuando apareció Jacob. Si se hubiera enamorado de Lea, lo más probable es que la rivalidad no hubiera ocurrido. Como la costumbre dictaba que la mayor debía casarse primero, Raquel habría aceptado la situación. Pero no fue así y, como nos cuenta la historia, los sentimientos de Jacob por la más joven, Raquel, despertaron una apasionada competencia entre las dos hermanas.

El padre de las dos muchachas, Labán, había ideado un plan secreto que resolvería el dilema, o eso creía él. El plan salió a la luz justo después que Jacob y Raquel debían haberse casado. Jacob había cumplido sus siete años al cuidado de las ovejas de Labán, así que llegó el momento de contraer matrimonio con Raquel. En aquella época, las bodas se celebraban con un gran banquete, tras el cual se entregaba la novia al novio, y la pareja se retiraba a la intimidad de una tienda para consumar el matrimonio. Todo salió según lo previsto, y Jacob se llevó a su novia cubierta con un velo y pasó la noche con ella. Sin embargo, la trampa de Labán había funcionado. Cuando amaneció, Jacob descubrió que no era Raquel la que yacía a su lado, sino Lea.

¿Qué había ocurrido? Labán había ocultado astutamente a Lea bajo el velo nupcial y, en la oscuridad, Jacob no había notado la diferencia. Conmocionado, Jacob se enfrentó a Labán y le preguntó: "¿Qué es esto que me has hecho? ¿No te he servido por Raquel? ¿Por qué, pues, me has engañado? Y Labán respondió: No se hace así en nuestro lugar, que se dé la menor antes de la mayor" (Gn. 29:25-26).

Así que Labán hizo otro trato con Jacob y le ofreció también a Raquel, con la condición de que sirviera otros siete años. Esta vez, para no poner demasiado a prueba los límites de Jacob, Labán prometió a Jacob que podría tener a Raquel una semana después, antes de cumplir los años adicionales de trabajo en el campo. Labán era astuto. No solo estaba consiguiendo un buen marido para sus dos hijas, sino que también se las arregló para sacarle catorce años de trabajo a este hombre devoto. Tal vez Labán estaba harto de lidiar con las peleas entre sus hijas. De ser así, tenía la esperanza de que su complot trajera la paz otra vez al hogar.

Aún quedan un par de misterios sobre el fatídico día de la boda. En primer lugar, ¿dónde estaba Raquel cuando Jacob se escapó con Lea? La historia no nos lo dice. ¿Acaso participó del complot de su padre, segura de que Jacob la amaba lo suficiente como para aceptar las condiciones solapadas de Labán? ¿Tan segura estaba de que, aunque también se casara con Lea, la amaría más a ella? Esperamos que no, porque participar del complot indicaría una falta de verdadero amor por su futuro marido. Tal vez el padre mantuvo escondida a Raquel a la fuerza todo el día mientras engañaba a Jacob.

No sabemos qué pasó con Raquel, pero sabemos que al parecer Lea cumplió el plan con gran entusiasmo. Puede que Labán la persuadiera para que lo hiciera, pero lo más probable es que, como quería a Jacob para sí, viera en eso su única oportunidad de conseguirlo. No obstante, fuera lo que fuese lo que la impulsó a participar en el engañoso matrimonio, lo hizo de buena gana. Toda la noche, en la tienda nupcial, siguió el juego, sabiendo que Jacob creía que ella era Raquel. El matrimonio engañoso no fue más que un indicador de la rivalidad entre las hermanas, que había caracterizado a la familia desde la llegada de Jacob hacía siete años.

Al final de esta tumultuosa semana, ninguna de las dos hermanas resultó vencedora. La felicidad conyugal de Raquel se vio empañada por tener que compartir a su nuevo marido con otra mujer, y Lea sabía que Jacob había sido engañado para casarse con ella y que su verdadero amor estaba reservado para Raquel. Así que, lejos de terminar, se había establecido una competencia aún más dura entre las hermanas.

Desempate en el tiempo suplementario

Mientras Jacob cumplía su promesa a Labán durante los siete años siguientes, el relato del Génesis se centra en el intenso conflicto entre Raquel y Lea. Al leer el relato, casi nos sentimos como espectadoras de una competencia deportiva, pero este juego distaba mucho de ser inofensivo porque los peones eran seres humanos. Como aprendimos al estudiar la vida de la abuela de Jacob, Sara, tener hijos era crucial para la supervivencia social de las mujeres en el antiguo Cercano Oriente. Los hijos, sobre todo los varones, aseguraban a la mujer un lugar de respeto en la comunidad, así como una provisión material para la vejez. La esterilidad era un estigma social, mientras que la mujer que tenía hijos varones se ganaba el respeto. Fue esta cuestión la que avivó las llamas de la rivalidad entre Raquel y Lea.

Confiar en nuestras fuerzas, bendiciones especiales o grandes habilidades no nos traerá lo que esperamos.

Lea tuvo cuatro hijos en rápida sucesión, mientras que Raquel no tuvo ninguno. La forma en que se relata la historia en Génesis nos da una idea de la tensión conyugal que caracterizaba al hogar:

> Y vio Jehová que Lea era menospreciada, y le dio hijos; pero Raquel era estéril. Y concibió Lea, y dio a luz un hijo, y llamó

> su nombre Rubén, porque dijo: Ha mirado Jehová mi aflicción; ahora, por tanto, me amará mi marido. Concibió otra vez, y dio a luz un hijo, y dijo: Por cuanto oyó Jehová que yo era menospreciada, me ha dado también este. Y llamó su nombre Simeón. Y concibió otra vez, y dio a luz un hijo, y dijo: Ahora esta vez se unirá mi marido conmigo, porque le he dado a luz tres hijos; por tanto, llamó su nombre Leví. Concibió otra vez, y dio a luz un hijo, y dijo: Esta vez alabaré a Jehová; por esto llamó su nombre Judá; y dejó de dar a luz (Gn. 29:31-35).

Es obvio que, por encima de cualquier otra consideración, Lea ansiaba el amor de su marido, pero ¿te das cuenta de que, en sus intentos por ganarse ese amor, darle hijos no logró lo que ansiaba? Lea estaba descubriendo lo que todas debemos descubrir: que confiar en nuestras fuerzas, bendiciones especiales o grandes habilidades no nos traerá lo que esperamos. Solo Dios puede hacerlo. Dar hijos a Jacob no le trajo a Lea el amor que anhelaba, pero no fue hasta que nació su cuarto hijo que empezó a darse cuenta de eso. Finalmente, con el nacimiento de Judá, empezó a comprender. Su atención ahora estaba centrada más en Dios, como vemos en las palabras que pronunció al nacer el niño: "Esta vez alabaré a Jehová", dijo. Es interesante, también, que fue de este hijo, Judá, de quien descendió Jesucristo.

Nuestro compasivo Entrenador

Dios aborrece nuestras rivalidades. Él sabe lo innecesarias e infructuosas que son y cómo consumen nuestras vidas. No tenemos que perder energía en competir con otros por lo que queremos. Si es algo o alguien que Dios quiere que tengamos, Él nos lo dará. Fíjate cómo cuidó de Lea y comprendió su corazón de mujer, en Génesis 29:31: "Y vio Jehová que Lea era menospreciada, y le dio hijos". A pesar de la argucia de Lea, de sus intentos por robarle el amor de Jacob a Raquel, Dios estaba decidido a bendecirla. Sin embargo, su bendición para ella era diferente a la dada a Raquel. El amor de Jacob era la provisión de Dios para Raquel, así que eso significaba que tenía algo más reservado para Lea. Los intentos de Lea, al tratar de robar la bendición de otra persona para conseguir aquello que codiciaba, se frustraron.

No obstante, a pesar de eso, Dios tuvo gran compasión de Lea. Él conoce y comprende el corazón de una mujer, el apasionado deseo de ser amada. Por eso, aunque Dios no le daría a Lea la bendición de Raquel, le concedió el favor de Jacob mediante un vientre fecundo. Dios también le proporcionó el amor que anhelaba a través de los hijos que dio a luz, solo era cuestión de buscarlo allí.

No tenemos que perder energía en competir con otros por lo que queremos. Si es algo o alguien que Dios quiere que tengamos, Él nos lo dará.

¿Qué imaginas que sentía Raquel en los sucesivos nacimientos de los hijos de Lea? Raquel sabía que Jacob la amaba, pero dado que Lea era fértil, es probable que pasara muchas noches en la tienda de Lea y dejara a Raquel sola y celosa. Así que Raquel trató de conseguir la bendición que Dios le había dado a Lea. Raquel ya no se conformaba con el amor de su marido; no iba a permitir que Lea asumiera el rol de matriarca de la familia. Tras el nacimiento de Judá, Raquel y Jacob discutieron:

> Viendo Raquel que no daba hijos a Jacob, tuvo envidia de su hermana, y decía a Jacob: Dame hijos, o si no, me muero. Y Jacob se enojó contra Raquel, y dijo: ¿Soy yo acaso Dios, que te impidió el fruto de tu vientre? (Gn. 30:1-2).

¿Qué alimentaba la intensidad del anhelo de Raquel por tener descendencia, un deseo tan intenso que prefería la muerte a la esterilidad? En su caso, era mucho más que la presión social; era el deseo de poseer lo que Dios le había concedido a su hermana. Su rol de esposa amada ya no satisfacía a Raquel. Esto se debe a que, una vez que la codicia se ha convertido en una obsesión, tendemos a perder de vista nuestras bendiciones.

Poco después de la discusión de Raquel con su marido, la rivalidad adquirió la intensidad de una competencia de desempate. Raquel dio a luz dos hijos a Jacob y dos más por medio de su criada, tal como Sara había intentado hacer con su criada Agar. Para no quedarse atrás, Lea dio a Jacob dos hijos de su criada y otros dos de su propio cuerpo. Cuando terminó la competencia, Jacob había engendrado doce hijos a través de cuatro mujeres diferentes.

Dios conoce y comprende el corazón de una mujer, el apasionado deseo de ser amada.

Y la ganadora es...

Pasó el tiempo y se cumplieron los siete años adicionales de trabajo prometidos a Labán. La familia se preparó para regresar a la tierra natal de Jacob, una familia numerosa, pero agotada y cansada de la batalla. Los siete años habían sido duros para Raquel y Lea, pues sus energías se consumían en superarse mutuamente. ¿Adónde las llevó tanto esfuerzo? Después de dar seis hijos a Jacob, ¿se llevó Lea una parte igual de su corazón? ¿Y Raquel? ¿Había tenido suficientes hijos para asegurarse un lugar privilegiado en la familia? Las respuestas se revelan cuando la familia regresa a la tierra natal de Jacob.

Jacob estaba nervioso porque temía encontrarse con su hermano Esaú. Años antes, Jacob había engañado a Esaú para quitarle su herencia y había huido de su casa para evitar la ira justificada de su hermano. Ahora, al acercarse a casa, Jacob se preparó para un enfrentamiento hostil con Esaú, y lo que hizo para protegerse nos muestra que Lea no consiguió lo que tanto había se había esforzado por ganar: "Alzando Jacob sus ojos, miró, y he aquí venía Esaú, y los cuatrocientos hombres con él; entonces repartió él los niños entre Lea y Raquel y las dos siervas. Y puso las siervas y sus niños delante, luego a Lea y sus niños, y a Raquel y a José [hijo de Raquel] los últimos" (Gn. 33:1-2). Evidentemente, a pesar de que Lea había dado a luz a seis de los doce hijos de Jacob, su amor no había cambiado. Colocó a Lea y a sus hijos más cerca del peligro, mientras que salvaguardó a Raquel y a su descendencia cerca de él.

Sin embargo, eso no significa que Raquel hubiera ganado. Había conservado el amor de su marido, el don que Dios le había dado, pero no pudo tener el don de Lea (un vientre fecundo) a pesar de sus numerosos intentos por conseguirlo. La historia nos cuenta que, mientras la gran caravana continuaba su camino hacia la tierra natal de Jacob…

> Después partieron de Bet-el; y había aún como media legua de tierra para llegar a Efrata, cuando dio a luz Raquel, y hubo trabajo en su parto. Y aconteció, como había trabajo en su parto, que le dijo la partera: No temas, que también tendrás este hijo. Y aconteció que al salírsele el alma (pues murió), llamó su nombre Benoni [*hijo de mi tristeza*]; mas su padre lo llamó Benjamín. Así murió Raquel, y fue sepultada en el camino de Efrata, la cual es Belén. Y levantó Jacob un pilar sobre su sepultura; esta es la señal de la sepultura de Raquel hasta hoy (Gn. 35:16-20).

Una pérdida de años. Energías, talentos y dones desperdiciados y perdidos. El afecto entre las dos hermanas, aunque escaso, se extinguió. ¿Estás envuelta en una rivalidad como la de Raquel y Lea? Si es así, puedo afirmar con seguridad que te está robando mucha alegría. Tal vez un hombre atractivo y soltero ha llegado a la escena de los solteros de tu iglesia, y estás, junto con muchas otras mujeres, buscando su atención. ¿Tratas de manipular las circunstancias para superar a tus competidoras? Si es así, estás malgastando tu tiempo y energía. Si Dios se ha propuesto dártelo a ti, nadie más lo conseguirá. Por otro lado, Dios tampoco te dará a ti lo que se propone dar a otra persona.

O tal vez te encuentres en una situación competitiva en el trabajo. Eso ocurrió en uno de mis empleos donde contrataron a una mujer que, poco después, trató de quedarse con mi puesto e intentó despojar a los demás de las tareas que ella quería hacer. Lamento decir que me agoté en mi cólera y mis intentos por mantenerla a raya. Solo recuperé la paz cuando dejé de competir con ella y me centré en las tareas que tenía bajo mi responsabilidad. Era como si Dios me dijera: "¿Qué importa lo que ella te quite? ¿Estás aquí para servirte a ti misma o a mí?". Una vez que dejé de centrarme en mí misma para centrarme en los propósitos de Dios, pude recuperar la alegría en mi trabajo.

A veces, estas rivalidades duran toda la vida, especialmente en situaciones familiares. Puede que tú seas alguien que se identifique con esto. Tal vez tengas una hermana con una larga historia de éxito, con buenas calificaciones en todas sus asignaturas, con premios deportivos, popular, atractiva y segura de sí misma desde la infancia. Los niños talentosos suelen recibir elogios constantes y bien merecidos por sus logros, pero esto puede hacer que una hermana con menos éxito se sienta inferior. Incluso padres bienintencionados pueden agudizar la rivalidad entre sus hijos al clasificar el nivel de todos ellos por el que más sobresale. Esto puede traumatizar a niños y adolescentes hasta bien entrada la edad adulta y, a no ser por la gracia de Dios, puede llevar toda una vida superarlo.

Lo mismo se aplica a las mujeres que anhelan tener hijos, pero no pueden concebir. Una mujer en esa situación no encontrará la felicidad interfiriendo en los hijos de otra persona o intentando sutilmente robarles el afecto. Si Dios te ha negado tener hijos, pídele que llene ese vacío con los medios que Él elija. Una mujer que conozco descubrió a los treinta años que nunca tendría hijos, y una amiga la remitió a Isaías 54:

> Regocíjate, oh estéril, la que no daba a luz; levanta canción y da voces de júbilo, la que nunca estuvo de parto; porque más son los hijos de la desamparada que los de la casada, ha dicho Jehová (Is. 54:1).

Aunque en el contexto original Isaías estaba profetizando sobre el regreso de los israelitas del exilio, la lección de Dios es también para ti y para mí. Si no te ha dado hijos, no es porque pretende dejar tu vida vacía, sino que tiene otros planes de bendición para ocupar ese lugar vacío.

Tal vez seas una mujer que creció a la sombra de un hermano superlativo, y dudas de tu capacidad para lograr algo. Si es así, no desperdicies tu vida tratando de estar a la altura, de lograr las mismas cosas que ese hermano o hermana, o de vivir para los elogios de tus padres. En cambio, busca los dones únicos que Dios te ha dado. Él te ha creado con ellos y te llama a usarlos. Aquello que te hace especial brillará cuando lo descubras y lo pongas en práctica.

Un receso

Si te identificas con alguna de estas situaciones u otras parecidas, ¿qué has hecho al respecto? Solo hay una cosa que hacer, algo que aprendemos de la trágica rivalidad entre Raquel y Lea.

La clave está en descubrir las bendiciones y los dones únicos que Dios te ha dado y centrar tus energías en ellos. No pierdas el tiempo en intentar cumplir tu deseo compitiendo con los demás.

Una de las principales consideraciones a tener en cuenta para hacer morir a un corazón pecaminosamente competitivo es que ese pecado aflige a Dios. Su Palabra declara que debemos estimar a los demás como superiores a nosotros mismos, que debemos velar por los intereses de los demás (Fil. 2:4). Nos exhorta a no codiciar lo ajeno (Éx. 20:17). Promete suplir todas nuestras necesidades en Cristo Jesús (Fil. 4:19). Cuando competimos con nuestras hermanas en Cristo, cuando nos dejamos absorber por rivalidades impías con cualquier persona, el amor de Cristo se ve disminuido en nuestro testimonio.

Si deseas algo o a alguien, pero no lo tienes, ora por ello. Luego da gracias a Dios por tu vida tal como es ahora. Al hacerlo, descubrirás un nuevo sentido de propósito y abundante gozo en tu vida tal como es hoy.

GUÍA DE ESTUDIO

Capítulo 6: Raquel y Lea

Lee los siguientes pasajes para aprender lo que las Escrituras nos dicen sobre Raquel y Lea: Génesis 29–34:1; 35:16-21, 23-26; 46:5, 14, 18-19, 22, 25; 48:7; 49:31; Rut 4:11; 1 Samuel 10:2; Jeremías 31:11-21; Mateo 2:18.

1. ¿Qué tipo de rivalidad es impía? ¿Qué es lo que motiva la rivalidad impía?

2. ¿Qué deseaba Raquel más que a Dios? ¿Y Lea? ¿Cómo influyeron sus respectivos deseos en su relación mutua? ¿Consiguieron al final lo que querían?

3. ¿Qué aprendemos de estas hermanas acerca de confiar en nuestras propias capacidades?

4. ¿Por qué son tan innecesarias las rivalidades pecaminosas?

5. Explica por qué los intentos de Lea por conseguir el afecto de Jacob fueron una pérdida de tiempo.

6. ¿Qué nos sucede cuando nos obsesionamos con algo que deseamos?

7. ¿De qué podemos estar seguras acerca de las bendiciones que Dios tiene para nosotras?

CAPÍTULO 7

DINA

Una crisis de aburrimiento

Ansias de conocer el mundo

"Otro sábado por la noche sin nada que hacer", se lamentó Katia. Mientras reflexionaba sobre posibles alternativas, Katia recordó algo que había oído en el trabajo sobre un nuevo club en la avenida Delaware. Sus compañeras de trabajo habían hablado de él en el almuerzo de la semana, de lo bien que lo habían pasado allí bailando y socializando con otras personas después del trabajo. Katia se planteó si ese nuevo lugar podría ser una solución para una noche que, de otro modo, carecería de total interés y, a medida que se acercaba el atardecer, la idea se hacía cada vez más atractiva. Risas, música y mucha gente con la que hablar. Quizá incluso podría conocer a alguien especial.

La idea de ir allí sola le intimidaba un poco, así que pensó en algunas de sus amigas que podrían estar disponibles en el último momento. Nadie de la iglesia. Probablemente, no tendrían interés en un lugar como ese. La mayoría de las mujeres de su congregación preferían veladas más tranquilas. Recordó también que la iglesia organizaba una actividad social esa noche, y la mayoría de las mujeres que conocía asistirían a esa actividad de todos modos. A Katia no le gustaba ir a la reunión de la iglesia. Se aburría con esas personas; lo que ellos consideraban diversión, Katia lo encontraba más bien aburrido. Las mismas personas de siempre. Así que Katia llamó a Érica, una de las compañeras de trabajo que le había hablado de ese nuevo club.

Mientras conducía con Érica hasta la avenida Delaware, Katia se alegró de tener algo que hacer. Pagaron la entrada y, al entrar, se vieron envueltas de inmediato en una bruma de humo y música a todo volumen. Realmente fue emocionante, tal como habían dicho los demás. Era difícil ver en la penumbra, pero Katia distinguió grupos de personas, muchos de ellos hombres atractivos. Pues bien, después de otra copa, Katia decidió acercarse a la pista de baile.

Mientras estaba cerca de la barra hablando con Érica, dos hombres se acercaron para entablar conversación con ellas. Uno de ellos era muy atractivo, pensó Katia mientras charlaba con él. Coquetear era inofensivo y muy divertido. Se llamaba Kevin y la invitó a bailar.

Mucho más tarde, Katia se dio cuenta de que hacía varias horas que no veía a Érica. Había estado bailando toda la noche con Kevin (no sabía su apellido). ¿Acaso Érica se había ido a casa? ¿Estaba en algún otro lugar de la pista de baile? Katia solo pensó en eso por un instante. Se estaba divirtiendo con Kevin, y Érica era lo suficientemente experimentada como para cuidar de sí misma, pensó. Al final, Kevin sugirió salir del club e ir a algún sitio a hablar. Katia se sentía cómoda con Kevin y su atención le parecía estimulante, así que aceptó. La idea de volver a casa, a su apartamento vacío, disipó cualquier reparo en ir a algún sitio a solas con un hombre que acababa de conocer.

Kevin había sugerido una cafetería tranquila en el centro de la ciudad donde podrían sentarse a hablar y conocerse. Así que entablaron una pequeña charla mientras él conducía por las calles de la ciudad. En el fondo, Katia sabía que debería estar pensando en volver a casa. Tenía que levantarse temprano para ir a la iglesia por la mañana y ya era más de medianoche, pero se resistía a marcharse. Se daba cuenta de que Kevin se sentía atraído por ella. ¿Era un hombre que realmente podía gustarle? ¿Era cristiano? Bueno, no pensaría en eso esa noche. Mañana tendría tiempo para eso. En ese momento disfrutaría del hecho de que ese hombre tan atractivo quisiera pasar tiempo con ella. Finalmente, Kevin se detuvo en el estacionamiento solitario detrás de un restaurante oscuro.

—Está cerrado —señaló Katia.

Kevin se detuvo en un lugar apartado y apagó el motor del auto.

—Podemos hablar aquí entonces. He bebido un poco y probablemente no debería seguir conduciendo ahora —respondió.

Katia comenzó a sentir el primer cosquilleo de nerviosismo en su interior.

—Puedo ir caminando a casa desde aquí —dijo, tratando de

sonar despreocupada; pero mientras se desabrochaba el cinturón de seguridad y recogía su abrigo y su bolso, Kevin extendió su mano y tiró de ella hacia él.

—Oye, hemos bailado juntos toda la noche. Relájate un rato. No puedes dejarme así —le dijo él.

—No, de verdad que tengo que irme —insistió ella, luchando por zafarse de su brazo.

—No te vayas —insistió Kevin con una expresión fea en su rostro. Presa del pánico, Katia abrió la puerta y saltó del auto.

—¡Bien! Entonces —gritó Kevin mientras arrancaba el motor— ¡Vuélvete sola a casa!

Salió a toda velocidad del estacionamiento y dejó a Katia completamente sola. Temblando, corrió hacia la calle bien iluminada y se dio cuenta de que se había dejado el abrigo nuevo en el auto. Se apresuró a llegar a su casa, incapaz de llamar a un taxi, ya que había gastado todo su efectivo en el club. "Dios —oró— ¡por favor, ayúdame a llegar a casa sana y salva! Sé que ha sido una necedad de mi parte. Si hubiera ido a la reunión social de la iglesia, estaría en casa a salvo y dormida en este mismo momento. Estaba muy aburrida y quería algo emocionante, ¡pero esto es mucho más de lo que esperaba!

¿Te sorprende la historia de Katia? Lo más probable es que no, porque oímos hablar de este tipo de locuras que ocurren todos los sábados por la noche en todas las ciudades del mundo occidental. Las mujeres cristianas no están excluidas. Tal vez sepas por experiencia propia de lo que estoy hablando. Esto tampoco es nada nuevo en nuestra época. Ha ocurrido a lo largo de la historia, incluso en tiempos bíblicos. Le ocurrió a Dina, la hija de Lea y Jacob, y los resultados fueron los mismos que hoy: humillantes y destructivos.

¡Alto!

Jacob y su numerosa familia se habían establecido cerca de Siquem, una ciudad cananea. Los habitantes de la comunidad eran paganos, adoraban ídolos y vivían para el placer mundano. Como es natural, Dina y sus once hermanos se habían familiarizado con sus vecinos. El estilo de vida cananeo probablemente parecía glamuroso y excitante a la joven en comparación con su vida hogareña. La madre de Dina, Lea, estaba demasiado enfrascada en su rivalidad con Raquel como para prestar a su hija la atención y la guía que una joven necesita de su madre, y sus hermanos probablemente pasaban la mayor parte del tiempo compartiendo intereses masculinos mutuos, y así dejaban a Dina con poca compañía.

Por eso no es de extrañar que leamos en Génesis que Dina se aventuró un día a pasar tiempo con "las hijas del país" (Gn. 34:1). Las mujeres cananeas no sentían ninguna constricción por cuestiones de piedad, se tomaban libertades que estaban prohibidas a mujeres de familias como la de Dina. Para una joven solitaria y aburrida, la mundanalidad de los cananeos era muy atractiva. ¡Y los jóvenes! ¡Cultos y sofisticados! Así que cuando Siquem, el príncipe heveo de la región, se fijó en Dina, ella se sintió halagada; pero después se encontró en una situación desesperada. La historia cuenta: "Y la vio Siquem hijo de Hamor heveo, príncipe de aquella tierra, y la tomó, y se acostó con ella, y la deshonró" (Gn. 34:2).

Al igual que Katia, Dina se colocó en una situación de vulnerabilidad. Sin embargo, Dina perdió algo más que un abrigo nuevo. Lo que ocurrió con Dina se conoce hoy como violación en una cita. Aunque ningún hombre tiene derecho, en ningún momento, a arrebatar a una mujer lo que ella no está dispuesta a dar, lo cierto es que cuando se produce una violación en una cita, la mujer se ha colocado primero en una situación propicia para que eso ocurra. Esto significa que muchos de estos casos podrían evitarse si se ejerciera un poco de prudencia con antelación.

En cuanto al príncipe Siquem, no se trataba de un encuentro casual. Amaba a Dina, así que envió a su padre, Hamor, a pedir su mano en matrimonio; pero en la morada de Jacob, sus hermanos estaban furiosos por la deshonra de Dina. Algunos de sus hermanos mayores juraron vengarse e idearon un plan. Le dijeron a Hamor que permitirían que Siquem se casara con su hermana menor si todos los varones de la ciudad juraban primero lealtad a Jehová y se sometían al rito de la circuncisión. Hamor, deseoso de proporcionar a su hijo la mujer que deseaba, y creyendo que una alianza con la familia de Jacob sería beneficiosa para su pequeño reino, aceptó las condiciones. Así que Dina fue a casa de Siquem para casarse con él.

Si consigues identificar la fuente de tu tentación, podrás enfrentarla antes que se infecte lo suficiente como para llevarte al peligro.

Sin embargo, tres días después, cuando todos los hombres de Siquem estaban débiles por el dolor de la circuncisión, los hijos de Jacob, Simeón y Leví, entraron vertiginosamente a la ciudad y mataron a todos los hombres que estaban dentro de sus puertas, incluidos Siquem y su padre, Hamor. Jacob se afligió mucho. "Entonces dijo Jacob a Simeón y a Leví: Me habéis turbado con hacerme abominable a los moradores de esta tierra, el cananeo y el ferezeo; y teniendo yo pocos hombres, se juntarán contra mí y me atacarán, y seré destruido yo y mi casa. Pero ellos respondieron: ¿Había él de tratar a nuestra hermana como a una ramera?" (Gn. 34:30-31). Para Dina las consecuencias fueron mucho peores que para Katia. El pecado sexual de Siquem despojó a Dina de su pureza, algo que nunca podría recuperar. Además del vergonzoso estigma que llevaría, como resultado se produjo una gran destrucción. La reputación de la familia de Jacob quedó manchada, y los hombres de Siquem murieron.

Señales de advertencia para las que buscan aventuras

¿Te sientes identificada con estas historias? Tal vez hayas tenido una experiencia como la de Katia o incluso como la de Dina. Si es así, seguro que has sufrido, si no físicamente, al menos emocional y espiritualmente, y quieres evitar otro incidente similar. Podemos aprender mucho de la historia de Dina sobre cómo evitar las consecuencias que pueden producirse si nos desviamos del camino de Dios.

¿Qué nos mueve a buscar compañía fuera de otros creyentes? Para algunas, es el sentimiento de rechazo por parte de la comunidad cristiana debido al bagaje de su pasado. Los cristianos divorciados suelen sentirse así. En otros casos, las mujeres que luchan con un pecado asediante tienen miedo de sincerarse en un entorno cristiano. Piensan: "Si los demás me conocen de verdad, no querrán saber nada de mí". Ese tipo de miedo e inseguridad las hace sentirse aisladas de las personas que podrían ofrecerles palabras de aliento.

Otras viven principalmente en un entorno mundano, por lo que, para ellas, esa compañía las hace sentir más como en casa. Las mujeres con carreras que requieren viajes de negocios regulares son propensas a eso porque tienen poca o ninguna compañía cristiana semana tras semana. O quizás, desde que te llegaste a la fe en Cristo, nunca te has alejado del mundo y su encanto. Te aburren las personas y las actividades cristianas, y buscas algo que te estimule más. Tal vez te has cansado de esperar a que Dios te dé un compañero o un grupo de amigas, y se ha alojado en ti un espíritu de impaciencia. O tal vez estás tan ansiosa de tener un amor incondicional que lo buscas en todos los lugares equivocados.

Estos son algunos de los sentimientos y pensamientos subyacentes que pueden echar leña al fuego de la tentación. La clave está en reconocerlos cuando te asaltan. Si consigues identificar la fuente de tu tentación, podrás enfrentarla antes que se infecte lo suficiente como para llevarte al peligro. Una vez que hayas identificado lo que hay detrás de tu deseo de compañía impía, habla con Dios sobre ello. Puedes sincerarte con Él sobre tu soledad, tus sentimientos de rechazo, tu inseguridad. Él se preocupa por tu aflicción. Cuéntale si estás luchando por apartarte del mundo. Él quiere profundizar tu deseo de buenas compañías.

Cuidado con las compañías

Las personas y las situaciones a las que nos exponemos también juegan un papel clave en nuestro deseo de desviarnos del buen camino. Cuando vemos la televisión indiscriminadamente, a menudo estamos deleitando nuestros ojos con la mundanalidad sensual. Si pasamos mucho tiempo fuera del horario laboral con nuestros compañeros de trabajo no regenerados, es decir, con los incrédulos, comenzaremos a desear lo que ellos desean y encontraremos que nuestro pensamiento se está moldeando al de ellos. Pablo escribió: "No erréis; las malas conversaciones corrompen las buenas costumbres" (1 Co. 15:33).

Nuestros pensamientos también constituyen un factor clave a la hora de determinar nuestros deseos y acciones. Restamos importancia al rol de la fantasía. Después de todo, tenemos la tentación de racionalizar: "No es que esté haciendo esas cosas con las que fantaseo". Sin embargo, la verdad es que, si damos lugar a un pensamiento sensual una y otra vez en nuestra mente, es mucho más fácil ir y hacerlo. La mayoría de los grandes pecados en los que caemos son el resultado de elecciones imprudentes y de una acumulación de pecados menores durante un largo período de tiempo.

La mayoría de los grandes pecados en los que caemos son el resultado de elecciones imprudentes y de una acumulación de pecados menores durante un largo período de tiempo.

Tal vez eres una mujer con una hija adolescente y te preocupa que ella pueda meterse en problemas como lo hizo Dina. En nuestra sociedad, las madres con hijas adolescentes viven con ese temor desgarrador, que acompaña a la confesión entre dientes y entre lágrimas: "Estoy embarazada". Las buenas madres, cristianas o no, prestan mucha atención a las actividades de sus hijas y vigilan su paradero. No obstante, a veces, ninguna medida de protección evita el horror de un embarazo adolescente, una violación en una cita o una enfermedad de transmisión sexual. ¿Tienes una hija que crees que podría salirse de los límites seguros que has establecido? Si es así, pregúntate: ¿está contenta en casa? ¿Le estás proporcionando un entorno piadoso y le estás dando un ejemplo bíblico? ¿Estás controlando cómo pasa el tiempo, incluso durante las horas que está en casa? ¿Tiene ella la oportunidad de pasar tiempo con otros jóvenes cristianos durante la semana? Si tienes una adolescente en problemas o temes que vaya en esa dirección, tal vez haya algo o alguien que se permite en tu casa que está impulsando a tu hija a salirse de los límites.

Como hemos visto, ese fue el caso de Dina. Sus padres no eran ejemplo de un comportamiento piadoso. Su madre estaba obsesionada por superar a su rival, Raquel. Su padre, Jacob, dio su aprobación al matrimonio de Dina con un incrédulo, lo cual indicaba su falta de preocupación por su bienestar espiritual. De hecho, a lo largo de la horrorosa experiencia de Dina en Génesis 34, no se menciona a Dios ni una sola vez. Sin embargo, a Dina no le faltaba amor. A juzgar por la reacción de sus hermanos ante el vergonzoso trato que le dispensó Siquem, no cabe duda de que la amaban y la apreciaban, a pesar del orgullo familiar. Probablemente, fueron varios los factores que llevaron a Dina a alejarse de la seguridad del hogar, incluido su propio pecado.

Límites santos

Todo esto nos lleva a preguntarnos: ¿Cómo podemos hacer frente a la agitación interior que nos impulsa a meternos en problemas? Lo primero que hay que saber es que Dios tiene su providencia para nuestros anhelos. Podemos pedirle con confianza que aleje nuestra soledad, con la confianza de que Él se complace en responder esta oración de la mejor manera y en el momento perfecto. Dios te dará una compañía cristiana que alivie tu soledad, y si parece no dártela durante un tiempo, es solo para que Él mismo pueda ser tu compañía.

También hay algunas cosas que *tú* puedes hacer para encontrar la satisfacción que Dios tiene para ti, y comienza con la aceptación de las circunstancias en las que Dios te ha colocado. Cuando Dios repartió porciones de la tierra prometida a las doce tribus de Israel (Jos. 15–17), trazó los límites de cada tribu en función de sus planes a largo plazo para los miembros de cada tribu, así como para su propia gloria. De la misma manera, Él también traza límites alrededor de nuestras vidas, y es dentro de esos parámetros que somos libres de vivir. Las líneas se trazan de la misma manera para cada creyente en términos de las ordenanzas establecidas en las Escrituras, pero en otros aspectos pueden variar. Puedes descubrir los límites de Dios para ti cuando consideras tus circunstancias materiales, tus dones y talentos, tu estado civil y tu familia, y las cosas que te tientan a pecar. Nosotras, como mujeres cristianas, tenemos la responsabilidad de determinar dónde están trazados nuestros límites. Los límites que Dios establece para nosotras pueden cambiar y cambiarán con frecuencia en diferentes momentos de nuestras vidas para ampliar o estrechar el ámbito en el que debemos vivir y servirlo.[1]

Dios te dará una compañía cristiana que alivie tu soledad, y si parece no dártela durante un tiempo, es solo para que Él mismo pueda ser tu compañía.

Cuando nos desviamos de la protección de esos límites, nos exponemos a la infelicidad. Nos podemos descarriar fácilmente cuando centramos nuestra atención en el mundo y en lo que este nos ofrece. Comenzamos a anhelar los placeres mundanos porque no estamos en sintonía con la abundante provisión que Dios tiene para nosotras en el lugar donde Él nos ha colocado. Cuando permitimos influencias impías en nuestros corazones y hogares, tarde o

---

1. Para más información sobre cómo vivir dentro de los límites que Dios ha trazado en su soberanía, leer Dean R. Ulrich, "Lines in Pleasant Places: Joshua 15:19", *The Journal of Biblical Counseling* 18, n.º 3 (primavera de 2000): 54-57.

temprano seremos conformadas a eso. Recuerda que la enfermedad es contagiosa, no la salud.

Siempre y solo dentro de los límites particulares que Dios ha trazado para cada uno de sus hijos se puede encontrar la verdadera felicidad. Mira lo que tienes a tu alrededor. Deja de mirar lo que no tienes. La alegría y la plenitud están a tu disposición ahora. Espero que lo hayas descubierto por ti misma. Es la manera de vivir verdaderamente la vida abundante que Dios ha prometido a su pueblo.

Volver al buen camino

Si eres una mujer que se ha desviado del camino, tal vez te preguntes cómo volver al plan de Dios para tu vida. Pídeselo, y Él te ayudará. Dios no quiere que te pierdas lo mejor de Él. Lee la parábola del hijo pródigo en Lucas 15 para animarte. La vida de Dina no terminó después que se descarrió. No volvemos a leer sobre ella, pero sabemos que regresó a donde pertenecía, a una familia que Dios había elegido para que vivieran en una relación de pacto con Él, apartada para recibir todas las bendiciones que reciben quienes viven dentro de los límites de su pacto.

Si hoy estás lejos del hogar, estas palabras del profeta Joel encierran la promesa que te espera de regreso a casa:

> Y os restituiré los años que comió la oruga, el saltón, el revoltón y la langosta, mi gran ejército que envié contra vosotros.
>
> Comeréis hasta saciaros, y alabaréis el nombre de Jehová vuestro Dios, el cual hizo maravillas con vosotros; y nunca jamás será mi pueblo avergonzado (Jl. 2:25-26).

GUÍA DE ESTUDIO

Capítulo 7: Dina

Lee los siguientes pasajes para aprender lo que las Escrituras nos dicen sobre Dina: Génesis 30:21; 34; 46:15.

1. ¿Qué lleva a algunas mujeres a buscar una compañía significativa fuera de la comunidad cristiana?

2. Explica cómo fantasías aparentemente inofensivas pueden ser destructivas.

3. ¿Cómo podemos hacer frente a nuestra agitación interior que, si no se controla, puede llevarnos fácilmente a problemas?

4. ¿Cuál es el único lugar donde todo creyente puede encontrar satisfacción y verdadera libertad?

CAPÍTULO 8

MARÍA, LA HERMANA DE MOISÉS

¿Y yo qué?

Cueste lo que cueste

Cuando se escriban los libros de historia, ¿cómo se recordará a Hillary Clinton? ¿Será por la entereza que demostró al apoyar a su marido mientras sus infidelidades conyugales se exhibían ante el mundo? ¿Será por su exitosa carrera como senadora de los Estados Unidos por el estado de Nueva York? Probablemente, no. Hillary Clinton será recordada quizás como la mujer que haría cualquier cosa para lograr el éxito.

En la cultura actual, el éxito se aclama como el mayor logro que una mujer puede obtener. El refinamiento, la delicadeza, el contentamiento y la paciencia femeninas son un mero barniz sobre la madera robusta de los logros individuales; lujos para las mujeres que ya lo han conseguido. Hoy día no son virtudes que se cultiven. Al contrario, se desechan si interfieren con el éxito personal. ¿Qué pasa con una mujer cuya vocación está dirigida en centrar sus energías en los miembros de la familia para que *ellos* puedan salir adelante y lograr el éxito? Hillary Clinton expresó su desprecio por las mujeres que adoptan ese estilo de vida, quizá en un intento de validar algunas de sus decisiones a lo largo de su carrera.

Clinton ha trabajado duro para alcanzar sus metas. Ha ocupado y sigue ocupando una posición de poder, autoridad e influencia. Cada uno de sus movimientos está escrito y fotografiado. Ha llegado a la cima del éxito según los estándares actuales. Lo que Hillary Clinton aún no ha comprendido es que la verdadera grandeza, el éxito genuino y la realización personal no se encuentran de manera sostenible en hacer lo que sea necesario para llegar a la cima.

En el libro del Éxodo, nos encontramos con una mujer que tenía dones y talentos similares a los de Hillary Clinton. Se llamaba María y, al igual que Hillary, tenía valor, inteligencia y una enorme capacidad de liderazgo.

El punto débil de la fortaleza personal

La Biblia nos presenta a María varias veces en distintas etapas de su vida. La primera vez que leemos sobre ella es una joven cuya tarea consistía en cuidar de su hermano pequeño: un bebé escondido para escapar de la muerte entre los juncos del río Nilo. Es allí, en Éxodo 2, donde descubrimos por primera vez que María era una joven inteligente y audaz. Cuando la hija del faraón encontró al bebé Moisés y se lo llevó a casa para criarlo, María, la hija de los despreciados esclavos hebreos, dio un paso al frente con valentía y se ofreció a buscar una nodriza para que amamantara a Moisés. La hija del faraón aceptó el ofrecimiento de María, que fue a buscar a su propia madre para que hiciera esa tarea. Así fue que madre e hijo se reunieron y el niño estuvo fuera de peligro, todo gracias a la rapidez mental de la joven María.

Más adelante oímos hablar de María después que los israelitas cruzaran milagrosamente el Mar Rojo y dejaran atrás a los egipcios que los perseguían y se ahogaron en una estruendosa catarata de agua. Leemos:

> Y María la profetisa, hermana de Aarón, tomó un pandero en su mano, y todas las mujeres salieron en pos de ella con panderos y danzas. Y María les respondía:
>
> Cantad a Jehová, porque en extremo se ha engrandecido;
> Ha echado en el mar al caballo y al jinete (Éx. 15:20-21).

Es evidente que María era una mujer con grandes dotes de motivación, capaz de animar a los demás en los momentos difíciles y mantenerlos centrados en Dios.

Como resultado, María se había convertido en una de las figuras principales de la tribu en rápido crecimiento. Su rol de líder puede atribuirse a varios factores adicionales. El hecho de ser hermana de Moisés seguramente le otorgó cierta posición social, pero sin sus dones naturales el vínculo familiar habría sido insuficiente. Lo que dio autoridad a María dentro de la tribu fue su firme fe en Dios; en una época tan peligrosa de la historia israelita, su fe animó a todo el pueblo.

No es hasta más adelante en la historia cuando descubrimos un defecto en el carácter de María. Los israelitas llevaban algún tiempo vagando por el desierto bajo el liderazgo de Moisés, que había tomado una nueva esposa, una mujer etíope o cusita. La primera esposa de Moisés, Séfora, probablemente había muerto, o eso o bien la mujer etíope era una esposa adicional. Fue justo después del segundo matrimonio de Moisés cuando María criticó a su hermano y a su nueva esposa. Leemos: "María y Aarón hablaron contra Moisés a causa de la mujer cusita que había tomado; porque él había tomado mujer cusita. Y dijeron: ¿Solamente por Moisés ha hablado Jehová? ¿No ha hablado también por nosotros? Y lo oyó Jehová" (Nm. 12:1-2).

A primera vista, la crítica de María parece no estar vinculada al nuevo matrimonio de Moisés. ¿Qué la había provocado? ¿Fue la nueva esposa o el hecho de que Moisés fuera el portavoz designado por Dios? Tal vez fue un celo equivocado por mantener al pueblo sin mancillar frente a los forasteros, como eran los etíopes en aquella época. O tal vez fue que Moisés, su hermano menor, se había casado por segunda vez, mientras que ella aún no tenía marido. Josefo, el historiador antiguo, cuenta que María se casó, pero las Escrituras nunca lo mencionan. Otra posibilidad es que María estuviera molesta porque ella, como hermana mayor, una líder probada por derecho propio, fuera relegada a una posición de menor autoridad que su hermano menor.

Podemos llegar a una respuesta factible si pensamos por un momento en la perspectiva de María. Ella había cuidado de Moisés desde su infancia, mientras soportaba las intolerables condiciones impuestas a los esclavos hebreos en Egipto. Después que Dios librara a todo el pueblo y estuvieran a salvo del Faraón y su ejército perseguidor, María había dirigido a las mujeres en una alabanza de acción de gracias a Dios por su milagrosa liberación. Es posible que ejerciera una importante influencia positiva en el pueblo, sobre todo en las mujeres, mientras atravesaban los tediosos días en el desierto. Es probable también que María fuera una mujer de una energía inagotable, una verdadera mujer multifacética. Si la primera esposa de Moisés, Séfora, murió de una enfermedad, de seguro que María se dedicó intensamente a atender a la enferma y a supervisar las tareas domésticas. Como hermana de Moisés, habría sido una lógica asistente en tal situación.

Si efectivamente Séfora había muerto, no cabe duda de que María fue quien intervino para consolar a su hermano y seguir atendiendo sus necesidades cotidianas. Entonces llegó la nueva esposa etíope para reclamar el puesto de asistente de Moisés y así relegar a María a un segundo plano en el proceso. Parece que María se resintió enormemente por la intrusión en lo que consideraba su territorio en varios frentes, y el peor de ellos fue la intrusión de esta mujer ajena a su especial comunidad del pacto. No es de extrañar que el resentimiento empezara a hervir dentro de María.

Cuando nos sentimos humilladas, maltratadas o utilizadas, crece fácilmente en nuestro corazón un espíritu crítico.

Para ser sinceras, debemos admitir que respondemos como María en ese tipo de situaciones. En momentos como ese, cuando nos sentimos humilladas, maltratadas o utilizadas, crece fácilmente en nuestro corazón un espíritu crítico. ¿Lo reconoces en ti? Piensa en las veces que has criticado a otras personas. ¿No es a menudo porque tu ego ha sido herido? Sin embargo, nuestro orgullo nos impide reconocer ese hecho, tanto a nosotras mismas como a los demás. En cambio, a menudo nos aferramos a un espíritu de ira farisaica, mientras buscamos una razón periférica para justificar nuestras emociones pecaminosas.

María no solo se sintió maltratada por su hermano, sino que además sus palabras parecen indicar que, en el fondo, tal vez se sentía maltratada por Dios. ¿Por qué había nombrado a su hermano como líder? ¡Un hombre que se rebajaría a casarse con una extranjera! ¡No era justo! ¿No había demostrado ella sus capacidades? En su ira y su sentimiento de injusticia, racionalizó que ella, puesto que era igualmente apta para el trabajo, si no más, tenía tanto derecho como Moisés a hablar en nombre de Dios. Así que, al sentirse decepcionada, poco apreciada y subestimada, María dio voz a estos pensamientos, como tan a menudo nos sentimos tentadas a hacer. Podemos imaginarla ir de persona en persona mientras arrastra a Aarón con ella por todo el campamento para expresar sus quejas y tratar de sumar al pueblo a su punto de vista.

¡No es justo!

Dios se disgustó mucho con el incidente. Después leemos: "Entonces la ira de Jehová se encendió contra ellos; y se fue. Y la nube se apartó del tabernáculo, y he aquí que María estaba leprosa como la nieve; y miró Aarón a María, y he aquí que estaba leprosa" (Nm. 12:9-10). La lepra que afectó a María no era la enfermedad que conocemos con ese nombre, la enfermedad de Hansen. Más bien, María estaba afligida por un trastorno que hacía que su piel se cubriera de escamas de un color como de muerte.

Lo que Dios hizo para corregir a María puede parecernos duro. Después de todo, ella solo estaba expresando su opinión; pero Dios, y solo Él, conocía el corazón de María, y era su corazón lo que Él quería cambiar. Dios sabía que María estaba resentida con la autoridad de Moisés. María, aunque tenía dones, no había sido la líder que Dios había elegido y, por lo tanto, hablar contra Moisés era hablar contra Dios. Y era este espíritu de orgullo y rebelión lo que Dios quería corregir.

¿Has luchado alguna vez con el resentimiento como María? Tal vez te hayan dejado de lado y no te dieron ese ascenso tan bien merecido y te hayas visto obligada a ver cómo otro se llevaba el mérito de tu duro trabajo. O puede que hayas experimentado la humillación y el dolor de que te ignoren o se olviden de ti cuando ya no te necesitaban. No parece tener sentido, ¿verdad? Y no es justo. Pero este tipo de justicia no es algo que podamos esperar en esta vida, ni tampoco lo promete la Biblia. En cambio, se nos exhorta a actuar con piedad en medio del trato injusto. Así es como Jesucristo vivió su existencia terrenal. Él fue quien dijo: "Pero yo os digo: No resistáis al que es malo; antes, a cualquiera que te hiera en la mejilla derecha, vuélvele también la otra; y al que quiera ponerte a pleito y quitarte la túnica, déjale también la capa; y a cualquiera que te obligue a llevar carga por una milla, ve con él dos. Al que te pida, dale; y al que quiera tomar de ti prestado, no se lo rehúses" (Mt. 5:39-42).

Puede que nunca entendamos muchas situaciones de nuestra vida… y, en tales casos, debemos creer por la fe que los caminos de Dios son… más orientados a la eternidad que los nuestros.

No parece justo. De hecho, no es justo si evaluamos estas cosas desde nuestra perspectiva humana. Sin embargo, a lo largo de las Escrituras encontramos ejemplos de situaciones que podríamos llamar injustas. Vemos a Dios disponer circunstancias y levantar autoridades que, desde nuestra limitada forma de pensar, parecen ilógicas. El rey David entra en esta categoría. Dios levantó a un pobre pastor y lo puso como rey de todo Israel. En el Nuevo Testamento encontramos a Pedro, un humilde pescador a quien Dios nombró como un gran apóstol. Dios tiene una visión de la justicia diferente a la nuestra. Puede que nunca entendamos muchas situaciones de nuestra vida que nos parecen injustas y, en tales casos, debemos creer por la fe que los caminos de Dios son más altos, más anchos y más orientados a la eternidad que los nuestros.

Ese fue el eje central de la lucha de María. Se negaba a ver más allá de su situación inmediata, y eso la hacía sentirse desdichada. ¿Acaso no estaba tan calificada como Moisés? ¿No había demostrado su valor, su capacidad de liderazgo y su corazón para Dios? Como hermana mayor, ¿no debería haber sido la primera opción? Probablemente, todos esos pensamientos se habían gestado en su interior durante algún tiempo antes de estallar en una crítica abierta.

Hay situaciones injustas en todas partes

El mismo tipo de crítica se da en las iglesias de hoy, especialmente en lo que se refiere al género. Muchas mujeres se niegan a aceptar que el modelo establecido en el Nuevo Testamento indica que, en el ámbito de la iglesia, solo los hombres deben predicar la Palabra de Dios desde el púlpito u ocupar el cargo de anciano. Algunas mujeres luchan con ese modelo porque saben que están igualmente calificadas en términos de educación, experiencia o intelecto (en algunos casos más) que los hombres que ocupan tales puestos. Un punto importante a tener en cuenta si se cuestiona este modelo es que la jerarquía bíblica no tiene nada que ver con el hecho de que los hombres estén o no más calificados que las mujeres. Esos no fueron los criterios que Dios utilizó al establecer el sistema eclesiástico. Él designó a los hombres para estar por encima de las mujeres en algunas funciones de la iglesia porque sabe que la mayoría de las cosas funcionan mejor cuando operan dentro de una estructura preestablecida. Y dentro de la Iglesia, es Cristo, hombre, mujer, en ese orden, porque Dios lo estableció así.

La iglesia no es el único lugar donde las mujeres cristianas pueden enfrentar esta lucha. Oímos hablar de personas no calificadas, cuestionables o francamente sin ningún mérito que ocupan puestos de poder en todos los ámbitos de la sociedad, desde funcionarios corruptos hasta maestros que maltratan a los niños en guarderías o policías que ejercen su cargo con crueldad. Todos los días enfrentamos situaciones más cotidianas, pero igualmente decepcionantes, como le ocurrió a María. Ocurre cuando el holgazán del cubículo de al lado recibe un aumento de sueldo mayor que el nuestro o cuando asignan a una persona recién llegada la dirección de un comité que esperábamos presidir. En todos estos casos, no se nos permite saber por qué Dios elige a unos, cuando otras personas, incluidas nosotras mismas, parecemos igual o mejor calificadas.

En el fondo, todas queremos que nos reconozcan y elogien por nuestros logros y sacrificios personales. Hemos trabajado duro para conseguirlos, a menudo con nuestro esfuerzo en beneficio de una causa o de una persona. Cuando nos desprecian o nos pasan por alto, hieren nuestros sentimientos y nuestro orgullo. Y esos sentimientos pueden hundirnos si no miramos más allá de nosotras mismas.

Una íntima amiga mía, aunque solo tiene treinta y pocos años, ya ha alcanzado la distinción de ser una de las principales especialistas en fertilidad del mundo a quien invitan para dar a conocer sus investigaciones por todo Estados Unidos y Europa. En numerosas ocasiones, durante estos viajes, las personas sentadas a su lado en un avión le preguntan a qué se dedica. Leticia siempre responde lo mismo: "Me dedico a la medicina". Inevitablemente, miran a esta mujer joven y atractiva y exclaman: "¡Qué bien! Eres enfermera". Leticia ha aprendido a controlar su brote de indignación y, en cambio, sonríe mientras da una respuesta amable. Ha aprendido que Dios valora su trabajo y, a la larga, eso es lo único que importa.

Cuando nos desprecian o nos pasan por alto, hieren nuestros sentimientos y nuestro orgullo. Y esos sentimientos pueden hundirnos si no miramos más allá de nosotras mismas.

Tal vez muchas de ustedes experimenten una frustración similar, en casa, en el trabajo y en su iglesia, especialmente si son personas de alto rendimiento. Las mujeres que conozco, que han tenido más éxito en sus carreras, parecen tener más dificultades para enfrentarse a esta frustración.

Por supuesto, hay ciertas situaciones en las que dar nuestra capa a otro y caminar la milla extra no son el mejor curso de acción. Tenemos que denunciar la injusticia donde veamos una corrupción sin escrúpulos. Si realmente sospechamos que un funcionario público se comporta mal, cuando alguien es ascendido a una posición de autoridad sobre la base de una plataforma de mentiras bien documentadas o cuando personas indefensas salen perjudicadas, entonces sacarlo a la luz no solo es apropiado, sino que es lo correcto por el bien de todos.

Sin embargo, en cuestiones de opinión, cuando nos sentimos personalmente menospreciadas o cuando no reconocen nuestros derechos, la mejor forma de actuar es la aceptación y no la anarquía. Ahí es donde María falló y, hasta cierto punto, es por lo que Dios la disciplinó públicamente. Dios no castigó a María de una manera tan drástica para agravar su humillación. Más bien, fue un recordatorio para María, y para todo el pueblo al que había perturbado, de que la autoridad de Dios no se debía cuestionar.

Complejo de superioridad

Está claro que el eje central del pecado de María era su resentimiento hacia la autoridad de Moisés, pero eso aún nos lleva a preguntarnos por qué aludió a la nueva esposa de Moisés en su discusión. ¿Qué tenía que ver la etíope? Los etíopes eran descendientes de Cam y habían sido maldecidos por Dios en los días de Noé. En consecuencia, la crítica de María a la nueva esposa etíope de Moisés puede haber puesto de manifiesto un prejuicio racial profundamente arraigado. Tenemos una pista de ello por la forma en que Dios decidió disciplinarla al hacer que su piel cambiara de color a causa de una enfermedad maldita que la convirtió en una marginada social. Sabemos que María era una mujer que amaba a Dios, pero los prejuicios y la piedad no combinan. Si ese fuera el caso, ¿cómo pudo el fanatismo inflamarse en el corazón de una mujer de la madurez espiritual de María?

Piensa por un momento en la raíz de los prejuicios raciales. ¿De dónde surgen? En algunos casos es el pecado de la superioridad farisaica, pero en muchos otros es la ignorancia. No obstante, la raíz de la mayoría de los prejuicios es el miedo. Oímos historias y estereotipos, y sentimos miedo. Así que una reacción instintiva al miedo es aplastar lo que podría perjudicarnos de alguna manera, y eso es a menudo lo que ocurre cuando las personas hablan en contra de una raza, grupo socioeconómico o género diferente. ¿Has enfrentado alguna vez este problema? Si no lo has hecho, es probable que conozcas a alguien que sí.

Sea cual sea el problema subyacente que desencadena tal pecado, Dios no hace la vista gorda al prejuicio. La repentina aflicción de María por la lepra así lo indica. La enfermedad era tan abominable que los afectados debían permanecer fuera del campamento durante su enfermedad y advertir a los demás que se alejaran al grito de "¡Inmundo! ¡Impuro!". María fue desterrada del campamento durante siete días antes que Dios la restaurara de lo que debió de ser una experiencia humillante. Dios aborrece cualquier tipo de calumnia que incluya bromas raciales o estereotipos. Todas las razas son bienvenidas en su reino y, por medio de la prueba de siete días de María, lo dejó claro a todo el campamento. Dios, el que ve y discierne los corazones, es el único que sabe lo que había detrás de la crítica de María a su nueva cuñada; pero ya fuera miedo o simplemente su determinación de mantener su lugar en el campamento, obstaculizó el ministerio de María y su comunión con otras personas.

Batallas sin sentido

A pesar de la lucha de María con estos pecados, no solo era una mujer piadosa, sino también una mujer competente. Hoy día hay más mujeres como María que nunca antes en la historia, mujeres con tremendas habilidades y capacidad de liderazgo, que han sido cultivadas a través de la educación o formadas en el trabajo. Si eres una mujer así, ¿cómo te comportas cuando sientes que te han dejado de lado injustamente y no te han dado la buena oportunidad que crees que te has ganado? Muchas de nosotras actuamos como María. Intentamos derribar a los que creemos que se lo merecen menos o a los que, aunque sea sin querer, han minado nuestro sentido del valor. Podemos ser descaradas, como María, o más sutiles. A menudo hablamos por teléfono o entramos al comedor y decimos: "Oh, perdónenme, pero tengo que desahogarme". O bien "Creo que es importante que cuente algunas cosas sobre Mariana".

¿Adónde nos lleva eso? ¿Acaso desahogarnos calma nuestros corazones disgustados? ¿Acaso no estamos humillando a alguien con nuestras murmuraciones? La mayoría de las veces, la gente se da cuenta de lo que intentamos hacer y se compadecen de nosotras, aunque asienten con la cabeza en señal de apoyo. Entonces, ¿cómo podemos manejar la injusticia de una manera piadosa? Debemos llevar a Dios nuestra decepción, nuestros sentimientos heridos y nuestra sensación de injusticia. Siempre estamos invitadas a desahogar nuestros corazones delante de Él.

A la luz de la eternidad, lo que contará será cómo utilizaste tus dones, no el éxito que tuviste según los criterios del mundo.

Si Dios ha cerrado la puerta que te llevaba a la cima, es porque llevarte allí no fue su principal objetivo para ti. Él tiene grandes planes y usos para los dones y talentos que te ha dado, y quiere maximizarlos. A veces, cuando la escalera del éxito no llega al techo, sentimos que nuestra utilidad ha terminado, pero no es así. Es simplemente que el plan de Dios para tu éxito difiere del que habías imaginado para ti. ¿Te han dejado de lado recientemente? ¿Te sientes usada o subestimada? Si es así, nunca te sentirás satisfecha al quejarte de lo injusto que es todo o intentando conseguirlo por ti misma. En lugar de eso, pide a

Dios que abra canales nuevos y diferentes en los que puedas utilizar tus dones. A la luz de la eternidad, lo que contará será cómo utilizaste tus dones, no el éxito que tuviste según los criterios del mundo.

María habría sufrido mucho menos si hubiera dirigido su corazón en esa dirección. En lugar de competir por el primer puesto, podría haber encontrado satisfacción en seguir siendo líder espiritual de las mujeres del campamento, en guiarlas en la alabanza y la acción de gracias y en aceptar con amor a su nueva cuñada. María no se dio cuenta de que el campamento no necesitaba que ella fuera la portavoz de Dios, para eso estaba Moisés, pero sí la necesitaba con su llamado y dones únicos en servicio a los demás.

Una última realidad aleccionadora que todas debemos recordar de vez en cuando es que, desde un punto de vista espiritual, no tenemos derechos. Todo lo que tenemos es un don, y cuando lo vemos desde esa perspectiva, podemos disfrutar de nuestros privilegios, olvidar los desaires y aprovechar al máximo cada oportunidad.

GUÍA DE ESTUDIO

Capítulo 8: María, la hermana de Moisés

Lee los siguientes pasajes para aprender lo que las Escrituras nos dicen sobre María: Éxodo 15; Números 12, 20, 26; Deuteronomio 24:9; 1 Crónicas 6:3; Miqueas 6:4.

1. Enumera algunas de las razones por las que María podría haber sentido resentimiento hacia su hermano Moisés.

2. ¿De qué manera la crítica de María a Moisés era indirectamente una crítica a Dios?

3. ¿Cómo debemos entender y aceptar los diferentes papeles que desempeñan los hombres y las mujeres en la iglesia?

4. En las situaciones que nos parecen injustas o en las que no tienen sentido, ¿cómo quiere Jesús que respondamos al maltrato personal?

5. ¿Qué perspectiva o actitud debemos tener cuando la gente infravalora nuestros logros?

6. ¿Qué hay en el fondo de los prejuicios raciales?

7. ¿De qué manera podemos tranquilizarnos si no alcanzamos nuestros objetivos personales?

CAPÍTULO 9

RAHAB

Gloria en lugar de cenizas

Ocultar el dolor

"¿Por qué nunca vienes a la reunión de oración?", preguntó Betty a Nicol. "Oh, no lo sé —respondió Nicol—. Supongo que prefiero quedarme en casa los viernes por la noche. Estoy demasiado cansada al final de la semana laboral para socializar".

La respuesta de Nicol parecía razonable, pero era mentira. A decir verdad, Nicol estaba necesitada de la compañía de otros cristianos.

Las excusas comenzaron un domingo no hace mucho, cuando Betty, miembro activo de la congregación, interceptó a Nicol cuando se dirigía a la puerta de salida después del servicio dominical matutino. Se presentó y le dijo: "Hace varias semanas que te veo por aquí, pero parece que no conoces a nadie. Estaré encantada de ayudarte a conocer a los demás".

Nicol estaba agradecida a Betty por su amabilidad y el interés genuino que mostraba, pero integrarse y conocer más gente era una perspectiva aterradora para ella. Cada vez que Betty se ofrecía a ayudarla, Nicol sonreía y le daba una excusa creíble, mientras pensaba: "¡Yo nunca podría hacer eso!". Y volvía a casa sola, frustrada y preocupada porque Betty dejara de hablarle.

"Si me conociera de verdad, no querría saber nada de mí —pensaba Nicol—. No puedo decirle por qué tengo miedo de conocer a otros creyentes. Si alguna vez se enteraran de mi vida, ¡probablemente ni siquiera sería bienvenida en esta iglesia!". Así que Nicol se recluía en el mundo donde se sentía segura, cómoda y aceptada, donde el rechazo era un riesgo mucho menor.

Nicol había conocido a Jesucristo hacía unos meses, durante un descanso en el trabajo. Mientras tomaba café, había agarrado un pequeño Nuevo Testamento que alguien había dejado sobre la mesa de la sala de descanso. En los quince minutos que le quedaban, lo hojeó hasta llegar al Evangelio de Juan. Al final de su descanso, una extraña esperanza ardió en su interior, y la pesadez de espíritu a la que estaba acostumbrada se disipó un poco. "¿Será verdad? —se preguntaba—. ¿Este hombre, este Jesucristo, pagó realmente por todo lo que he hecho?". Cuando Nicol volvió al trabajo ese día, de alguna manera supo que sería la última vez. Si lo que había leído era cierto, ¿cómo podría trabajar en ese lugar ni siquiera un día más?

A la mañana siguiente, Nicol se despertó pensando qué hacer con su descubrimiento. Mientras pensaba en ello, le vino a la mente la iglesia de la esquina, por la que pasaba todos los días de camino al trabajo. Animada por la nueva promesa de esperanza, Nicol salió de su apartamento y se dirigió a la iglesia. Fue un día que le cambió la vida. El pastor fue muy amable, incluso cuando Nicol le contó su secreto por el que se sentía culpable. Aun así, el pastor pasó varias horas hablándole de Jesucristo y de cómo Él había perdonado sus pecados. Luego oró con ella. Cuando Nicol salió de la iglesia ese día, llamó al supervisor del trabajo y le avisó de inmediato que no volvería. El pastor le había ayudado a comprender que empezaba una nueva vida. De hecho, había comenzado ese día y, debido a que su ocupación era pecaminosa, ella era libre de irse de allí y nunca mirar atrás. Dios le daría todo lo que necesitaba para vivir su nueva vida.

Ahora bien, varios meses después, todo había salido como el pastor había dicho. Nunca volvió a trabajar, ni siquiera para cobrar su último sueldo. Dios le había dado un nuevo trabajo y un nuevo hogar, y había empezado a experimentar las alegrías de la vida en Cristo, pero aún le faltaba algo. Nicol anhelaba compañeros que encajaran en su nuevo mundo. Ya no deseaba la compañía de sus antiguos amigos, pero, aunque Nicol había asistido a la iglesia todos los domingos desde entonces, seguía sin conocer a nadie excepto al amable pastor, y ahora a Betty.

¿Por qué no iba Nicol a acercarse para recibir lo que su corazón necesitaba? Ella creía lo que decía el pastor. Todos sus pecados (pasados, presentes y futuros) estaban perdonados. Su posición ante

Cristo no le preocupaba; era la gente la que la asustaba. Si dejaba que alguien la conociera, si se descubría lo que escondía bajo la superficie, ¡moriría! Se imaginaba lo que dirían: "¿Solo llevas dos meses trabajando en el hospital? ¿Qué hacías antes?". O peor aún: "Me resultas muy familiar. ¿No te he visto salir de la clínica de mujeres de la calle 12?". Ella no podía decir: "Oh, sí. Solía trabajar allí como asistente de abortista". ¿Podría decírselo? Sabía que no. ¡Jamás!

Por favor, pásame la goma de borrar

La situación de Nicol no es atípica. Hay muchas mujeres que viven con miedo al pasado. Independientemente del pasado que hayan tenido, las mujeres que albergan recuerdos vergonzosos sienten una gran ansiedad del día en que una parte fea de su historia personal se haga pública en el presente. Todo tipo de mujeres pueden empatizar con la difícil situación de Nicol, especialmente las mujeres cuyas vidas se caracterizan por su pasado inmoral. Sí, ellas creen que la pena por sus pecados ha sido pagada en su totalidad por la sangre de Jesucristo. Saben que han sido lavadas de toda impureza y que Dios las acepta por completo. Sin embargo, las personas no son como Dios. No son tan misericordiosas, ni tan indulgentes ni tan bondadosas. Los seres humanos, incluso los que han sido redimidos, son propensos a inseguridades, críticas e imperfecciones que no manifiestan la gracia de Dios. Estas mujeres temen que sus pasados las aparten del amor y la aceptación que necesitan del pueblo de Dios.

Te pierdes muchas bendiciones mientras estás descarriada, pero puedes volver a tenerlas cuando te arrepientes.

Encontramos tal temor en la mujer que habitualmente elige salir con hombres, que generalmente no respeta. Las mujeres que tienen un pasado a menudo se sienten más cómodas con este tipo de hombres porque sienten que sus posibilidades de aceptación son mayores. Las mujeres que no permiten que nadie vea debajo de su superficie porque están albergando secretos desagradables se las ingenian para cambiar de tema y no hablar de sí mismas. Para no dar lugar a que alguien pueda hacerles una pregunta personal, se han convertido en expertas en desviar el foco de atención. El miedo al pasado puede enmascararse de muchas maneras. Lo que les falta a estas mujeres es tener en claro la redención.

Si tú eres una de esas mujeres, puede que pienses: "Todo eso está muy bien, pero ¿qué hay de las cosas horribles que hice después de ser salva? ¿Qué hay de esos períodos en los que me alejé del Señor y viví en el pecado?". La obra redentora de Dios también incluye esos tiempos. Si has reincidido, no debes tener miedo de volver a Dios y a la comunión con su pueblo. No pierdes su gracia por pecar. Te pierdes muchas bendiciones mientras estás descarriada, pero puedes volver a tenerlas cuando te arrepientes.

Si estás luchando con estos problemas, la historia de Rahab debería disipar tus temores. Rahab era una mujer amorrea que vivía en la ciudad de Jericó cuando entró en comunión con el pueblo de Dios. Entre todos los pueblos paganos que vivían en Jericó en aquella época, los amorreos eran de los más malvados. Rahab no solo era una amorrea despreciada, sino también una ramera. La encontramos justo cuando Israel se dispone a emboscar la ciudad y destruir a sus habitantes. Los israelitas permanecían en las afueras de Jericó, esperando el momento oportuno para avanzar y conquistar la ciudad. Josué lideraba la tribu israelita en ese momento y, como parte de su estrategia previa al ataque, envió a dos espías a la ciudad para observar la fuerza del enemigo. Estos dos espías eran hombres astutos. Fueron a esconderse a la casa de Rahab: ¿qué mejor lugar para no levantar sospechas que un prostíbulo? Nadie cuestionaría la presencia de dos extraños allí; pero se corrió la voz de que dos de los temidos israelitas estaban escondidos en la ciudad, así que la ramera Rahab escondió a los dos espías en su azotea y, cuando las autoridades fueron a interrogarla, ella protegió a los israelitas. Se limitó a decir al rey que dos forasteros habían pasado por su casa, pero que luego habían abandonado la ciudad.

Nuestro pasado no es un obstáculo para la obra redentora de Dios en nuestra vida.

¿Por qué iba una prostituta amorrea a encubrir a los espías? Arriesgó su vida y la de los miembros de su familia para hacerlo. Si se hubiera descubierto su engaño, habría sufrido una muerte horrible y segura. Descubrimos la razón después que las autoridades, conformes con su historia, se marcharon de su casa. Rahab subió al tejado para hablar con los hombres, y les dijo:

> Sé que Jehová os ha dado esta tierra; porque el temor de vosotros ha caído sobre nosotros, y todos los moradores del país ya han desmayado por causa de vosotros. Porque hemos oído que Jehová hizo secar las aguas del Mar Rojo delante de vosotros cuando salisteis de Egipto, y lo que habéis hecho a los dos reyes de los amorreos que estaban al otro lado del Jordán, a Sehón y a Og, a los cuales habéis destruido. Oyendo esto, ha desmayado nuestro corazón; ni ha quedado más aliento en hombre alguno por causa de vosotros, porque Jehová vuestro Dios es Dios arriba en los cielos y abajo en la tierra. Os ruego pues, ahora, que me juréis por Jehová, que como he hecho misericordia con vosotros, así la haréis vosotros con la casa de mi padre, de lo cual me daréis una señal segura; y que salvaréis la vida a mi padre y a mi madre, a mis hermanos y hermanas, y a todo lo que es suyo; y que libraréis nuestras vidas de la muerte (Jos. 2:9-13).

La motivación del trato que hizo Rahab no fue solo salvar su vida y la de los miembros de su familia. Fue motivada en gran medida por su fe en el Dios verdadero. Fíjate lo que dijo a los espías: "Sé que Jehová os ha dado esta tierra… porque Jehová vuestro Dios es Dios arriba en los cielos y abajo en la tierra". ¿Cómo lo sabía? Lo sabía porque su trabajo le había ofrecido muchas oportunidades de oír hablar del Dios de los israelitas. Los hombres de cerca y de lejos que pasaban por su casa cada semana le habían dado noticias del mundo fuera de los muros de Jericó. Rahab había escuchado y su corazón había creído. Cuando llegaron los espías, Rahab actuó por la fe y decidió ponerse del lado del pueblo de Dios y no del de su ciudad.

No hay cristianos de segunda clase

La historia de la conversión de Rahab nos muestra que nuestro pasado no es un obstáculo para la obra redentora de Dios en nuestra vida. Dios salvó a Rahab allí donde estaba y la incorporó a su familia de pacto. Algunos intérpretes han argumentado que Rahab quizás ya no ejercía la prostitución cuando llegaron los espías, pero las Escrituras no respaldan tal argumento. De hecho, si Rahab no hubiera sido ramera, ¿cómo es posible que dos hombres pudieran utilizar su casa como refugio sin levantar sospechas? ¿En qué otro lugar, sino en la casa de una ramera, habría creído el rey la historia de dos hombres forasteros que llegaron y se fueron tan rápidamente?

En realidad, Dios utilizó su estilo de vida pecaminoso como instrumento para salvar a Rahab. Envió a los dos espías no solo para conquistar Jericó para su pueblo y destruir a los malvados amorreos, sino también para salvar a Rahab. No solo salvó su alma y su vida, sino que también la incorporó a la familia de los creyentes. El trato que había hecho con los espías salió según lo planeado. Reunió a su familia en su casa y colgó un cordón escarlata de su ventana, así que cuando los israelitas llegaron y atacaron, ella y su familia estuvieron a salvo mientras que todos los demás en Jericó fueron destruidos.

Tampoco se convirtió en una creyente de segunda clase por su vida inmoral pasada, sino que accedió a un lugar de influencia en la nación elegida. Se casó con un israelita llamado Salmón, y leemos en el Evangelio de Mateo que "Salmón engendró de Rahab a Booz, Booz engendró de Rut a Obed, y Obed a Isaí. Isaí engendró al rey David, y el rey David engendró a Salomón de la que fue mujer de Urías" (Mt. 1:5-6). Si lees el resto de la genealogía de Mateo, verás que Rahab forma parte del antepasado de Jesucristo.

Si eres una mujer con una historia personal vergonzosa, lee la historia de Rahab en el capítulo 2 de Josué. Encontrarás la certeza de que tu pasado no es obstáculo para un futuro brillante con el pueblo de Dios. Si Dios pudo incluir a una ramera en el árbol genealógico de Jesucristo, también hará grandes cosas con tu vida.

El bien y la misericordia me seguirán...

Tal vez tu pasado siga siendo una parte demasiado real de tu presente. Si tu vida permanece en un patrón pecaminoso inconsistente con la vida en Cristo, si tienes un pie con Dios y su pueblo y el otro en el mundo porque te hace sentir segura, no dejes que el miedo a las personas te mantenga estancada allí. La historia de Rahab nos enseña cómo implementar esos cambios que tan desesperadamente necesitamos hacer, pero que no hacemos porque tenemos miedo.

Si Dios pudo incluir a una ramera en el árbol genealógico de Jesucristo, también hará grandes cosas con tu vida.

Observa cómo los verdaderos cambios en el estilo de vida de Rahab se produjeron cuando comenzó a vivir entre otros creyentes y como una más de ellos. Antes de eso, había creído en Dios, hasta el punto de arriesgarse a morir por su fe, pero seguía viviendo como ramera. No leemos más sobre eso después que Israel entró en Jericó e hizo a Rahab parte de su nación, pero se arriesgó para recibir las bendiciones de Dios. En el preciso lugar donde estaba, como ramera, manifestó su fe ante los espías y les pidió que la aceptaran. Dios había dispuesto las circunstancias y los corazones para que eso sucediera, pero primero tuvo que dar a conocer su verdadero yo.

Si Rahab se hubiera reprimido por vergüenza y miedo, y hubiera insistido en que no tenía lugar en la familia de Dios, habría perecido con el resto de los amorreos. Si después se hubiera negado a intervenir o hubiera seguido ejerciendo la prostitución porque "era lo único que sabía hacer", no habría formado parte del antepasado de Jesús. A pesar de su pasado, dio un paso al frente, intervino y se convirtió en parte integrante de la comunidad de la fe.

También aprendemos de Rahab que somos libres de dejar el pasado atrás y seguir adelante con nuestra vida. Rahab llegó a ser conocida como una mujer de gran fe. Si hubiera cedido a la tentación de ahogarse en la vergüenza del pasado, podría haberse quedado atrapada allí, al menos mental o emocionalmente.

En cambio, siguió adelante con una vida piadosa. Tú puedes hacer lo mismo. Vístete con tu nueva identidad cristiana, y los demás empezarán a identificarte por tus dones y gracia cristiana.

El apóstol Pablo nos anima con sus propias palabras: "Hermanos, yo mismo no pretendo haberlo ya alcanzado; pero una cosa hago: olvidando ciertamente lo que queda atrás, y extendiéndome a lo que está delante, prosigo a la meta, al premio del supremo llamamiento de Dios en Cristo Jesús" (Fil. 3:13-14).

Vístete con tu nueva identidad cristiana, y los demás empezarán a identificarte por tus dones y gracia cristiana.

Pablo también nos instruye: "Mas vosotros no habéis aprendido así a Cristo, si en verdad le habéis oído, y habéis sido por él enseñados, conforme a la verdad que está en Jesús. En cuanto a la pasada manera de vivir, despojaos del viejo hombre, que está viciado conforme a los deseos engañosos, y renovaos en el espíritu de vuestra mente, y vestíos del nuevo hombre, creado según Dios en la justicia y santidad de la verdad" (Ef. 4:20-24).

Analicemos los verbos que utiliza Pablo: "*Olvidando*... lo que queda atrás, y *extendiéndome* a lo que está delante, *prosigo* a la meta... *despojaos* del viejo hombre... y *vestíos* del nuevo". Todos estos son verbos activos, acciones que debemos practicar día a día. Sin embargo, aunque debemos desempeñar un papel activo en la formación de nuestra identidad cristiana, Dios no nos deja solas en esto. Pablo también escribió: "De modo que si alguno está en Cristo, nueva criatura es; las cosas viejas pasaron; he aquí todas son hechas nuevas" (2 Co. 5:17). El hecho de que tu viejo yo ha pasado es una realidad, independientemente de cómo te sientas al respecto. Por eso puedes confiar en que Dios te permitirá salir y vivir como la nueva mujer que eres.

Finalmente, Rahab tuvo que tragarse su orgullo para poder seguir adelante con la vida abundante. Los israelitas habrían oído la historia de Rahab y el papel que desempeñó en la ayuda a los judíos; y dado que su ocupación de ramera fue una parte clave de la historia, todo el pueblo, jóvenes y viejos, lo tuvieron que haber sabido. No solo se comentó por todo Canaán, sino que su vergonzosa ocupación se incluyó en las Escrituras del Antiguo y del Nuevo Testamento. El libro de Hebreos señala: "Por la fe Rahab la ramera no pereció juntamente con los desobedientes, habiendo recibido a los espías en paz" (He. 11:31). Sin embargo, aunque todo el mundo conocía su pasado, observa por qué se la recuerda. Por su fe, no por su prostitución. Rahab aceptó la comunidad creyente y, a su vez, esta la aceptó, y su identidad, antes vergonzosa, fue sustituida por una de honor.

No hay lugar para el orgullo

Tragarte el orgullo por tu pasado significa que puedes decir: "¡Y qué si la gente se entera!". Esto no implica una actitud defensiva, sino una actitud que refleja la confianza en que Dios puede glorificarse a través de tu pasado, por más feo que haya sido. Romanos 5:20 señala que "cuando el pecado abundó, sobreabundó la gracia". Es emocionante, porque significa que Dios a menudo usa la escoria de nuestra vida para bendecirnos más y glorificar su nombre. Sí, siempre habrá quienes no sean lo suficientemente maduros en su vida espiritual como para aceptar a alguien con un pasado menos que prístino, pero ese es su pecado, y, en definitiva, no puede hacerte daño.

¿Recuerdas a Nicol? Ella se está perdiendo mucho debido a una combinación de miedo, orgullo y vergüenza. ¿Y tú? ¿Estás disfrutando de la plenitud de vida que Dios tiene para ofrecerte o te estás escondiendo en la prisión de tu pasado? Dios no tiene buenos planes para ti a pesar de tu pasado, sino que tiene buenos planes que nacen precisamente de tu pasado.

Conozco a muchas mujeres cuyas vidas estuvieron llenas de infiernos que ellas mismas crearon, y, sin embargo, hoy son algunas de las mejores siervas de Dios. Cuando Dios nos trae a la familia de Jesucristo, redime toda nuestra vida. Cuando tomamos consciencia de lo pecaminoso que ha sido nuestro estilo de vida anterior, podemos darnos cuenta de lo mucho que hemos sido perdonadas. Esto, a su vez, nos da empatía y compasión por los pecados de los demás. No hay necesidad de esconderse. Aquí está la obra expiatoria de Cristo en la cruz por ti:

> Porque como la altura de los cielos sobre la tierra,
> Engrandeció su misericordia sobre los que le temen.
> Cuanto está lejos el oriente del occidente,
> Hizo alejar de nosotros nuestras rebeliones
> (Sal. 103:11-12).

Cuando Dios nos salva, lo toma todo de nosotros, incluido nuestro pasado, y lo incorpora a sus buenos planes para el presente y el futuro. La muerte y la resurrección de Cristo son así de poderosas. Pide a Dios que haga algo hermoso de tu pasado, y Él lo hará.

GUÍA DE ESTUDIO

Capítulo 9: Rahab

Lee los siguientes pasajes para aprender lo que las Escrituras nos dicen sobre Rahab: Josué 2; 6:16-25; Mateo 1:5.

1. ¿Qué hay detrás de nuestro miedo a exponernos?

2. Describe cómo Dios usó la profesión de Rahab de manera redentora.

3. Después de salvarse de la destrucción de Jericó, ¿en qué momento de la vida de Rahab se hicieron evidentes cambios importantes?

4. ¿Cómo pueden el temor, el orgullo y la vergüenza por nuestro pasado obstaculizar las bendiciones presentes?

CAPÍTULO 10

DALILA

Por las buenas o por las malas

La bella y la bestia

Revistas de mujeres deslumbrantes llenan las cajas registradoras de supermercados, aeropuertos y salas de espera. Nos bombardean a diario. No podemos evitar leer los títulos impresos en negrita en las elegantes portadas, normalmente acompañadas de brillantes fotos retocadas de modelos y famosas del momento. Los titulares pretenden seducirnos y, más de una vez, les echamos un vistazo a hurtadillas por mucho que las despreciemos. Estas populares revistas femeninas tienen una temática en común. ¿Lo has notado? Con títulos como *Personalidad, Figura, Glamour* y *Encanto*, no es difícil equivocarse. En pocas palabras, estas revistas reflejan el valor más elevado de la mujer predominante de hoy: "Recurre a todo lo que tienes para conseguir lo que quieres".

He aquí algunos titulares recientes: "Sé más lista que tu pareja en cada discusión". "Los mejores trucos para convertirlo en tu esclavo", "Consigue lo que quieres en la cama", "Haz que tus amigas envidien tu cuerpo". ¿Qué mensaje transmiten? Estas revistas instruyen a las mujeres en el arte de la manipulación. Es un mensaje que aparece no solo en los quioscos; lo encontramos en todas las esferas de la vida, desde los campus universitarios hasta el ámbito empresarial e, incluso, en la iglesia.

¿Se ha filtrado este mandato cultural en tu corazón? Para averiguarlo, piensa en lo que haces cuando deseas algo que no tienes. ¿Qué haces para conseguir el objeto de tu deseo? El arma más fácilmente disponible en la artillería de una mujer es su encanto físico. Independientemente de nuestra apariencia, las mujeres tenemos la capacidad innata de utilizar nuestra feminidad para conseguir lo que queremos. Un movimiento del cabello, una ceja arqueada o un labio fruncido pueden convertirse, con el tiempo, en un reflejo subconsciente y, dependiendo de la vulnerabilidad de nuestra víctima, estas tácticas suelen ser eficaces.

Un fenómeno interesante que he observado, y que seguramente ha existido desde los días de Eva, es la forma en que el cabello se convierte en un accesorio en determinadas situaciones. Largo o corto, las mujeres mueven su cabello, se lo enrollan con los dedos y lo hacen colgar tímidamente sobre los ojos en un intento reflejo de seducir.

En otras ocasiones lo utilizan para dar un aire de frágil vulnerabilidad. Funciona de maravilla. Dado que la mayoría de los hombres agradece la oportunidad de asumir el papel de protectores, prestan atención ante cualquier muestra de debilidad femenina.

Para quienes no conocen a Dios, la manipulación está presente en diversos grados en toda su interacción con los demás.

Un mecanismo opuesto para manipular a los demás incluye toda forma de acoso verbal. Nos sale excepcionalmente bien adaptar el tono y la inflexión de la voz para influir en los demás, especialmente en los hombres. Con demasiada frecuencia se manifiesta como una queja o reproche. Las voces chillonas se emplean para someter a los demás, porque las personas sometidas a esos tonos de voz llegan a un punto en el que harán o dirán cualquier cosa a cambio de silencio. De manera general, las mujeres son más propensas a quejarse o reprochar que los hombres. Es un rasgo negativo, la parte más horrible de la feminidad. El acoso verbal puede consistir también en un tímido comentario en un tono sugerente y prometedor. La insinuación de recompensa, que se transmite en ese tono, suele ser irresistible y mucho más sutil que incitar a alguien hasta la sumisión mediante el reproche.

Podemos recurrir a cualquiera de estos trucos cuando hay algo que queremos o que tememos no conseguir. Eso se debe a que lo que subyace a ese comportamiento es una insistencia desesperada por salirnos con la nuestra. Sin embargo, muchas de nosotras hemos abusado de nuestra feminidad durante tanto tiempo que ya no somos conscientes de que lo hacemos. Esto se debe a que la tentación de comportarnos así comienza en cuanto tenemos edad suficiente para descubrir su poder. Conozco a muchas niñas de dos años que ya son expertas. Finalmente, tras años de práctica, se convierte en un acto reflejo. ¿Te ves así? Si quieres averiguarlo, observa objetivamente lo que haces la próxima vez que pidas un aumento a tu supervisor, cuando quieras gastarte el presupuesto familiar en un nuevo sofá para la sala, o cuando solicites servicio de habitaciones fuera de horario al conserje del hotel.

No hay duda de que, como mujeres cristianas, cada una de nosotras se esfuerza por ser íntegra en su interacción con los demás. Por eso, reconocer el arte de la manipulación en nosotras mismas suele ser difícil. A menudo no soy consciente de que hice un mal uso de mi feminidad hasta después de los hechos, pero cada vez soy más consciente de tales ocasiones, como cuando trato a mi supervisor de forma diferente a como trato a mis compañeros de trabajo. ¿Actúas de forma diferente con determinadas personas? Si es así, ¿dónde y cuándo ves que tienes tendencia a manipular? Una vez que seas consciente de las situaciones que la ponen en marcha, puedes tratar de identificar qué estás buscando con ello.

Ya sea el cabello, la cara, la figura o el tono de voz, manipulamos porque queremos algo. Además, suele ser algo que no estamos seguras de que Dios quiera que tengamos o, peor aún, algo que sabemos que Él no quiere. En tales casos, dejamos de confiar en Él. En esencia, decimos: "Puede que Dios no quiera que tenga eso, pero yo sí. Así que intentaré conseguirlo y me preocuparé de Dios después". La mayoría de nosotras no pensamos conscientemente en eso en el momento, pero cuando aparecen comportamientos manipuladores, sin duda tales pensamientos están presentes.

Un trabajo de sensualidad

Para quienes no conocen a Dios, la manipulación está presente en diversos grados en toda su interacción con los demás. Esto se debe a que no tienen relación con Dios y, por lo tanto, no tienen ni idea de que Él es el gran proveedor. Dalila, del libro de los Jueces, es un buen ejemplo. Era una experta manipuladora del valle de Sorec, y de esta mujer se enamoró el gran guerrero y juez israelita, Sansón. El capítulo 16 de Jueces relata sus tácticas manipuladoras, y es allí donde también descubrimos lo que motivaba sus acciones.

Leemos: "Y vinieron a ella los príncipes de los filisteos, y le dijeron: Engáñale e infórmate en qué consiste su gran fuerza, y cómo lo podríamos vencer, para que lo atemos y lo dominemos; y cada uno de nosotros te dará mil cien siclos de plata" (Jue. 16:5).

Sansón era conocido en toda la tierra por su gran fuerza física. Nadie había podido derrotarlo en batalla, aunque había utilizado su extraordinario don para destruir a muchos enemigos israelitas. Por esa razón, los filisteos estaban ansiosos por verlo destruido, y emplearon una nueva estrategia cuando Dalila entró en escena.

Dalila aceptó de inmediato seguir el plan por la posibilidad de adquirir todo ese dinero. Poco le importaba a Dalila el amor de Sansón. Tampoco se sintió ofendida de que los príncipes de los filisteos pensaran en acercarse a ella de esa manera, para comprarla por dinero. Dalila era una mujer codiciosa y de corazón duro, que no tenía reparos en usar lo que tenía para conseguir lo que quería.

Si este libro tratara acerca de los hombres de las Escrituras, nos centraríamos aquí en Sansón, en cómo sus deseos egocéntricos le impidieron discernir las tácticas de Dalila. Es importante protegernos también de la manipulación de los malos. Sin embargo, como nuestro objetivo es aprender de las mujeres de la Biblia, nos centraremos en el personaje de Dalila.

Tras aceptar las condiciones de los filisteos, Dalila se aprovechó del amor de Sansón con todos los recursos femeninos que poseía.

Empezó de manera directa y le dijo: "Yo te ruego que me declares en qué consiste tu gran fuerza, y cómo podrás ser atado para ser dominado" (Jue. 16:6). ¿Te imaginas la escena? Con sus ojos bien abiertos y una sonrisa mientras revolvía un mechón de cabello con su dedo y tal vez le acariciaba la cara, hizo esa petición a su amante. Sansón estaba tan cautivado por los encantos de Dalila, que su exposición directa del malvado complot no lo alarmó. Ella ni siquiera se molestó en ocultarlo. Entonces Sansón, confiado en su fuerza y cautivado por esa hermosa mujer, decidió burlarse de ella e inventó la fuente de su fuerza. Tan segura estaba Dalila de su poder sobre Sansón, que se creyó el cuento. Así que corrió a contar a los príncipes filisteos que, si ataban a Sansón con cuerdas de mimbre verde, su fuerza lo abandonaría y podrían capturarlo. Entonces se lanzaron al ataque, pero Sansón había engañado a todos y Dalila se sintió decepcionada. De modo que intensificó su táctica.

"Entonces Dalila dijo a Sansón: He aquí tú me has engañado, y me has dicho mentiras; descúbreme, pues, ahora, te ruego, cómo podrás ser atado" (Jue. 16:10). Dalila se mostró ofendida mediante su tono de voz en un intento de hacer que Sansón se sintiera culpable. Sin embargo, él volvió a burlarse de ella con los mismos resultados. La escena se repitió una vez más sin éxito hasta que, finalmente, exasperada, Dalila le dijo: "¿Cómo dices: Yo te amo, cuando tu corazón no está conmigo? Ya me has engañado tres veces, y no me has descubierto aún en qué consiste tu gran fuerza. Y aconteció que, presionándole ella cada día con sus palabras e importunándole, su alma fue reducida a mortal angustia. Le descubrió, pues, todo su corazón" (Jue. 16:15-17).

Como podemos ver, cuando la persuasión y el encanto fallaron, Dalila acosó verbalmente a Sansón para conseguir lo que quería. El poder de las quejas y los reproches reside en su insistencia. Sacude al receptor. Salomón escribió sobre este efecto: "Gotera continua en tiempo de lluvia y la mujer rencillosa, son semejantes; pretender contenerla es como refrenar el viento, o sujetar el aceite en la mano derecha" (Pr. 27:15-16). Salomón conocía de primera mano esta desagradable característica femenina ya que tuvo varios cientos de esposas. En el caso de Sansón, tales rencillas o reproches sumía su alma en una "mortal angustia". Su voz quejumbrosa lo molestaba tanto, que prefirió la captura y tortura a manos de los filisteos a la lengua de Dalila.

Con el tiempo, Dalila consiguió lo que quería. Sansón reveló que la fuente de su gran fuerza estaba en su pelo. No había nada mágico en su pelo, sino en los votos que había hecho años antes en relación con este. Desde su nacimiento, Sansón había sido nazareo, alguien apartado únicamente para servir a Dios. Los nazareos tenían prohibido afeitarse o cortarse el pelo como símbolo de su especial condición. Así que cuando Sansón reveló el secreto de su fuerza y los filisteos lo ataron y le afeitaron la cabeza, perdió la fuerza. Al final, Sansón descubrió que la verdadera fuente de su fuerza no era su pelo, sino el poder que había detrás de su voto, es decir, Dios. Cuando Sansón renunció al último vestigio de su voto, Dios lo abandonó.

Todo mal uso de nuestros dones femeninos únicos e incomparables es pecado, porque es un intento de ponernos en el lugar de Dios.

Por lo tanto, no podemos echar toda la culpa a Dalila. Si Sansón hubiera sido fiel a Dios, ninguna de sus artimañas hubiera surtido efecto. Ella utilizó sus recursos femeninos y sus palabras como armas para aumentar su riqueza, y funcionó. Al leer cómo interactuaban los dos, nos preguntamos cómo podían estar tan ciegos ante lo que hacía el otro, porque, como probablemente hayas descubierto por experiencia propia, generalmente es bastante fácil ver estas cosas en las circunstancias de otras personas. Sin embargo, cuando la situación afecta a nuestras propias emociones, a menudo somos igual de ciegas.

Lo que se esconde detrás

¿Qué cosas te tientan a emplear tus armas de mujer? En el caso de Dalila, fueron el materialismo y la codicia. Para las mujeres de hoy, el poder y la posición suponen otra tentación. En esta época en que las mujeres luchan por la igualdad de derechos en el trabajo, suelen emplear sus armas femeninas cuando no consiguen fácilmente tales derechos. Cuando los medios legítimos fallan, algunas mujeres recurren a todo lo que pueden para triunfar. Si ese aumento de sueldo, ascenso o proyecto codiciado no se produce como resultado de su esfuerzo, muchas mujeres usan faldas más cortas y tacones más altos para conseguirlo. Como cristianas podemos despreciar acciones como esas, pero ¿cuántas de nosotras nos hemos retocado el pintalabios o hemos coqueteado con un hombre en una posición superior? Este tipo de acciones sutiles tienen la misma motivación que las medidas más extremas.

Quizá la motivación más común para nosotras sea la atención personal. Cuando eso es lo que anhelamos, nos sentimos tentadas a utilizar nuestra feminidad para obtener admiración, atención sexual y afecto. Cuando nos sentimos solas, cuando nuestros maridos pasan más tiempo en la oficina que en casa con nosotras, cuando el jefe de departamento nos pasa de largo a diario, pero se detiene con frecuencia para hablar con la atractiva secretaria del cubículo de al lado, podemos sentirnos amenazadas. Tales sentimientos de inseguridad, la mayoría de las veces, nos impulsan a la acción. Sin embargo, en el fondo, todo mal uso de nuestros dones femeninos únicos e incomparables es pecado, porque es un intento de ponernos en el lugar de Dios.

No hay que confundir el uso correcto de los recursos femeninos con un mal uso de estos recursos. La feminidad con todas sus características no es pecado. Ni mucho menos. El encanto no es malo en sí mismo. De hecho, Dios nos creó con este incorporado, y es una de las cosas que utiliza para unir al hombre y a la mujer. Una lectura del Cantar de los Cantares nos lo asegura. Pero, en nuestro estado caído, lo llevamos a grados pecaminosos que Dios nunca diseñó.

Mejor que la belleza

Todo esto nos lleva a preguntarnos: ¿Existe una manera piadosa de obtener las cosas que deseamos? Por supuesto que la hay. Comienza con poner nuestro corazón en desear las cosas que Dios quiere para nosotras. Entonces, cuando nuestra voluntad está en sintonía con la suya, podemos confiar en que Él cuidará de nuestra vida. Él ha prometido suplir todo lo que necesitamos. Las que confían en eso son libres para disfrutar de las cualidades únicas e incomparables de la feminidad. Si Dios se ha comprometido a proveer lo que necesitamos en todos los ámbitos de la vida, no tenemos por qué tratar de obtenerlo a través de medios dudosos.

Eso no significa que nunca podemos pedir o trabajar para conseguir algo que deseamos. Se trata más bien del método que empleamos. Si crees que mereces un aumento en el trabajo, reúne tus razones, ve a tu supervisor y presenta tus argumentos con hechos que lo comprueben. Si Dios quiere que recibas ese aumento, bendecirá tus esfuerzos para conseguirlo. Si tu marido te dedica poco tiempo, en lugar de quejarte, siéntate a hablar con él y coméntale tus preocupaciones y sentimientos. No dejes de preguntarle cómo se ha sentido últimamente. Tal vez haya una causa subyacente de su ausencia. Si es así, una conversación en un buen tono la sacará a la luz mucho más fácilmente que cualquier reproche.

Si Dios se ha comprometido a proveer lo que necesitamos en todos los ámbitos de la vida, no tenemos por qué tratar de obtenerlo a través de medios dudosos.

Dalila no ganó nada con todas sus hábiles manipulaciones. Puede que fuera una mujer rica, pero tenía una reputación oscura. Lo peor de todo es que estaba espiritualmente muerta, perdida en sus pecados, confiando únicamente en sí misma para obtener sus lujos y comodidades. Tarde o temprano las mujeres como Dalila se quedan vacías. Se endurecen y, una vez que eso ha sucedido, las artimañas femeninas pierden toda eficacia.

¿Te has fijado alguna vez en que muchas mujeres que se obsesionan con su aspecto personal acaban por parecer artificiales e insensibles? ¿Y las mujeres que hacen alarde de su sexualidad? Suele haber una falta de delicadeza y respeto en la forma en que los demás se dirigen a ellas. Y están las mujeres que se quejan. ¿De verdad creemos que quejándonos podemos ganar algo? Podemos reprochar a una persona hasta que se someta a nuestros deseos, como hizo Dalila con Sansón, pero los que tienen que escucharnos acabarán por huir de nosotras.

El profeta Jeremías advirtió sobre la excesiva confianza en las artimañas femeninas cuando comparó a Judá con una ramera:

> Y tú, destruida, ¿qué harás? Aunque te vistas de grana, aunque te adornes con atavíos de oro, aunque pintes con antimonio tus ojos, en vano te engalanas; te menospreciarán tus amantes, buscarán tu vida (Jer. 4:30).

A fin de cuentas, solo hay dos caminos para manifestar nuestra feminidad. Podemos elegir el camino de Dalila y acabar por destruirnos a nosotras mismas y a los demás a causa de un mal uso de nuestros dones personales, o podemos usarlos como Dios manda y disfrutar de ellos. ¿Sabes cómo disfrutar de tus cualidades femeninas únicas e incomparables? La respuesta no es complicada siempre y cuando esté orientada hacia un objetivo: la gloria de Dios. Si haces de eso tu compás (la norma que motiva todo lo que dices y haces), sabrás en cada situación si estás bendiciendo o maldiciendo con tus encantos.

Dios quiere que nos deleitemos en ser mujeres, y su Palabra nos lo enseña desde Génesis: "Y dijo Jehová Dios: No es bueno que el hombre esté solo; le haré ayuda idónea para él" (Gn. 2:18).

Diseñadas para dar

Dios nos diseñó no solo como una ayuda para el hombre, sino también como una ayuda *idónea*. Las mujeres fueron creadas para complementar a los hombres; en otras palabras, lo que a los hombres les falta, nuestra feminidad lo suple, y lo que a nosotras nos falta, su masculinidad lo suple. Por lo tanto, Dios dotó a las mujeres de medios únicos e incomparables para ejercer una influencia piadosa.

La Biblia tiene mucho que decir sobre el encanto femenino. Está el ejemplo de Ester, un perfecto contraste bíblico con Dalila. Ella utilizó su belleza y todas sus cualidades femeninas para el bien de los demás. Leer su historia en el libro de Ester sería una buena manera de seguir este capítulo y encontrar una aplicación personal. El Nuevo Testamento también enseña: "Vuestro atavío no sea el externo de peinados ostentosos, de adornos de oro o de vestidos lujosos, sino el interno, el del corazón, en el incorruptible ornato de un espíritu afable y apacible, que es de grande estima delante de Dios" (1 P. 3:3-4).

Estoy segura de que tú, como todas nosotras, deseas ser amada, respetada y valorada. El mundo te dice que si manipulas a los demás serás admirada, envidiada y poderosa. La Biblia dice que no caigas en eso porque "engañosa es la gracia, y vana la hermosura; la mujer que teme a Jehová, esa será alabada" (Pr. 31:30).

GUÍA DE ESTUDIO

Capítulo 10: Dalila

Lee el siguiente pasaje para aprender lo que las Escrituras nos dicen sobre Dalila: Jueces 16.

1. ¿Qué hay detrás de un mal uso manipulador de la feminidad?

2. ¿Por qué es menos probable que manipulemos si estamos seguras de que nuestro deseo particular es algo que Dios quiere que tengamos?

3. ¿Por qué es más fácil reconocer los problemas en el comportamiento y las relaciones de otras personas que en nuestro comportamiento y relaciones?

4. ¿Cuáles son algunas motivaciones que nos tientan a hacer un mal uso de nuestra feminidad?

5. ¿Cómo se glorifica a Dios mediante el uso correcto del encanto femenino?

6. ¿Cuál es la manera piadosa de perseguir las cosas que deseamos?

CAPÍTULO 11

NOEMÍ Y RUT

Un acto de abnegación

Idas y vueltas

Tras dos años de soledad en Nueva York, la vida de Susana empezaba a mejorar. El cambio de la vida pueblerina al carácter impersonal y transitorio de Nueva York había sido abrumador aquel primer año. Susana había pasado muchas noches nostálgicas y solitarias en su pequeño apartamento del barrio metropolitano de Manhattan. No obstante, la oportunidad de trabajar en una casa de subastas de fama mundial era demasiado buena para dejarla pasar. Dos años más tarde, en este bullicioso sábado neoyorquino, Susana caminaba por el parque animada y contenta de haber perseverado. Le encantaba su trabajo y empezaba a labrarse una reputación en ese sector.

Y no solo eso, su teléfono sonaba con más frecuencia actualmente. Intentar hacer amigos en una iglesia multitudinaria de la ciudad había demandado un esfuerzo. No era como la iglesia de su pueblo, donde los miembros se abalanzaban sobre los visitantes para darles la bienvenida en la congregación. Aquí, en Nueva York, los recién llegados tenían que tomar la iniciativa, y eso llevaba tiempo. En esta luminosa mañana, Susana esperaba con impaciencia las horas que tenía por delante. Recados por calles que ahora le eran familiares, un almuerzo con dos amigas más tarde, y esta noche una cena con más amigos nuevos de la iglesia. Lejos de la soledad de los primeros meses, ahora la vida era emocionante. Susana estaba aquí para quedarse.

Sin embargo, de la misma manera que los malos tiempos acaban por volverse buenos, los tiempos de felicidad tampoco duran para siempre. Justo cuando todo va de maravilla en la vida, algo viene a alterar el equilibrio que tanto nos ha costado conseguir. La vida de

Susana cambió aquel sábado, no muchas semanas después que todas las piezas hubieran encajado en su sitio. Ocurrió sobre lás cinco de la tarde, cuando tomó el teléfono para hacer una llamada atrasada a su madre.

La madre de Susana, que era viuda, vivía sola en una casa grande y vieja justo al pie de las montañas Adirondack, donde Susana había crecido. La había visitado varias veces desde que se mudó a la ciudad, y cada visita confirmaba la decisión que había tomado de marcharse de allí. Amaba a su madre, pero la vida en un pueblo pequeño era poco estimulante para una mujer joven, artística y urbanita. Susana miró el reloj mientras esperaba la respuesta de su madre. Tendría que darse prisa. La cena quedaba al otro lado de la ciudad. Para sorpresa de Susana, la vecina de su madre, una vieja amiga de la familia, contestó al teléfono. Se quedó en silencio mientras la vecina exclamaba aliviada de que Susana hubiera llamado. Había estado intentando localizar el número de teléfono de Susana y estaba registrando el escritorio de su madre cuando sonó el teléfono. ¿Podría Susana volver a casa de inmediato? Su madre había sufrido un derrame cerebral y estaba hospitalizada, parcialmente paralizada e incapaz de hablar.

Se cruzaron un sinfín de pensamientos por la mente de Susana. "¡Oh, no! Mi madre está sola. ¡Dios, por favor, ayúdala! ¡La fiesta! Ahora no podré ir y ¡tenía tantas ganas de conocer mejor a todos! ¿Y qué pasa con el trabajo el lunes? ¿Cómo voy a irme ahora?". En medio de su turbulencia mental, Susana llamó para expresar su pesar a la anfitriona de la fiesta, hizo la maleta y se dirigió al aeropuerto a tiempo para tomar un vuelo a primera hora de la tarde. Poco se imaginaba entonces que las semanas siguientes la enfrentarían a la decisión más difícil de su vida.

A medida que la madre de Susana iniciaba una lenta y dolorosa recuperación, se hizo evidente que gran parte del daño causado por el derrame cerebral era permanente. Los miembros de la iglesia de su madre y los vecinos del barrio se habían acercado para ayudar, pues sabían que la anciana estaba sola. Las visitas de Susana a su madre en las semanas siguientes fueron dolorosas. Su nueva vida social estaba en suspenso y se sentía egoísta por pensar en ello cuando su madre estaba tan enferma. No solo eso, las visitas eran difíciles porque sentía el reproche silencioso de los que ayudaban a su madre por no estar allí todos los días.

A medida que se acercaba el final de la estadía de su madre en el hospital, los que ayudaban a su madre la criticaron abiertamente. ¿Adónde iría ahora esta mujer sola y discapacitada? No estaba lo suficientemente bien como para volver sola a casa, y no tenía otros familiares, ni podía darse el lujo de pagar una asistencia sanitaria a domicilio. Sus necesidades superaban las posibilidades de ayuda de sus amigas de la iglesia y sus vecinos. Susana quería ayudar a su madre en todo lo que pudiera, pero ¿cómo podría hacerlo y seguir construyendo su nueva vida en Nueva York?

Los mejores planes...

¿Qué harías tú en el lugar de Susana? Tal vez hayas tenido que enfrentarte al dilema que se produce cuando un familiar o una amiga cercana exige más de nosotras de lo que podemos dar, a veces hasta el punto de alterar la estructura de nuestras vidas cuidadosamente equilibradas. Susana visitó a su pastor en busca de consejo, y él la llevó al libro de Rut en el Antiguo Testamento, que relata la historia de dos mujeres llamadas Rut y Noemí, cuyas vidas Dios había entrelazado. Al igual que Susana, Rut y Noemí tenían que tomar una decisión difícil, seguir uno de los dos caminos. Para ambas mujeres, uno de esos caminos ofrecía la promesa de paz y realización personal, mientras que el otro negaba tal realización porque conducía al bienestar individual de otra persona. Todos intentamos adaptar nuestras vidas para que tales cosas no se excluyan mutuamente. Nos esforzamos por solucionar las cosas para nuestra felicidad y la de los demás simultáneamente.

Sacrificar lo que queremos hacer por el beneficio de otro es la definición del deber. El deber tiene connotaciones negativas en esta época de egocentrismo, pero tarde o temprano, en mayor o menor medida, el deber nos llama a cada una de nosotras. A través de la oración y sabios consejos, Susana descubrió dónde estaba el deber en su situación particular. Implicaba renunciar a su vida en Nueva York, al menos por el momento, para volver a casa a cuidar de su madre.

Lo que permitió a Susana entender que el camino más difícil era el camino correcto, en su caso, fue una evaluación de todos los hechos. La culpa habría sido la razón equivocada para su decisión, al igual que la indignación de los amigos de su madre. Más bien, fue capaz de enumerar razones concretas por las que volver a casa era la mejor manera de servir a Dios. Fue mientras Susana meditaba en el libro de Rut que el paso que debía dar se hizo claro.

En el libro de Rut, encontramos a dos jóvenes viudas, Orfa y Rut, que vivían con su suegra viuda, Noemí, en la tierra de Moab. Como hemos ido aprendiendo, a las mujeres solteras no les iba bien en el antiguo Cercano Oriente. Necesitaban la protección del padre o del marido para sobrevivir. Sin embargo, estas tres mujeres se consolaban mutuamente. Los maridos de las tres habían muerto en poco tiempo y la intimidad nacida del dolor compartido las unía estrechamente. No obstante, Noemí, como cabeza de familia, temía por la seguridad futura de sus nueras si se quedaban con ella. Sabía que les iría mejor si volvían a casarse.

Además, Noemí quería volver a Israel. Algunos años atrás, su marido la había sacado de Israel para escapar de la hambruna, pero no estaba vivo para traerla sana y salva de regreso a casa. Mientras estaban en Moab, sus dos hijos se habían casado con mujeres de aquella región, mujeres de un pueblo que no creía en el verdadero Dios de Israel. Después de la muerte de sus hijos, Noemí se quedó con poca compañía piadosa, a pesar de lo unidas que habían llegado a estar las tres mujeres. Anhelaba la compañía de otras personas que compartieran su fe.

Así que Noemí decidió regresar sola a Israel, convencida de que Rut y Orfa estarían mejor sin ella. "Y Noemí dijo a sus dos nueras: Andad, volveos cada una a la casa de su madre; Jehová haga con vosotras misericordia, como la habéis hecho con los muertos y conmigo. Os conceda Jehová que halléis descanso, cada una en casa de su marido. Luego las besó, y ellas alzaron su voz y lloraron, y le dijeron: Ciertamente nosotras iremos contigo a tu pueblo.

Y Noemí respondió: Volveos, hijas mías; ¿para qué habéis de ir conmigo? ¿Tengo yo más hijos en el vientre, que puedan ser vuestros maridos?" (Rt. 1:8-11). A pesar de su corazón abatido, pudo pensar en el bienestar de Orfa y Rut. Fácilmente podría haber jugado con su simpatía y persuadirlas para que se quedaran con ella en su soledad, pero no lo hizo.

Impulso y determinación

La idea de separarse era dolorosa para Noemí, pero sabía que su decisión era acertada. Noemí volvería a estar con su pueblo, y las muchachas tendrían más posibilidades de volver a casarse si se quedaban en Moab. Así que Orfa y Rut debían tomar sus propias decisiones. ¿Se quedarían con su suegra o se irían para construir una nueva vida? Orfa optó por lo segundo, pero Rut no. Ella se negó a dejar a su suegra, a pesar de la insistencia de Noemí.

Las decisiones de Rut y Orfa revelaron el verdadero estado de sus corazones. Ambas jóvenes amaban a Noemí; sin embargo, el corazón de Orfa había permanecido con los moabitas, sus costumbres y sus dioses, mientras que el corazón de Rut había llegado a creer en el verdadero Dios de Israel. Además, se resistía a abandonar a su desolada suegra. Inicialmente, la elección de Orfa parecía la más sabia. Regresaba a un lugar seguro y con mayores posibilidades de volver a empezar. Pero el sentido práctico de Orfa era superficial, basado únicamente en el bienestar material. La decisión de Rut no era poco práctica, pero en su caso era una practicidad que surgía de consideraciones espirituales más que mundanas. Rut podría haber hecho lo mismo que Orfa, dar prioridad a su bienestar material y abandonar a su sufrida suegra, pero creyó que podía ayudar a Noemí si se quedaba con ella.

No se sabe nada más de Orfa; la historia sigue con Noemí y Rut a partir de ese momento. Las dos regresaron a Belén, en Israel, y fueron recibidas por un pariente de Noemí. Es entonces cuando descubrimos lo que Rut y Orfa debían de saber: que Noemí estaba sumida en una profunda depresión evidente por lo que decía a los que la saludaban: "No me llaméis Noemí, sino llamadme Mara; porque en grande amargura me ha puesto el Todopoderoso. Yo me fui llena, pero Jehová me ha vuelto con las manos vacías. ¿Por qué me llamaréis Noemí, ya que Jehová ha dado testimonio contra mí, y el Todopoderoso me ha afligido?" (Rt. 1:20-21).

El nombre Noemí significa "placentera". En ese momento tan bajo de su vida, un nombre así le parecía una burla que hacía referencia a tiempos mejores. Pidió que la llamaran Mara, un nombre que significa "amarga", porque era un reflejo más exacto del estado de su corazón en ese momento. Noemí estaba abatida no solo por la muerte de su marido y de sus hijos, sino que además, por todo lo que había resultado de esas muertes, había desarrollado una visión negativa de Dios. Esa visión negativa era la causa de su depresión.

Dios bendice las vidas de aquellos que están dispuestos a sacrificarse por otra persona.

Sin embargo, a pesar de su corazón abatido, Noemí se centró en el futuro bienestar de su nuera mientras se establecía de nuevo en Israel. Mientras tanto, Rut se puso a trabajar en el campo para suplir la necesidad de alimentos de ambas. Cuando las dos comenzaron una nueva rutina diaria, apareció un hombre llamado Booz, pariente de Noemí. Si ese nombre te suena familiar, es porque ya hemos leído antes sobre Booz. Era hijo de Rahab. Fue en su campo donde Rut se puso a trabajar y donde Booz se fijó por primera vez en esta joven viuda, y de la historia se desprende que Rut se sintió inmediatamente atraída por este hombre bondadoso.

Noemí, testigo de la incipiente relación, desarrolló un plan para unir a Rut y Booz. Al mismo tiempo, era muy consciente de la ley judía, la ley del pariente redentor. En Israel, si un hombre moría y dejaba a su esposa viuda, el pariente varón soltero más cercano debía casarse con la viuda para tener hijos en nombre del pariente fallecido. La ley también se estableció para proteger a la mujer. Noemí sabía que Booz, como pariente, cumplía los requisitos para asumir el rol de pariente-redentor de Rut. Sin embargo, guardó silencio al respecto. Si la unión entre Rut y Booz podía producirse de forma natural, ¿por qué imponer la ley? Además, había otro varón más estrechamente emparentado con Noemí, y si ella pusiera en juego la ley, ese pariente podría interferir y dar un paso al frente para asumir su responsabilidad legal.

En lugar de gastar sus energías en mejorar su vida y aliviar su sufrimiento, Noemí se dedicó a propiciar la unión entre Rut y Booz. Y se lo dijo a Rut:

> Hija mía, ¿no he de buscar hogar para ti, para que te vaya bien? ¿No es Booz nuestro pariente, con cuyas criadas tú has estado? He aquí que él avienta esta noche la parva de las cebadas. Te lavarás, pues, y te ungirás, y vistiéndote tus vestidos, irás a la era; mas no te darás a conocer al varón hasta que él haya acabado de comer y de beber. Y cuando él se acueste, notarás el lugar donde se acuesta, e irás y descubrirás sus pies, y te acostarás allí; y él te dirá lo que hayas de hacer. Y ella respondió: Haré todo lo que tú me mandes (Rt. 3:1-5).

Rut siguió las indicaciones de Noemí, no solo porque quería un nuevo marido, sino también por deferencia a su suegra. Someterse a los mayores era una muestra de respeto y gran afecto. Puede parecer que el plan de Noemí va en contra de todo lo que señala la Biblia sobre el decoro femenino, sobre esperar en Dios, contra conspirar y maquinar para conseguir nuestros objetivos. Sin embargo, la motivación es lo que marca la diferencia. Cada mujer actuaba principalmente por amor a la otra.

La motivación marca la diferencia

Esa motivación agrada a Dios, y Él bendice las vidas de aquellos que están dispuestos a sacrificarse por otra persona. Eso se evidencia en esta historia en la atracción inicial de Booz por Rut. Al principio, Rut le preguntó por qué se sentía atraído por ella, y él respondió: "He sabido todo lo que has hecho con tu suegra después de la muerte de tu marido, y que dejando a tu padre y a tu madre y la tierra donde naciste, has venido a un pueblo que no conociste antes. Jehová recompense tu obra, y tu remuneración sea cumplida de parte de Jehová Dios de Israel, bajo cuyas alas has venido a refugiarte" (Rt. 2:11-12).

Booz no solo se sintió atraído a Rut a causa de su piedad por Noemí, sino que también era consciente de que ella se había comprometido a seguir a Dios y sus caminos a un gran costo personal. Dios recompensó a Rut. En poco tiempo, Booz y Rut se unieron en matrimonio. El futuro de Rut estaba asegurado, tenía un hombre al que amaba y vivía entre el pueblo de Dios.

Noemí, que había elegido centrarse en el bienestar de Rut en lugar del suyo propio, también fue honrada por su sacrificio. Ya había pasado la edad en que un hombre se casaría con ella para tener hijos; se enfrentaba a una vejez difícil. Sin embargo, después que Rut dio a luz a su primer hijo a Booz, leemos: "Y las mujeres decían a Noemí: Loado sea Jehová, que hizo que no te faltase hoy pariente, cuyo nombre será celebrado en Israel; el cual será restaurador de tu alma, y sustentará tu vejez; pues tu nuera, que te ama, lo ha dado a luz; y ella es de más valor para ti que siete hijos" (Rut 4:14-15).

Nada que perder

Dos mujeres cuyas vidas estaban entrelazadas fueron utilizadas por Dios, cada una para la otra. Si alguna de ellas hubiera entrado en pánico en sus difíciles circunstancias, si alguna hubiera adoptado la actitud egocéntrica que piensa "tengo que cuidar de mí misma", no habrían visto cómo Dios bendice a los que renuncian a sus necesidades por los demás. Las bendiciones para Rut y Noemí no habían terminado. De hecho, continuarían durante décadas. El primer hijo de Rut, Obed, llegó a ser el abuelo del rey David, por lo que Rut es antepasada de Jesucristo.

La lectura de la historia de Rut y Noemí animó a Susana a abandonar su próspera vida en Nueva York para cuidar de su madre. Aún está por ver lo que le espera, pero seguro que Dios cuidará de ella.

Susana ha llegado a creer lo que aún no puede ver: que mientras se dedica a cuidar de otra persona, se está haciendo a un lado para permitir que Dios cuide de ella. Lo mismo nos ocurre a nosotras. Cuando estamos enfrascadas en asegurar nuestra propia felicidad, solo conseguimos interponernos en los caminos de Dios.

Yo vivo en un apartamento pequeño, así que cuando tengo invitados a comer prefiero hacer la limpieza sola después que se vayan todos, porque cuando otros entran en la cocina hay demasiada gente. Inevitablemente, alguien choca con otro y se rompe un plato. Tengo más libertad de moverme y poner todo en orden cuando hay menos manos implicadas en el proceso. Lo mismo ocurre con la obra de Dios en nuestras vidas. A menudo sentimos que tenemos que ayudarlo, que Él no es capaz de manejar las cosas. En realidad, nuestros intentos de ayudarlo a menudo retrasan o perjudican lo que Él está haciendo por nosotras.

Cuando estamos enfrascadas en asegurar nuestra propia felicidad, solo conseguimos interponernos en los caminos de Dios.

Tal vez te encuentres en una situación parecida a la de Susana. Quizás, en tu caso, sea una amiga y no un miembro de la familia quien necesite tus cuidados sacrificiales. ¿Te has dado cuenta de una necesidad acuciante en la vida de otra persona? Puede que tengas una amiga que esté pasando por un momento de tristeza o dolor, que se sienta sola y necesite más atención. Una persona que conoces puede estar encerrada en casa por enfermedad o tal vez sea alguien que se enfrenta a graves problemas económicos. ¿Estás en condiciones de ayudar? Tal vez sí, tal vez no; pero la interrupción de tu espacio personal, de tus lujos ganados con esfuerzo y de tu agenda cuidadosamente programada no debe ser el factor determinante. Por otra parte, la culpabilidad y el legalismo son también razones equivocadas para intervenir. El mero hecho de que surja una necesidad no indica que el deber te llame.

Susana tomó su decisión sobre la base de buenos consejos y principios bíblicos. En su caso, su madre no tenía otras opciones. Ese es un factor vital para considerar. Alguien puede querer que vayas al rescate en gran detrimento de tu propio bienestar cuando esa persona tiene varios medios de ayuda. Otra cosa para considerar es el trabajo que estás haciendo actualmente para Dios. Si tienes la sensación de que tu vida actual está posicionada donde mejor estás llamada a servir a Dios mientras que sacrificarte por otro puede implicar renunciar a eso, puede ser un indicador de que suplir la necesidad de esa otra persona no recaiga sobre ti. Ahí es donde hablar con un pastor u otro cristiano maduro puede aportar claridad.

Hay otros factores que pueden ayudarte a saber que lo más probable es que Dios no te esté llamando al cumplimiento de un deber fuera del alcance de tu vida presente. Si el sacrificio te alejaría de la comunión con otros cristianos, es prudente dudar de seguir adelante. Para Rut y Noemí, el camino del sacrificio personal favoreció su interacción con el pueblo de Dios.

Si el camino que estás considerando no es bíblico, puedes estar segura de que no es la voluntad de Dios. Si tu novio se rompe ambas piernas y pierde toda movilidad por un tiempo, definitivamente no estás llamada a mudarte a su apartamento para cuidarlo. Aun cuando parezca que no hay nadie más que lo ayude, puedes estar segura de que no eres la providencia de Dios para él en esta circunstancia.

El llamado a la abnegación, quizá más que en cualquier otra situación, se produce cuando nuestros padres envejecen y pierden su autosuficiencia. Tarde o temprano, muchas de nosotras nos enfrentamos a la disyuntiva de qué hacer cuando enferman o se debilitan. En ese caso, una comprensión bíblica del valor de cada una de las relaciones humanas nos ayuda a tomar buenas decisiones. Por ejemplo, las Escrituras nos exhortan: "Honra a tu padre y a tu madre, para que tus días se alarguen en la tierra que Jehová tu Dios te da" (Éx. 20:12). También señala: "Las casadas estén sujetas a sus propios maridos, como al Señor; porque el marido es cabeza de la mujer, así como Cristo es cabeza de la iglesia, la cual es su cuerpo, y él es su Salvador. Así que, como la iglesia está sujeta a Cristo, así también las casadas lo estén a sus maridos en todo" (Ef. 5:22-24). ¿Traer a un padre anciano a vivir a su casa traerá fricciones a tu matrimonio? Aunque Dios valora mucho la honra que debemos a nuestros padres, la relación matrimonial tiene mayor prioridad desde el punto de vista bíblico. Eso debe tratarse primero para determinar tu deber en ese tipo de situación.

Si el camino que estás considerando no es bíblico, puedes estar segura de que no es la voluntad de Dios.

En menor escala, tenemos innumerables oportunidades de sacrificarnos por otros diariamente. Cuando suena el teléfono en medio de un proyecto, es sacrificado dejar lo que estamos haciendo para ocuparnos de los intereses de la persona que está llamando. Cuando nuestros hijos necesitan atención, es un sacrificio renunciar a nuestro esparcimiento de adultos para atenderlos. Cuando nuestros compañeros interrumpen nuestro trabajo, es un sacrificio responder con amabilidad y contener la irritación.

Tanto en los pequeños como en los grandes problemas, Dios toma nota y recompensa a quienes buscan, encuentran y viven sabiamente una vida de sacrificio por los demás. Si esta semana enfrentas un fuerte llamado al cumplimiento del deber o incluso un pequeño inconveniente, piensa en los demás antes que en ti. No tienes nada que perder; Dios cuidará de ti.

GUÍA DE ESTUDIO

Capítulo 11: Noemí y Rut

Lee los siguientes pasajes para aprender lo que las Escrituras nos dicen sobre Noemí y Rut: libro de Rut; Mateo 1:5.

1. ¿Cómo demostró Rut de forma tangible la definición del deber dada en las páginas 129-130?

2. ¿En qué sentido fue más «práctica» la decisión de Rut de quedarse con Noemí que la decisión de Orfa de volver con los moabitas?

3. ¿Qué cualidad de Rut atrajo a Booz?

4. ¿De qué podemos estar seguros si renunciamos a algo que valoramos para cuidar de otra persona?

5. ¿Cómo pueden nuestros intentos de «ayudar» a Dios a bendecirnos obstaculizar, en realidad, el proceso de bendición?

6. ¿Cómo podemos saber qué tipo de ayuda ofrecer en una situación determinada?

CAPÍTULO 12

ANA, LA MADRE DE SAMUEL

Acuérdate de mí

Un amigo de verdad

¿Tienes una verdadera amiga? La amiga ideal es aquella que guarda tus secretos más íntimos, siempre se alegra cuando te pasan cosas buenas y muestra compasión cuando estás triste. Una amiga ideal nunca te regaña cuando metes la pata ni te dice: "Te lo dije". Un amigo así está disponible a cualquier hora del día o de la noche para escucharte cuando tienes una necesidad urgente de hablar y nunca se cansa de oír las mismas cosas de siempre una y otra vez.

¿Demasiado bueno para ser verdad? A nivel humano, sí. Porque ¿quién de nosotras conoce a alguien que siempre nos apoya o que nunca se impacienta ni se distrae con otros asuntos? ¿Y quién de nosotras tiene ese grado de bondad con otros el cien por cien de las veces? Solo Dios es el amigo ideal, que nunca nos traiciona, se alegra de bendecirnos y se compadece cuando lloramos. Dios se deleita cuando compartimos con Él todos los aspectos de nuestra vida, y es infinitamente paciente con nuestros defectos. De hecho, Dios anhela ser tu amigo ideal, pero la profundidad con la que experimentes su amistad depende, en gran medida, de ti.

Como en todas las relaciones gratificantes, disfrutar de Dios pasa por estar en su presencia y conocerlo. Junto a su Palabra, cuanto más tiempo pases con Dios en oración, más disfrutarás de la relación. Experimentarás sus beneficios en todas las facetas de la vida. Sabrás inmediatamente adónde acudir en busca de ayuda cuando surjan problemas. En los momentos difíciles, encontrarás a mano el consuelo que necesitas desesperadamente, porque ya estás experimentando la presencia de Dios. Es un hecho que aquellos que meditan poco en las Escrituras y oran solo esporádicamente se pierden de experimentar muchos aspectos de esta amistad tan especial.

Sin reservas

Ana era una mujer que sabía orar. Estaba casada con un hombre piadoso llamado Elcana, y en su hogar se observaba la ley y todo lo relacionado con el culto a Dios, pero la vida estaba lejos de ser perfecta para Ana. Compartía su marido con otra esposa llamada Penina. Ana tenía un problema que ya hemos visto en otras mujeres de las Escrituras: no podía dar hijos a Elcana. El hecho de que esta otra esposa fuera fructífera en ese sentido no hacía sino aumentar la desdicha de Ana. Al igual que Raquel antes que ella, era la que su marido más amaba a pesar de su esterilidad, pero el amor de Elcana no conseguía consolarla.

Sin duda, Ana había orado por este asunto durante mucho tiempo, pero sin recibir respuesta. Finalmente, sintió que no podía soportar más su sufrimiento. Desesperada, lloró y se negó a comer. Sin embargo, viajó con su marido a Silo para ofrecer sacrificios a Dios y adorarlo. En Silo, Elcana trató de consolar a su esposa y le dijo: "Ana ¿por qué lloras? ¿por qué no comes? ¿y por qué está afligido tu corazón? ¿No te soy yo mejor que diez hijos?" (1 S. 1:8). Después de hablar con ella, Ana compartió la comida con su marido. Tal vez sus palabras le dieron un pequeño consuelo momentáneo o quizá se sintió mal porque su dolor lo hacía sufrir también a él.

Cualquiera que fuera el caso, después de comer, Ana fue al templo a orar. Allí derramó todo su dolor. Mientras estaba "con amargura de alma oró a Jehová, y lloró abundantemente. E hizo voto, diciendo: Jehová de los ejércitos, si te dignares mirar a la aflicción de tu sierva, y te acordares de mí, y no te olvidares de tu sierva, sino que dieres a tu sierva un hijo varón, yo lo dedicaré a Jehová todos los días de su vida, y no pasará navaja sobre su cabeza" (1 S. 1:10-11).

De las palabras de Ana podemos aprender varias cosas sobre la oración. En primer lugar, es el tipo de oración que hace alguien que conoce a Dios íntimamente. Los que no lo conocen bien tienden a orar con una formalidad rígida, independientemente del dolor que puedan estar experimentando. El mismo principio se aplica a las relaciones humanas. La forma en que comunicamos nuestro dolor a una amiga íntima es muy diferente de cómo nos expresamos ante un simple conocido. Es evidente que Ana se sintió lo suficientemente cómoda en presencia de Dios como para derramar delante de Él todas sus emociones junto con sus deseos más profundos.

Otro hecho para destacar es la actitud respetuosa hacia Dios que Ana mostró en medio de su gran aflicción. Dios tenía el poder de cambiar su situación en cualquier momento, pero no lo había hecho. Pero en lugar de quejarse, en lugar de culpar a Dios por su esterilidad, Ana oró con humildad.

En lugar de culpar a Dios por su esterilidad, Ana oró con humildad.

La oración de Ana también tuvo atrevimiento. Pidió a Dios que se dignara a mirarla y que se acordara de ella, ambas peticiones de bendición y favor personal. Además, fue específica en su petición. No solo oró para tener un hijo, sino que pidió a Dios que le diera un varón.

Por último, Ana hizo un voto a Dios. Ofreció el hijo que esperaba al servicio de Dios. Ana prometió que este hijo sería nazareo todos los días de su vida. ¿Recuerdas quién más fue nazareo? Sansón, el amante de Dalila, también lo era. Los nazareos eran hombres especialmente apartados para Dios. A estos hombres se les imponían ciertas restricciones para ilustrar su posición ante la comunidad. Tenían prohibido beber alcohol o acercarse a cualquier cosa que pudiera contaminarlos. Además, no podían cortarse el pelo. A eso se refería Ana en su oración, cuando prometió que nunca pasaría una navaja por la cabeza de su hijo.

El verdadero propósito de la oración

Una cosa que no debemos inferir de la oración de Ana es que necesitamos hacer tratos con Dios. Ofrecer algo a Dios a cambio de lo que queremos de Él no aumentará en absoluto nuestras posibilidades de conseguir aquello que esperamos. Dios no obró así con Ana ni lo hace con nosotras. Más bien ha dicho: "Porque misericordia quiero, y no sacrificio, y conocimiento de Dios más que holocaustos" (Os. 6:6). Y: "¿Se complace Jehová tanto en los holocaustos y víctimas, como en que se obedezca a las palabras de Jehová? Ciertamente el obedecer es mejor que los sacrificios, y el prestar atención que la grosura de los carneros" (1 S. 15:22).

La razón por la que no necesitamos hacer ningún trato con Dios es que Jesucristo pagó cada deuda que contraeremos en nuestra vida con su sufrimiento y muerte en la cruz por la humanidad. Recibimos todo lo que tenemos porque Jesús ya hizo un voto y ofreció el sacrificio de sí mismo. Por tanto, no hay nada más grande que puedas ofrecer por ti misma. Eres libre de pedir a Dios lo que desees, y puedes esperar recibirlo porque todas tus deudas ya han sido pagadas, si has reclamado el sacrificio de Cristo por el pecado como propio.

Aunque el tiempo a solas con Dios es vital para el camino de fe de cada creyente, Dios nos diseñó para estar en compañía unos de otros.

Mientras Ana oraba, Elí, el sacerdote del templo, fue testigo de sus lágrimas y vio que movía los labios; pero al no poder oír lo que decía, pensó erróneamente que estaba ebria y se acercó a reprenderla. Atónita, Ana le dijo: "No, señor mío; yo soy una mujer atribulada de espíritu; no he bebido vino ni sidra, sino que he derramado mi alma delante de Jehová. No tengas a tu sierva por una mujer impía; porque por la magnitud de mis congojas y de mi aflicción he hablado hasta ahora" (1 S. 1:15-16).

Al oír su explicación, Elí dio a Ana unas palabras de gran aliento: "Ve en paz, y el Dios de Israel te otorgue la petición que le has hecho. Y ella dijo: Halle tu sierva gracia delante de tus ojos. Y se fue la mujer por su camino, y comió, y no estuvo más triste" (1 S. 1:17-18).

Aprendemos dos cosas importantes de este diálogo entre Elí y Ana. En primer lugar, la fortaleza espiritual y el ánimo florecen a través de nuestra comunión con otros creyentes. Aunque el tiempo a solas con Dios es vital para el camino de fe de cada creyente, Dios nos diseñó para estar en compañía unos de otros. Vemos que Ana practica ambas cosas en el templo. Ella abrió lo más profundo de su corazón a Dios a solas y recogidamente. Después explicó su condición espiritual a Elí. Observa que fue después de ambos hechos que su rostro ya no estaba triste. La comunión con otro creyente sirvió para reforzar su confianza en Dios.

Otra observación importante es el hecho de que Ana "fue... y comió". Se levantó de sus rodillas y reanudó su vida. Esto era una indicación de confianza en el cuidado de Dios y en su poder para responder su oración. Si después de haber entregado un asunto importante a Dios, seguimos sumidas en nuestra desdicha, nuestras preocupaciones o ansiedades sobre el tema, es señal de que no lo hemos dejado verdaderamente en sus manos. Sin embargo, la única manera de poder hacerlo es dejar que Dios decida cuál es la mejor forma de responder. La reacción de Ana demuestra que estaba dispuesta a aceptar la respuesta que Dios considerara oportuna.

¿Hay algún aspecto clave en tu vida sobre el que tengas serias discusiones con el Señor? ¿Algo que anhelas desesperadamente, pero para lo que aún no has recibido respuesta? Si es así, ¿cómo te comportas mientras esperas en Dios? ¿Le has entregado el asunto a Él y sigues adelante con tu vida diaria o sigues ansiosa por el resultado? Tal vez estés diciendo: "No puedo evitar estar ansiosa. No tengo ninguna garantía de que Dios me dé lo que quiero. La Biblia no me promete específicamente lo que espero". Eso puede ser cierto. Hay muchas cosas que esperamos que no están específicamente prometidas en las

Escrituras, pero una cosa de la que puedes estar segura es de que Dios responderá de la mejor manera posible, sea o no lo que pediste específicamente.

Lo mejor de Dios no es como un medicamento, bueno para nosotros, pero desagradable. Él promete que nunca nos decepcionará con lo que dispone para nuestra vida. El Dr. James Montgomery Boice escribió: "Si nos decidimos a seguir el camino de Dios y nos rehusamos a conformarnos al mundo y somos transformados por la renovación de nuestra mente, no tendremos que temer que al final de nuestra vida miremos atrás y estemos insatisfechos o amargados porque consideramos que nuestra vida ha sido un completo desperdicio. Al contrario, miraremos atrás y concluiremos que hemos vivido la vida y estaremos satisfechos con ella".[1]

Pide a Dios que ablande tu resistencia a su voluntad. Si lo haces, Él cambiará tu mala predisposición para que puedas aceptar con gozo y paz la respuesta que Él te dé.

Sabiendo esto, si sigues angustiada, es muy posible que no estés verdaderamente dispuesta a aceptar lo que Dios disponga. Eso puede ser señal de que, en el fondo, sigues insistiendo en tu propio camino. Si es así, ora también por eso. Pide a Dios que ablande tu resistencia a su voluntad. Si lo haces, Él cambiará tu mala predisposición para que puedas aceptar con gozo y paz la respuesta que Él te dé.

En el caso de Ana, la respuesta de Dios fue la que ella había pedido. Leemos: "Aconteció que al cumplirse el tiempo, después de haber concebido Ana, dio a luz un hijo, y le puso por nombre Samuel, diciendo: Por cuanto lo pedí a Jehová" (1 S. 1:20). Observa que Dios

1. James Montgomery Boice, *Romans*, volume 4, *The New Humanity* (Grand Rapids, Mich.: Baker, 1995), 1559.

no le respondió inmediatamente, sino "al cumplirse el tiempo". Eso debería animarnos a esperar en Dios y a no rendirnos cuando parece que no ocurre nada como resultado de nuestras oraciones. Dios no se olvida.

Al final

Una vez que hemos recibido una respuesta a nuestras oraciones, hay algo que olvidamos con demasiada frecuencia, y es de alabar y dar gracias a Dios por lo que ha hecho. Cuando alguien a quien quieres te trae un regalo, cuidadosamente seleccionado y con un bonito envoltorio, ¿qué haces? ¿Arrancas el papel y las cintas y utilizas inmediatamente el regalo sin dar las gracias a quien te lo ha dado? Por supuesto que no. Expresas tu gratitud a ese ser querido por su consideración y le envías una nota de agradecimiento por correo. Puede que alguna vez hayas sentido lo que se siente al hacer un regalo que no se agradece. Si es así, ¡sabes muy bien lo que duele!

Ana respondió con una oración de alabanza y gratitud:

> Mi corazón se regocija en Jehová,
> Mi poder se exalta en Jehová;
> Mi boca se ensanchó sobre mis enemigos,
> Por cuanto me alegré en tu salvación.
> No hay santo como Jehová;
> Porque no hay ninguno fuera de ti,
> Y no hay refugio como el Dios nuestro (1 S. 2:1-2).

La oración de gratitud de Ana se prolonga durante diez versículos del capítulo 2 de 1 Samuel. Es bastante más larga que su expresión inicial de dolor y súplica, algo interesante de observar sobre la proporción entre la alabanza y la súplica.

La alabanza de Ana también nos muestra lo mucho que Dios la había transformado mientras esperaba la providencia divina. El foco de esta oración de alabanza posterior se centra en Dios más que en ella misma. Ana lo alabó por su poder y su control soberano sobre todo lo que sucede:

> Él guarda los pies de sus santos,
> Mas los impíos perecen en tinieblas;
> Porque nadie será fuerte por su propia fuerza (1 S. 2:9).

No atribuyó su nueva felicidad al hijo que había tenido, sino al hecho de pertenecer a Dios. A través del valle de la espera, Dios le había enseñado a comprender que solo Él es la fuente suprema de toda alegría, mucho más que las cosas que nos da.

Demora divina

Todo eso nos muestra que Dios tiene un propósito al hacernos esperar la respuesta a muchas de nuestras oraciones. Es a través de la espera que el fruto de la paciencia nace en nuestro corazón. No es exagerado decir que la espera es a menudo ocasión de sufrimiento. Cuando anhelamos algo y esperamos a veces años a que Dios intervenga, hay dolor en el proceso, pero ese tipo de dolor es el que Dios utiliza a menudo para conformarnos a la imagen de Cristo, su principal objetivo para todos sus hijos. Y cuanto más semejantes seamos a Cristo, más felices seremos.

Pensemos en la depresión espiritual y emocional de Ana cuando la conocimos. Leemos que Ana se caracterizaba por su angustia, aflicción y dolor hasta el punto de la infelicidad total. A partir de su oración en el templo y las palabras de consuelo pronunciadas por el sacerdote Elí, Ana comenzó a cambiar. Esto se debe a que Dios ya estaba obrando para responder su oración, aunque de una manera que ella no podía ver o entender en ese momento. Era como si Dios dijera: "Ana, sé cuánto deseas tener un hijo. Voy a darte lo que deseas, pero primero tienes que aprender que tener un hijo no es realmente lo que te hará feliz. Solo yo soy esa fuente. Así que voy a producir en ti la verdadera felicidad mientras esperas mi providencia, aunque no entiendas lo que estoy haciendo; pero cuando tengas a tu hijo, no pensarás erróneamente que el responsable de tu felicidad es él. Sabrás que soy Yo".

¿En qué punto de la historia de Ana te encuentras? Tal vez estés donde ella estaba al principio de la historia, en un estado de infeliz desesperación. Si es así, puedes acudir a Dios y contarle todas las cargas de tu corazón. Dios nos invita a presentar cada anhelo, cada deseo insatisfecho a su oído atento, a su corazón compasivo y a sus manos de poder. ¿Te sientes frustrada? ¿Desanimada? ¿Enojada? ¿Hay algún anhelo insatisfecho que te agobia? Si es así, haz lo que hizo Ana. Inclínate ante Él y derrama tu corazón. Después de hacerlo, comparte tu carga con otra creyente cuyo camino espiritual aprecies. Pídele que ore contigo. Luego levántate, sigue tu camino y deja el asunto en manos de Dios.

Dios nos invita a presentar cada anhelo, cada deseo insatisfecho a su oído atento, a su corazón compasivo y a sus manos de poder.

Tal vez ya lo hayas hecho y, como Ana, estés esperando la respuesta de Dios. No te desanimes. Aunque no puedas ver cómo Dios está resolviendo tu situación particular, puedes estar segura de que Él está actuando detrás de escena "para hacer todas las cosas mucho más abundantemente de lo que pedimos o entendemos, según el poder que actúa en nosotros" (Ef. 3:20).

Tengo una amiga íntima que aprendió esta verdad sobre Dios a través de su deseo de encontrar un compañero de vida. Durante años se sintió como Ana antes de presentar su petición a Dios. Ese deseo consumía gran parte de su tiempo, de modo que su vida cotidiana se veía a menudo cubierta por la angustia. Algunos días oraba por un marido, mientras que otros, pedía a Dios que le quitara su intenso deseo si el matrimonio no era la voluntad de Él para su vida. Nada cambiaba. El deseo permanecía, pero no aparecía ningún compañero. Esperó, esperó y esperó.

Con el tiempo llegó a comprender el gran amor de Dios por ella en este largo proceso. Al no quitar el deseo de su corazón, Dios le ha permitido experimentar una buena dosis de sufrimiento, pero es a través de ese sufrimiento que Dios la ha perfeccionado en sus caminos de santidad. Solía orar: "Dios, ¿no puedes escoger otro medio para enseñarme tus caminos? ¿Por qué tiene que ser a través de esto que tanto deseo?". Sin embargo, ahora sabe que si hubiera sido otra cosa, algo que le importara menos, los beneficios resultantes también habrían sido mucho menores.

Aún sigue esperando la respuesta completa de Dios a aquella petición de hace tanto tiempo, pero ahora, hoy, no hay angustia. A través de la espera y, sí, del sufrimiento, Dios la ha llevado a conocer la verdadera felicidad. Que le dé o no un compañero en esta vida ha pasado a ser algo secundario para mi amiga. Eso se debe a que ha descubierto dónde reside la verdadera felicidad, algo que no habría aprendido si Dios le hubiera dado inmediatamente lo que ella creía que la haría feliz. Ahora sabe que lo mejor que la vida puede ofrecerle reside en Dios, que vive en ella, y ese entendimiento se ha convertido en algo incluso mejor y más importante que alguien que pueda tener a su lado.

Dios quiere bendecirnos con la fortaleza y la obediencia que vienen a través de la espera. El profeta Isaías escribió:

> Los muchachos se fatigan y se cansan, los jóvenes flaquean y caen; pero los que esperan a Jehová tendrán nuevas fuerzas; levantarán alas como las águilas; correrán, y no se cansarán; caminarán, y no se fatigarán (Is. 40:30-31).

Y:

> Por tanto, Jehová esperará para tener piedad de vosotros, y por tanto, será exaltado teniendo de vosotros misericordia; porque Jehová es Dios justo; bienaventurados todos los que confían en él (Is. 30:18).

La situación puede ser muy diferente para ti. En este momento puede que estés viviendo en la dicha del deseo cumplido. Si es así, ¿has dedicado tiempo a alabar a Dios, no solo por su providencia divina, sino por todo lo que ha hecho en ti durante el proceso? Quizá quieras dedicar un tiempo a hacer la oración de Ana que se encuentra en el capítulo 2 de 1 Samuel.

En todas las cosas, en todo momento y en todos sus caminos, Dios es amigo de quienes se acercan a Él por medio de Jesucristo, y descubrirás que, cuando te abres completamente a Él mediante la oración, podrás experimentarlo en toda su plenitud. Es una invitación personal de Dios a ti y a mí.

> Esperad en él en todo tiempo, oh pueblos;
> Derramad delante de él vuestro corazón;
> Dios es nuestro refugio (Sal. 62:8).

GUÍA DE ESTUDIO

Capítulo 12: Ana, la madre de Samuel

Lee el siguiente pasaje para aprender lo que las Escrituras nos dicen sobre Ana: 1 Samuel 1:1–2:21.

1. Enumera maneras específicas en las que Dios es un amigo perfecto.

2. ¿Cuáles son los beneficios de practicar la presencia cercana de Dios?

3. ¿Qué aprendemos sobre la oración a partir de la petición de Ana por un hijo y su posterior oración de alabanza?

4. ¿Qué le permitió a Ana ser tan franca en su petición a Dios?

5. ¿Por qué es inútil cualquier intento de hacer tratos con Dios?

6. ¿Qué aprendemos de las acciones de Ana después de salir del templo?

7. ¿De qué podemos estar seguras cuando oramos y pedimos algo a Dios?

CAPÍTULO 13

MICAL

Una familia de reyes disfuncional

El perfil de una esposa

La familia del rey David fue, sin duda, la más disfuncional de la historia bíblica. Teniendo en cuenta el adulterio, el incesto, la traición y el asesinato que caracterizaron al clan, la gracia de Dios se evidencia en lo poderoso que llegó a ser Israel bajo la autoridad de David. La época del reinado de David, seguido por el de su hijo Salomón, fue la cumbre de la historia de Israel. Durante su reinado, la nación judía se convirtió en una superpotencia y dominó el Cercano Oriente hasta la muerte de Salomón.

David, sin embargo, tuvo un difícil ascenso al poder, en gran parte porque su rival, el rey Saúl, trataba de destruirlo constantemente. David hacía quedar mal a Saúl, y Saúl lo odiaba por ello; pero David superó cada obstáculo, cada desafío y todas las amenazas de muerte de Saúl. Fue quizás por esta razón que la hija de Saúl, Mical, se enamoró de David.

Tuvo muchas oportunidades de observar a este hombre joven y apuesto, capaz de burlar con astucia a su padre, el rey, en todo momento. David no solo era fuerte y atractivo, sino que también tenía un sello de poder. Dios lo había bendecido en todo lo que se proponía. David era el tipo de hombre que atrae a las jóvenes que anhelan librarse del restrictivo yugo paterno. Saúl lo maldecía constantemente en casa y fuera de ella mientras profería su odio por celos, y Mical seguramente habría escuchado los numerosos desvaríos furiosos de su padre.

Mical se enamoró de David, tanto que su padre se enteró. No obstante, a pesar de su intenso odio hacia David, Saúl pareció complacido por el interés de Mical y, sorprendentemente, accedió a propiciar el matrimonio, pero los motivos de Saúl no eran puros. No le interesaban tanto los afectos del corazón de su hija como destruir a David. Saúl estaba obsesionado. De hecho, en su mente intrigante ya había considerado tal matrimonio como una forma de recuperar el control, si no con Mical, entonces a través de otra de sus hijas. A través de ese matrimonio, Saúl podría hacer otro intento de destruir a su rival.

De modo que Saúl comunicó a David que aceptaría el matrimonio, pero para poder tener a Mical como esposa, tendría que realizar un acto de lealtad al rey. David tendría que matar a cien filisteos, potentes enemigos de los israelitas. Saúl estaba seguro de que David no tendría éxito, que seguramente moriría en el intento, y se libraría de su joven archienemigo. Pero, contra todo pronóstico, David logró matar a los filisteos y acrecentó así el odio de Saúl, pero obtuvo la hija del rey como la primera de sus muchas esposas. Leemos: "Y Saúl le dio su hija Mical por mujer. Pero Saúl, viendo y considerando que Jehová estaba con David, y que su hija Mical lo amaba, tuvo más temor de David; y fue Saúl enemigo de David todos los días" (1 S. 18:27-29).

Sin embargo, una vez casada, las ideas románticas de Mical se truncaron rápidamente. Se encontró en medio del amargo conflicto entre su esposo y su padre. Una noche, al enterarse Mical de otra conspiración asesina de Saúl contra su esposo, corrió y dijo a David: "Si no salvas tu vida esta noche, mañana serás muerto" (1 S. 19:11). Así que David, con la ayuda de Mical, se apresuró a escapar del peligro inminente: un destacamento secreto enviado por Saúl para matar a David mientras dormía. Mientras el enemigo se preparaba para atacar, Mical ayudó a bajar a David por la ventana hasta el suelo, donde escapó sano y salvo en medio de la oscuridad.

Cuando Saúl descubrió el engaño y el papel que había desempeñado Mical al ayudar a David, se puso furioso y colocó a Mical en una situación peligrosa. No solo había traicionado a su padre, sino también al rey de Israel. Ayudar a David a escapar era traición, un acto cuya pena era la muerte, a pesar de ser la hija del rey. Para cubrir sus huellas, Mical mintió a su padre. Le dijo al furioso Saúl que David había amenazado con matarla si no lo ayudaba a escapar. Dadas las circunstancias, es difícil culparla por esa mentira. David había huido a quién sabe dónde y la había dejado sola frente al rey.

El matrimonio tuvo un difícil comienzo, y Saúl fue solo una parte de sus problemas posteriores. David y Mical eran impulsivos y egocéntricos, como revela la historia más adelante, rasgos poco propicios para la felicidad conyugal. Mientras tanto, Saúl seguía acosando a la joven pareja. Con el tiempo, llegó a quitarle a Mical y entregársela a otro hombre, Paltiel.

Mientras David esperaba una ocasión estratégica para recuperar a Mical y llevarla a su casa, tomó varias esposas más. Aunque esto constituía una violación directa de la ley mosaica, era práctica habitual de los reyes del antiguo Cercano Oriente casarse con varias mujeres, en gran parte con el propósito de formar alianzas con territorios vecinos. Aunque esto pudo haber fortalecido la posición política de David, lo perjudicó espiritualmente y trajo la calamidad a su familia, como sucede inevitablemente con la violación de las leyes de Dios.

A medida que crecía la amargura y el odio de Saúl hacia David, se volvía cada vez más irascible hasta que, como era de esperar, perdió su reinado y murió en desgracia. Después, David pudo recuperar a su primera esposa, y Mical volvió a vivir con él. El amor era una motivación improbable por parte de David. La oportunidad de recuperar a su esposa también servía para fortalecer la posición de Israel en la política mundial, tal vez una motivación primordial para que David hiciera el trato. En ninguna parte se nos dice que la amara. Por lo que respecta a David, solo podemos deducir de la historia que Mical era un peón político en la lucha de poder sobre Israel. Nos suena cruel y despiadado, pero ese tipo de práctica era una costumbre aceptable de la época, sobre todo entre los altos funcionarios. Así que David se reunió con su primera esposa, y ella volvió a vivir con él junto a todas sus demás esposas.

Con el tiempo, el poder de David creció, y se convirtió en rey de todo Israel mientras Dios le daba la victoria y superaba los obstáculos uno a uno. A medida que el poder de David se fortalecía, también lo hacía su devoción a Dios, algo que expresaba de manera visible. Por los salmos y otros escritos del Antiguo Testamento, sabemos que David era un músico y escritor talentoso, que utilizaba esos dones para dirigir a Israel en la adoración pública. Sin embargo, fue esto mismo lo que provocó la ruptura de su relación con Mical.

Ironía conyugal

El día del logro más importante de David (la llegada del arca de la alianza a Jerusalén), David dirigió a Israel en una ofrenda de alabanza a Dios. Las tablas de piedra que contenían la ley de Dios habían llegado sanas y salvas a Jerusalén, la ciudad desde la que David gobernaba la nación. Fue un momento glorioso en la historia de Israel. El pueblo de la ciudad siguió a David mientras danzaba en acción de gracias y lo acompañaba con gritos y el sonido de las trompetas, pero aquel día Mical no participó del culto. Leemos: "Cuando el arca de Jehová llegó a la ciudad de David, aconteció que Mical hija de Saúl miró desde una ventana, y vio al rey David que saltaba y danzaba delante de Jehová; y le menospreció en su corazón" (2 S. 6:16).

¿Qué significa que "menospreció" a David? Significa que Mical sintió desprecio al ver a su esposo, el rey, actuar de una manera decididamente poco propia de un rey. Mical se sintió humillada y avergonzada por las acciones de su marido, y se enfrentó a él en cuanto llegó a casa. Con sarcasmo, le dijo: "¡Cuán honrado ha quedado hoy el rey de Israel, descubriéndose hoy delante de las criadas de sus siervos, como se descubre sin decoro un cualquiera!" (2 S. 6:20).

Mical se refería al hecho de que David se había quitado sus vestiduras reales para danzar más libremente, quedando cubierto solo por una tela de lino llamada efod. Mical estaba disgustada por dos razones. En primer lugar, otras mujeres habían visto a su marido parcialmente desnudo. Ella ya estaba obligada a compartir a su marido con otras esposas, y ahora el hecho de que otras mujeres hubieran mirado al escasamente vestido y apuesto rey encendió naturalmente su ya celoso corazón. Aún más evidente es el hecho de que la danza de David avergonzó a Mical. Sintió que David se había puesto en ridículo y, por ende, a ella también al dejar de lado, aunque fuera momentáneamente, los símbolos externos de su autoridad.

La confrontación de Mical revela el verdadero estado de su corazón. Aunque sus celos son comprensibles, su vergüenza provenía de motivos decididamente impíos. El tono de sarcasmo de Mical indica que le importaban más las apariencias y su posición social que la gloria de Dios. Lo que parece evidente es que el amor de Mical por David era un amor inmaduro, que se desarrolló meramente por el aura de poder que él emanaba. Así, cuando él se despojó de los signos visibles de su autoridad, desaparecieron los cimientos de su amor.

El desprecio sarcástico de Mical fue la sentencia de muerte de su matrimonio. Leemos: "Entonces David respondió a Mical: Fue delante de Jehová, quien me eligió en preferencia a tu padre y a toda tu casa, para constituirme por príncipe sobre el pueblo de Jehová, sobre Israel. Por tanto, danzaré delante de Jehová. Y aun me haré más vil que esta vez, y seré bajo a tus ojos; pero seré honrado delante de las criadas de quienes has hablado. Y Mical hija de Saúl nunca tuvo hijos hasta el día de su muerte" (2 S. 6:21-23).

La Biblia no nos dice si la esterilidad le sobrevino instantáneamente como castigo de Dios o si David nunca más tuvo intimidad sexual con ella. Sea como fuere, la Biblia muestra a Mical como culpable.

Decepcionada del matrimonio

¡Cuántas de nosotras, a nuestra manera, cometemos el mismo pecado e insensatez que Mical! Muchas de nosotras nos casamos por razones equivocadas, solo para darnos cuenta más tarde de que desearíamos haber esperado. Mical encontró atractivo a David en gran parte porque su obstinado y necio padre temía a este atractivo joven héroe. David también apeló a sus ideas juveniles de romance, pero esa no era la base sobre la que elegir una pareja matrimonial. A la mayoría de las mujeres les atraen, hasta cierto punto, los hombres poderosos. El romance de Monica Lewinsky con Bill Clinton es un ejemplo de ello. ¿Y por qué los ejecutivos de empresas, a la hora de elegir segundas y terceras esposas, conquistan con tanta facilidad mujeres jóvenes y atractivas? Es la autoridad y el poder que exudan esos hombres, un potente afrodisíaco para las mujeres jóvenes que buscan estabilidad y un estatus inmediato.

Otra razón probable por la que Mical se casó con David fue para escapar de una vida familiar caótica. Su padre era irascible, fácilmente propenso a ataques asesinos incluso contra miembros de su familia. Era inestable espiritualmente hasta el punto de que, en una ocasión, recurrió a prácticas ocultas (ver 1 S. 28:3-25). Al final, Saúl se suicidó. El hogar de la juventud de Mical no era un entorno en el que una mujer joven pudiera prosperar.

Muchas mujeres hoy día también se casan para escapar de una vida hogareña difícil o de otras circunstancias problemáticas. Sabemos que al principio Mical respetaba a David, aunque fuera superficialmente, y el respeto es un elemento clave a la hora de elegir marido. De hecho, es un mandato bíblico, pero también hay que tener en cuenta otros factores. Mical no había tenido en cuenta de antemano las inevitables dificultades que surgirían si se casaba con el peor enemigo de su padre. Las cuestiones familiares, entre otras muchas, deben tener peso cuando una mujer decide casarse.

¿Estás decidida a honrar a Dios, obedecer las Escrituras y seguir adelante con un matrimonio menos que ideal?

Tal vez te encuentres en la situación de Mical. Te has dado cuenta de que te casaste por razones equivocadas o elegiste mal. ¿Estás decidida a honrar a Dios, obedecer las Escrituras y seguir adelante con un matrimonio menos que ideal? Enfrentamos un reto similar cuando vimos la situación de Agar en el capítulo tres. Mical no tuvo elección en el asunto. Sin embargo, hoy día, abandonar un mal matrimonio es una opción atractiva para muchas mujeres. Tal vez estés tentada a dejar a tu esposo porque el divorcio parece ser la única solución a tus problemas matrimoniales; pero si eres una cristiana que desea agradar a Dios, no tienes opción. Si te enfrentas a esa tentación, puedes encontrar fuerza en darte cuenta de que Dios lo sabe todo sobre tu lucha y está ahí para ayudarte.

Innumerables mujeres, con el tiempo, han perdido el respeto por sus maridos. Si te encuentras entre ellas, el amor y la atracción que antes sentías se han marchitado. Si eso te ha ocurrido, tu matrimonio pende de un precipicio inestable, pero Dios siempre bendice la obediencia, de modo que, si sigues adelante con un matrimonio del que te has decepcionado a fin de agradar a Dios, tarde o temprano Él te bendecirá en tu matrimonio. El apóstol Pablo escribió: "No nos cansemos, pues, de hacer bien; porque a su tiempo segaremos, si no desmayamos" (Gá. 6:9).

Avergonzada de su marido

Sin embargo, en el caso de Mical, no fue la falta de juicio lo que destruyó su matrimonio. Más bien, fue su vergüenza orgullosa ante la exhibición pública de adoración de David. Mical estaba más preocupada por mantener una imagen digna, que por ofrecer una alabanza desinhibida a Dios. Y luego, para empeorar las cosas, se burló de David por poner a Dios por encima de su propia categoría real. Trató de humillar a su marido por sus prácticas de adoración. Tal vez estés pensando: "¡Qué alivio! Mi matrimonio puede tener sus problemas, ¡pero yo nunca trataría así a mi marido!". No obstante, el pecado de Mical es más frecuente entre las esposas de lo que podríamos pensar a primera vista, aunque se manifieste de maneras más sutiles. Podemos saber que somos culpables si el comportamiento legítimo, legal y bíblico de nuestro esposo nos hace sentir vergüenza, bochorno o humillación.

Una mujer que conocí hace algunos años, Elisa, luchó con este pecado. Estaba casada con un hombre que aprovechaba cualquier oportunidad para predicar el evangelio. Un conductor de autobús, una camarera, miembros de su familia que no eran salvos y un sinnúmero de otras personas, todos escucharon el mensaje de salvación de alguna u otra manera. En lugar de elogiarlo por su denuedo, Elisa se sentía avergonzada y lo trataba como Mical trató a David. No podía aceptar que su cándida proclamación del evangelio fuera su forma de manifestar su amor por Dios. Con frecuencia la gente lo rechazaba por su fe franca y, en las ocasiones en que ella estaba presente, experimentaba su propio rechazo. Ella se sentía humillada, pero estaba convencida de que la forma de evangelizar de su marido era errónea.

Quizás tu marido hace algo para honrar a Dios que a ti te avergüenza. Tal vez ora demasiado alto o demasiado tiempo en los restaurantes antes de comer. Tal vez sobrepasa los límites de tu comodidad al agitar las manos mientras canta un himno. Y para colmo de tu frustración, ¡es posible que esos sean rasgos que te parecieron atractivos cuando lo conociste! Al principio te transmitían su carácter profundo y espiritual, pero ahora esos rasgos te parecen irritantes. Si es así, Dios te ayudará a manejar tu irritación. Aunque lo más probable es que el cambio provenga del interior de tu corazón y de tu actitud, más que de cualquier cambio exterior en el estilo personal de tu marido. A Dios le agradó la exhibición de David porque tenía el propósito expreso de darle la gloria. Dios no estaba complacido con Mical, porque todos sus sentimientos tenían que ver con sí misma.

Una esposa también puede sentirse avergonzada por el comportamiento de su cónyuge en asuntos diferentes a la adoración. Una amiga mía, Ayelén, experimentó muchos conflictos matrimoniales por la forma de vestir de su esposo. Antes de casarse, a Ayelén no parecía importarle su forma de vestir o al menos nunca expresó su desagrado. Sin embargo, una vez casados, se convirtió en un importante motivo de discordia. Finalmente, Ayelén se dio cuenta de que el problema era su actitud. Admitió: "Detestaba la forma de vestir de Jorge y trataba de cambiarla porque pensaba que, después de casarnos, todas sus acciones se reflejaban en mí". Dios ayudó a Ayelén a ver que ese pensamiento era egocéntrico. A partir de ese momento, se arrepintió y, con el tiempo, su irritación con Jorge desapareció.

Asuntos no tan menores

Recuerdo que hace unos años escuché por la radio una historia alentadora sobre este mismo tema. Era más o menos así: Una mujer que pensaba casarse con un hombre bueno y cariñoso no podía decidirse porque su aspecto personal la avergonzaba. Su ropa rara vez combinaba; no tenía habilidad para vestirse. Ella había orado y orado para que Dios lo cambiara. "Dios, si se vistiera de otra manera, me sentiría atraída hacia él. ¿Cómo voy a casarme con un hombre con el que me da vergüenza que me vean?". No obstante, Dios guardó silencio y nada cambió. Sin embargo, ese hombre le importaba y no quería darse por vencida.

Siguiendo el consejo de una amiga, la mujer empezó a orar de otra forma. Pidió a Dios que cambiara su actitud hacia la apariencia de él y oró: "Dios, ayúdame a aceptar a este hombre bueno y piadoso tal como es. No quiero que algo tan superficial como la ropa aleje mi corazón de él". No pasó mucho tiempo después de haber orado así cuando su novio se le acercó y le dijo: "Sabes, creo que no me gusta este traje y esta corbata. ¿Vendrías de compras conmigo y me ayudarías a buscar otra ropa? Nunca he sido bueno para estas cosas. Espero que estés dispuesta a ayudarme". Aquella mujer aprendió una lección importante. Dios no iba a bendecirla cuando más preocupada estaba por su propia imagen, pero intervino de buena gana cuando ella estuvo dispuesta a renunciar a su preocupación por sí misma en aras de algo mucho más importante.

En lugar de criticar a tu marido, pide a Dios que te allane el camino para abordar el problema.

Observa que Dios no consideró superficial su problema. A Él le interesan las cosas que nos angustian, por insignificantes que sean.

Tal vez en tu caso no sea la ropa. Tal vez te casaste con un hombre cuya gramática te da escalofríos o con uno que tiene menos educación que tú y tus amigas. Sea lo que sea, el primer paso hacia la armonía matrimonial en este asunto debe ser lo contrario de la perspectiva que Mical tenía de David. La confrontación sarcástica no cambiará nada, sino que solo aumentará tu desdicha y la de él. ¿Se trata de algo sin importancia, algo que parece demasiado insignificante como para mencionarlo? Si es así, puedes presentarlo a Dios en oración. No hay nada demasiado pequeño para que Él le preste atención.

Si tu descontento se debe a algo más importante que el atuendo, lo mejor que puedes hacer es mantener una comunicación abierta con tu marido. De hecho, es una necesidad. En lugar de criticarlo, pide a Dios que te allane el camino para abordar el problema. Ora también por la receptividad de tu marido. Aun así, incluso si se trata de un asunto que tiene que ver con la relación de tu marido con Dios, como fue el caso de Mical, pide a Dios que cambie primero tu corazón. De hecho, es una buena manera de empezar a orar sobre cualquier asunto que te cause vergüenza en tu matrimonio. Toma en serio las palabras del apóstol Pablo: "Casadas, estad sujetas a vuestros maridos, como conviene en el Señor" (Col. 3:18). Si estás abierta a un cambio en tu corazón, te sorprenderás de lo que Dios hará en tu matrimonio.

GUÍA DE ESTUDIO

Capítulo 13: Mical

Lee los siguientes pasajes para aprender lo que las Escrituras nos dicen sobre Mical: 1 Samuel 14:49; 18:20-29; 19:11-17; 25:44; 2 Samuel 3:13-16; 6:16, 20-23; 21:8-9; 1 Crónicas 15:29.

1. Enumera todas las posibles razones por las que Mical se sintió inicialmente atraída por David.

2. Explica algunos de los factores que actuaron en contra del matrimonio de David y Mical.

3. ¿Por qué despreció Mical a David cuando lo vio bailando (2 S. 6:16)?

4. ¿Por qué se avergonzó Mical cuando David se quitó sus vestiduras reales?

5. ¿En qué sentido el amor de Mical por David era un amor inmaduro?

6. ¿Cuál era la raíz del desprecio de Mical hacia su esposo?

7. Si eres soltera, ¿qué valoras y buscas en una futura pareja?

CAPÍTULO 14

ABIGAIL

El toque de una mujer

Fuerza bruta

"¡Qué pareja más insólita!". Carolina no pudo evitar oír por casualidad el comentario. La mujer que susurró ese comentario y su acompañante habían ayudado a Carolina a llevar a su marido, Nacho, al asiento trasero del auto, donde ahora se encontraba tendido, desmayado por el alcohol. Avergonzada, Carolina subió la ventanilla del auto para no oír más lo que comentaban. No es que no lo hubiera oído antes, pero esos comentarios siempre venían con una nueva punzada de humillación. Carolina hacía todo lo posible por evitar las reuniones sociales con Nacho. Con los años había empeorado su forma de beber, e incluso en las ocasiones en que no consumía alcohol, era escandaloso, grosero y peleador. Provocaba deliberadamente a todo aquel que le desagradaba y era inevitable que surgieran problemas, a menos que Carolina estuviera a su lado para calmar los ánimos. Incluso se mostraba violento y grosero con ella delante de los demás.

Encontrar excusas para mantener a Nacho en casa era la forma más fácil de evitar ciertas situaciones sociales. Era igual de desagradable con Carolina en casa que en público, pero al menos en casa no tenía que sentir la vergüenza de la compasión de los demás. Carolina había buscado desesperadamente una excusa plausible para declinar la invitación a la boda, pero se trataba de la boda de la hija del jefe de Nacho y, naturalmente, este había insistido en que asistieran.

Al llegar a la recepción, Nacho había ido directamente al bar. Carolina se dio cuenta de que estaba de mal humor. Al parecer, se había sentido menospreciado por un comentario fuera de lugar de un compañero de la línea de recepción. A medida que Nacho bebía trago tras trago, su voz se hacía más fuerte y su tono se volvía burlón. Entonces, justo cuando Carolina pensaba que la situación no podía empeorar, Nacho hizo un comentario inapropiado, grosero y odioso sobre la novia. El silencio se apoderó del grupo de invitados que estaba cerca y, para horror de Carolina, vio que el jefe de Nacho, el padre de la novia, estaba entre ellos. Como buen anfitrión que era, no había hecho ningún comentario, pero se puso colorado de la rabia, se dio media vuelta y se alejó.

Carolina se quería morir. Nacho no solo había hecho el ridículo, sino que había puesto en peligro su carrera, su única fuente de ingresos. Carolina ya no necesitaba una excusa educada y evasiva para abandonar la recepción. Los demás se alegraron de verlos marcharse. Ella tomó del brazo a Nacho, forzó una sonrisa en su rostro y susurró: "Nos vamos. Ahora mismo". Su tono frenético no hizo más que enfadar a Nacho, que rechazó sus urgentes súplicas. En ese momento, una pareja de observadores se había acercado en silencio para preguntarle si necesitaba ayuda. Carolina aceptó mientras contenía las lágrimas. Juntos convencieron a Nacho para que se fueran y la ayudaron a llevarlo al auto. Tras unas palabras de agradecimiento, avergonzada, Carolina se puso al volante. Justo antes de marcharse, oyó a la mujer murmurar un comentario demasiado familiar: "¡Qué pareja más insólita!".

Carolina y Nacho son una pareja insólita. Donde Nacho es vociferante, Carolina suele ser callada. Su carácter, a menudo agresivo, contrasta con la amabilidad de Carolina. La generosidad de Carolina compensa la avaricia de Nacho, pero, en el fondo de sus diferencias, está el hecho de que Carolina ha sido salvada por Jesucristo mientras que Nacho perece en su pecado. Las personas se preguntan cómo llegaron a estar juntos.

Matrimonios como este son demasiado comunes. Por esa razón es probable que conozcas a una mujer piadosa que está casada con un incrédulo. Tal vez esa mujer seas tú. Tales desajustes ocurren cuando un creyente se enamora de un incrédulo y, en lugar de enfrentar el dolor de romper la relación, el creyente sigue adelante con el matrimonio con la esperanza de traer al incrédulo a la fe. Los desajustes también se encuentran en parejas que se casaron antes que alguno de los dos fuera salvo, después, en algún momento después del matrimonio, uno de los cónyuges se convirtió a Cristo mientras que el otro no.

Si eres una mujer cristiana que vive en un matrimonio así, es probable que estés familiarizada con la soledad, la frustración y el monótono remordimiento de conciencia. Si fuiste insensata al casarte con un no creyente, es probable que ahora entiendas muy bien los pasajes bíblicos que nos advierten contra tales uniones. Puedes identificarte con las palabras de Pablo: "No os unáis en yugo desigual con los incrédulos; porque ¿qué compañerismo tiene la justicia con la injusticia? ¿Y qué comunión la luz con las tinieblas? ¿Y qué concordia Cristo con Belial? ¿O qué parte el creyente con el incrédulo?" (2 Co. 6:14-15). Cada vez que oyes ese pasaje, te desprecias a ti misma. Te lamentas: "¡Por qué no hice caso a los amigos, a la familia, al pastor, a Dios!".

Si te convertiste a Cristo después de casarte, tal vez no tengas esa horrible sensación de remordimiento, pero el futuro pinta un panorama sombrío y desolador en tu mente. Tal vez conozcas de memoria las palabras del apóstol Pablo: "Y si una mujer tiene marido que no sea creyente, y él consiente en vivir con ella, no lo abandone" (1 Co. 7:13). Para muchas mujeres que leen ese versículo es como oír una sentencia de muerte.

Abigail y Nabal: Un matrimonio en desgracia

Sin embargo, hay buenas noticias. Si te casaste con un incrédulo, no estás necesariamente condenada a una vida de infelicidad ni has frustrado la capacidad de Dios de hacer algo único y valioso en tu situación. Podemos estar seguras de ello porque la Biblia hace algo más que advertirnos sobre los problemas y exhortarnos a sacar lo mejor de una mala situación. También ofrece esperanza a las mujeres que se encuentran en este tipo de matrimonios. Descubrimos esa esperanza cuando leemos la historia de Abigail, una mujer amable y hermosa que estaba casada con un grosero y perverso adorador de ídolos llamado Nabal.

Las Escrituras no explican cómo fue que Abigail llegó a casarse con un hombre así. Es muy probable que el suyo fuera un matrimonio arreglado por su padre, según la costumbre de la época. Nabal era rico, y ese hecho habría anulado sus cualidades menos deseables a los ojos del padre de Abigail. Independientemente de cómo se produjo el matrimonio, la unión no fue feliz. Abigail enfrentaba un futuro aún más sombrío que el de Carolina porque, a diferencia de esta, las mujeres disponían entonces de pocos medios de protección personal frente al maltrato conyugal.

Si te casaste con un incrédulo, no estás necesariamente condenada a una vida de infelicidad ni has frustrado la capacidad de Dios de hacer algo único y valioso en tu situación.

Las mujeres que hemos estudiado hasta ahora se incluyeron en los relatos bíblicos porque todas desempeñaron un papel específico en la historia de la redención. En este caso, Abigail y Nabal aparecen en las Escrituras porque sus caminos se cruzan con el de David, una figura clave en el plan redentor de Dios. En la época de su historia, el rey Saúl seguía en el poder. Recordarás que aquellos fueron años peligrosos para David, años en los que se vio obligado a esconderse para salvar su vida del celoso rey, que también era su suegro por su matrimonio con Mical. Con el tiempo, David había reunido un numeroso grupo de seguidores, unos seiscientos, y juntos buscaban lugares donde esconderse de Saúl y sus tropas. Fue durante uno de esos periodos de exilio cuando David encontró primero a Nabal y luego a Abigail.

Nabal era un próspero granjero. A su servicio había muchos pastores y labradores que trabajaban en los campos al cuidado del ganado de Nabal, y estos empleados tenían tratos con David y sus seguidores mientras avanzaban en secreto por el desierto. Al conversar con los labradores de Nabal, David se enteró de la existencia de este próspero granjero, así que, cuando su grupo necesitó comida, David envió a diez de sus hombres a pedir, humildemente, provisiones a Nabal. Nabal estaba en condiciones de ayudar a David, pero se negó. Las Escrituras señalan que Nabal "injurió" a los hombres de David, lo que significa que no solo se negó a ayudarlos, sino que además les gritó indignado.

Cuando David se enteró de la negativa de Nabal, se enfureció y juró vengarse de él y de su familia. David se preparó para el ataque; mientras tanto, uno de los sabios criados de Nabal corrió a ver a Abigail y le contó la historia. En tono apremiante le dijo: "He aquí David envió mensajeros del desierto que saludasen a nuestro amo, y él los ha zaherido [injuriado]. Y aquellos hombres [los de David] han sido muy buenos con nosotros... Ahora, pues, reflexiona y ve lo que has de hacer, porque el mal está ya resuelto contra nuestro amo y contra toda su casa; pues él es un hombre tan perverso, que no hay quien pueda hablarle" (1 S. 25:14-15, 17).

En la mayoría de los casos, si un criado hablaba en contra de su amo a su señora, tendría consecuencias nefastas más adelante. Sin embargo, el hecho de que el siervo se sintiera libre de hacerlo indica que en la casa sabían la verdad sobre Nabal y Abigail. Al igual que Carolina en su matrimonio con Nacho, la actitud amable y piadosa de Abigail se mantuvo constante en medio de una profunda vergüenza. Del hecho de que el criado acudiera a Abigail en busca de ayuda, podemos deducir que no era una mujer débil o fácil de convencer, sino una mujer cuya reputación estaba bien establecida en toda la casa. El criado sabía que podían contar con ella para trazar un plan, tomar las riendas e intentar detener la inminente destrucción que la insolencia de Nabal había traído a su hogar.

Y, en efecto, Abigail actuó con rapidez. Tuvo la sabiduría de saber que el furioso David y sus hombres estarían más dispuestos a atender a razones si primero calmaba su hambre. Preparó una buena provisión de comida y vino, la cargó en burros y partió al encuentro de los furiosos renegados. Sin embargo, ocultó sus acciones a su marido, lo que en este caso fue un acierto. Abigail sabía que cuando hay que elegir entre obedecer a Dios u obedecer al hombre, el camino de Dios es la única opción aceptable. Además, como mujer de verdadera fe, Abigail sabía que David estaba bajo la protección especial del Dios de Israel y que cualquier intento de hacerle daño sería frustrado.

Con mansedumbre, y probablemente mucho temor, fue a él:

> Y cuando Abigail vio a David, se bajó prontamente del asno, y postrándose sobre su rostro delante de David, se inclinó a tierra; y se echó a sus pies, y dijo: Señor mío, sobre mí sea el pecado; mas te ruego que permitas que tu sierva hable a tus oídos, y escucha las palabras de tu sierva. No haga caso ahora mi señor de ese hombre perverso, de Nabal; porque conforme a su nombre, así es. Él se llama Nabal, y la insensatez está con él" (1 S. 25:23-25).

El nombre Nabal significa literalmente "insensatez". Como es poco probable que un padre le pusiera ese nombre a un hijo, seguramente Nabal lo había adquirido como una especie de apodo por su reputación. Abigail, todavía de rodillas, continuó con su ruego. Suplicó misericordia a David. Le dijo que sabía que Dios era su defensor y que creía que Dios había destinado a David para grandes cosas. Abigail concluyó hábilmente su humilde discurso al señalar que, si David mataba a su familia con ira por venganza, más tarde se avergonzaría de sí mismo.

Sus palabras penetraron en el corazón de David, que dijo: "Bendito sea Jehová Dios de Israel, que te envió para que hoy me encontrases. Y bendito sea tu razonamiento, y bendita tú, que me has estorbado hoy de ir a derramar sangre, y a vengarme por mi propia mano" (1 S. 25:32-33). Así que David tomó su ofrenda de paz de comida y vino, y la envió a casa de Nabal.

Si tu matrimonio se parece en algo al de Abigail, podrás identificarte con ella. Lo más probable es que una mujer cuyo marido bebe en exceso se haya visto atrapada en la humillación de buscar el perdón de aquellos a quienes su marido ha agraviado para sacarlo de apuros y cargar con su culpa. Lo mismo ocurre con las mujeres cuyos maridos, de una forma u otra, viven solo para sí mismos con total desprecio por Dios o por su familia. Si estás casada con un incrédulo, en algún momento, en diversos grados, es probable que hayas experimentado algo de la vida de Abigail con Nabal. Sin embargo, la esperanza para Abigail estaba a punto de amanecer, y si tienes un mal matrimonio, también hay esperanza para ti.

Abigail regresó a casa y encontró a Nabal ebrio y atracándose de comida. Sabiamente, no dijo nada de su encuentro con David, pues pensaba que informar a Nabal de los sucesos del día mientras estaba ebrio no resultaría en una conversación constructiva. La experiencia le decía que lo más probable era que Nabal montaría en cólera al oír su relato.

Si tienes un mal matrimonio,
también hay esperanza para ti.

Sin embargo, la historia da un vuelco al día siguiente: "Pero por la mañana, , cuando ya a Nabal se le habían pasado los efectos del vino, le refirió su mujer estas cosas; y desmayó su corazón en él, y se quedó como una piedra. Y diez días después, Jehová hirió a Nabal, y murió" (1 S. 25:37-38).

Lo más probable es que, al enterarse de que su mujer había ido en contra de sus deseos, Nabal se enfadó tanto que sufrió algo parecido a un grave derrame cerebral que lo dejó paralítico. Murió poco más de una semana después y, por la forma en que se relata la historia, sabemos que Dios había juzgado a este hombre malvado y había liberado así a Abigail de su control. Y no solo era libre, sino que una nueva vida estaba a punto de comenzar para Abigail: "Luego que David oyó que Nabal había muerto, dijo: Bendito sea Jehová, que juzgó la causa de mi afrenta recibida de mano de Nabal, y ha preservado del mal a su siervo; y Jehová ha vuelto la maldad de Nabal sobre su propia cabeza. Después envió David a hablar con Abigail, para tomarla por su mujer. Y los siervos de David vinieron a Abigail en Carmel, y hablaron con ella, diciendo: David nos ha enviado a ti, para tomarte por su mujer" (1 S. 25:39-40). Ella se casó con David, un hombre que no solo era el futuro rey de Israel, sino que también tenía un corazón totalmente consagrado a Dios.

Hasta que la muerte nos separe

La historia de Abigail termina con el tipo de liberación que cualquiera en su situación esperaría. Me atrevo a decir que las mujeres casadas con hombres como Nabal a veces desean, de manera inconsciente o incluso en secreto, que sus maridos desaparezcan de la faz de la tierra. Tal vez tú, en una situación similar, hayas tenido tales pensamientos, aunque nunca se lo contarías a nadie. O puede que haya momentos en los que desees tu propia muerte. Si es así es porque esos matrimonios, con el miedo que los acompaña, también provocan tanta desesperación y falta de esperanza que la muerte parece ofrecer la única solución.

Puedes consolarte al saber que, así como Dios acudió en ayuda de Abigail, también te ayudará a ti. La ayuda que te proporcione puede ser mucho menos visible o dramática que la que recibió Abigail, pero estará adaptada a tus circunstancias. Si necesitas desesperadamente la ayuda de Dios en tu matrimonio, la manera de encontrarla es vivir como Abigail. La encontrarás a través de una vida de obediencia diaria y piedad personal ante tu marido incrédulo.

Pablo da palabras de aliento a las mujeres que están casadas con incrédulos. El apóstol las instruye a permanecer casadas con sus esposos, y luego agrega, "Porque ¿qué sabes tú, oh mujer, si quizá harás salvo a tu marido? ¿O qué sabes tú, oh marido, si quizá harás salva a tu mujer?" (1 Co. 7:16). Pablo está diciendo que permanecer en tu matrimonio, y permitir así que tu marido sea testigo de tu conducta piadosa, puede ser el instrumento que Dios utilice para llevar a tu marido a la fe.

Camila, una anciana cristiana, ha estado casada con un incrédulo durante décadas. Ella y su esposo tienen cuatro hijos adultos, ninguno de los cuales es cristiano profesante. Camila ha dedicado toda su vida a mostrar el amor de Jesucristo en su hogar. Los desaires de su marido y su actitud arisca hacia su fe no han apagado su determinación. A lo largo de los años, la familia ha sufrido varias tragedias, como la muerte prematura de dos nietos: una a causa de una enfermedad breve y repentina, y otra en un accidente automovilístico.

Si necesitas desesperadamente la ayuda de Dios en tu matrimonio… la encontrarás a través de una vida de obediencia diaria y piedad personal ante tu marido incrédulo.

A pesar de todo, Camila y su marido han permanecido juntos todos estos años. Y poco a poco, cuando un dolor tras otro ha sacudido a la familia, en lugar de rechazar a Camila, su marido ha empezado a acercarse a ella. Hace poco, un domingo, le preguntó si podía acompañarla a la iglesia, y Camila hizo todo lo posible por no llorar mientras él la tomaba de la mano durante el servicio.

A veces, como en el caso de Camila, tenemos que esperar años para ver los resultados de nuestra obediencia. A veces no lo veremos, al menos no en esta vida. Sin embargo, si estamos dispuestas a practicar el tipo de paciencia y perseverancia que se requiere en tales circunstancias, experimentaremos el fruto de nuestra labor. Las mujeres que permanecen casadas con un esposo incrédulo están haciendo un sacrificio, no solo por su cónyuge incrédulo, sino, aún más importante, por Dios. Si estás casada con un incrédulo, has encontrado, en gran medida, el llamado de tu vida. Y si respondes a ese llamado, experimentarás la ayuda y la fortaleza de la mano de Dios de una manera que, de otro modo, sería imposible.

En el libro de Eclesiastés encontramos algunas palabras de aliento que nos dan esperanza: "¿Qué provecho tiene el que trabaja, de aquello en que se afana? Yo he visto el trabajo que Dios ha dado a los hijos de los hombres para que se ocupen en él. Todo lo hizo [Dios] hermoso en su tiempo; y ha puesto eternidad en el corazón de ellos, sin que alcance el hombre a entender la obra que ha hecho Dios desde el principio hasta el fin" (Ec. 3:9-11). Tanto si puedes ver que tu conducta piadosa está marcando alguna diferencia como si no, seguro que Dios está obrando en secreto por medio de tu sacrificio.

Algunas mujeres están casadas no solo con un incrédulo, sino también con uno que abusa físicamente de ellas o un alcohólico o un jugador de apuestas. Abigail vivía cada día en ese tipo de situación. Las mujeres de hoy tenemos más opciones; podemos mantenernos económicamente si es necesario. En situaciones en las que tu bienestar físico o el de tus hijos está en peligro, una separación es una sabia opción para considerar. O, si permanecer legalmente casada resultara físicamente peligroso, como podría ser el caso de una mujer casada con un adicto a los juegos de azar, el divorcio puede ser la única forma de proteger a tu familia. No obstante, incluso si ese último recurso es necesario, que rara vez lo es, con el fin de seguir mostrando una conducta piadosa no estás en libertad de volver a casarte con otra persona.

Esperanza para las que sufren

Tal vez tú, que eres cristiana, en este momento estás contemplando casarte con un hombre que no tiene una relación personal con Jesucristo. Espero que lo pienses dos veces. Si estás dudando porque ya está todo planeado para la boda, las invitaciones ya han sido enviadas y tu familia no lo entendería, cancelar todo ahora es todavía tu mejor opción. Puede que sea lo más doloroso que hayas hecho en tu vida, pero a la larga no será ni de lejos tan doloroso como una vida casada con alguien con quien la verdadera intimidad, tal y como Dios la concibió, es imposible. Nunca es demasiado tarde para cambiar de opinión antes de decir "sí, quiero".

Si abrigas las esperanzas de que cambiarás a tu hombre una vez casada, te desilusionarás más tarde; si no pregunta a casi cualquier persona que se haya casado con esa misma falsa esperanza. No obstante, hoy todavía tienes una oportunidad. Mientras no te hayas casado, por muy avanzada que esté la relación, eres libre. Una vez que has hecho tus votos, permanecer en ese matrimonio pasa a ser la voluntad de Dios para ti; estás unida a ese hombre de por vida.

Dios quiere que puedas mirar atrás al final de tu vida y determinar que sus caminos fueron caminos de paz y de bendición.

El apóstol Pablo escribió en la carta a los cristianos de Corinto algo importante sobre la unión con los no creyentes, que nos lleva a la reflexión: "No os unáis en yugo desigual con los incrédulos; porque ¿qué compañerismo tiene la justicia con la injusticia? ¿Y qué comunión la luz con las tinieblas? ¿Y qué concordia Cristo con Belial? ¿O qué parte el creyente con el incrédulo?" (2 Co. 6:14-15). Según Pablo, si te casas con un incrédulo, te estás casando con la injusticia, las tinieblas y la influencia satánica.

Si las palabras de Pablo se aplican a ti, si estás considerando casarte con un incrédulo, puedes decir que no ahora, aunque creas que no puedes hacerlo. Dios no está frente a ti como un juez severo. No te está diciendo: "Bueno, tú te metiste en este lío, así que tendrás que encontrar tu propia salida". Lejos de eso, Dios vendrá a socorrerte. Te dará el valor y toda la ayuda que necesites para obedecerlo.

Sabemos que esto es cierto porque Pablo respaldó su advertencia a los corintios con estas palabras que adaptó de los profetas Jeremías y Ezequiel:

> Habitaré y andaré entre ellos,
> Y seré su Dios,
> Y ellos serán mi pueblo.

Por lo cual,

> Salid de en medio de ellos, y apartaos, dice el Señor,
> Y no toquéis lo inmundo;
> Y yo os recibiré,
> Y seré para vosotros por Padre,
> Y vosotros me seréis hijos e hijas, dice el Señor Todopoderoso (2 Co. 6:16b-18).

Si le tomas la palabra a Dios y crees que lo que te tiene reservado es mejor que casarte con un incrédulo, Él te demostrará que es digno de tu confianza. Dios quiere que puedas mirar atrás al final de tu vida y determinar que sus caminos fueron caminos de paz y de bendición.

Para todas las mujeres (las casadas con un incrédulo y las que están contemplando llegar a esa situación) recuerden a Abigail. La vida con Nabal era una dificultad diaria, sobre todo porque no había nada de Dios que guiara sus pensamientos, sus acciones o su corazón. Su forma de vida era egocéntrica y basada en impulsos mundanos. Un sabio pastor señaló una vez que todos tenemos uno de dos padres espirituales, uno es Dios y el otro es Satanás. No querrás a Satanás como suegro. No hay terreno neutral. Ten esto en mente si estás considerando casarte con un incrédulo. Si ya estás casada, recuerda lo que Dios hizo a través de Abigail. Él usó su sufrimiento como una herramienta para embellecer su carácter y glorificarse a sí mismo y, al final, la hizo libre y le dio una vida mejor.

Si estás atada a tu propio Nabal, Dios puede y te hará bella a través de tu sufrimiento, bella para tu marido incrédulo y para los que te rodean. Quienes eligen vivir en obediencia frente a grandes sufrimientos llegan a conocer una paz, un gozo y una satisfacción que normalmente no vienen de otra manera. Y, al final, ya sea en esta vida o en la otra, Dios te hará libre.

GUÍA DE ESTUDIO

Capítulo 14: Abigail

Lee los siguientes pasajes para aprender lo que las Escrituras nos dicen sobre Abigail: 1 Samuel 25; 27:3; 30:3, 5, 18; 2 Samuel 2:2; 3:3; 1 Crónicas 3:1.

1. ¿Qué pistas nos da el siervo de la casa sobre la vida y el carácter de Abigail?

2. Describe toda la sabiduría que se puede encontrar en el plan de Abigail y la forma en que lo llevó a cabo.

3. ¿Por qué actuó con prudencia Abigail al ocultarle sus planes a Nabal?

4. Explica algunas de las circunstancias en la cultura actual que llevan a un matrimonio entre un creyente y un incrédulo.

CAPÍTULO 15

GOMER

Una auténtica rompecorazones

Un asunto para recordar

—¿Te enteraste de la novedad de los Juárez? —preguntó Amanda mientras servía el café de Margarita—. ¡Vuelven a estar juntos! ¿Lo puedes creer?

—¡Cómo puede volver con ella después de todo lo que le hizo! —exclamó Margarita.

—Pasaron tres años desde que ella se marchó y lo dejó solo con esos tres niños —añadió Amanda—, y tampoco es que fuera precisamente recatada con todos esos hombres.

—Yo diría que no —comentó Margarita—. Alardeaba de sus aventuras amorosas por toda la ciudad. No puedo creer lo insensible que ha sido todo este tiempo. Incluso cuando sus hijos le rogaban que volviera a casa, hizo oídos sordos.

—No solo eso —acotó Amanda—, hace un año escuché que se metió en un tipo de problema legal y acumuló un montón de deudas.

—Su marido es un santo —continuó Margarita—. Intervino para sacarla de ese lío. ¿Se lo agradeció? No. Siguió viviendo la gran vida.

—Personalmente, creo que su marido es un imbécil si se le ocurre volver con ella —dijo Amanda—. Ahora está aquí solo porque sus nuevos amigos desaparecieron cuando se le acabó el dinero. Está arruinada y no tiene adónde ir. Creo que está loco por permitir que entre a su casa.

—Bueno, él la ama. Siempre la ha amado, hiciera lo que hiciera —dijo Margarita—. Desde un principio, la gente siempre pensó que era un ingenuo al casarse con ella, pero eso es amor verdadero, supongo.

Las palabras de Amanda y Margarita se hacen eco de conversaciones que probablemente tuvieron lugar hace siglos en el reino del norte de Israel; conversaciones sobre Oseas y su mujer, Gomer. Y es que, por orden de Dios, Oseas se había casado con Gomer, una mujer que más tarde abandonó su hogar, avergonzó a Oseas en la comunidad y despreció su amor. Es una historia trágica y, al oírla, se nos rompe el corazón por Oseas. Nos preguntamos por qué Dios lo llevó a contraer un matrimonio así. Dios lo hizo porque Oseas era un profeta, uno de los mensajeros que Él había elegido y enviado para advertir a Israel sobre el juicio venidero. Oseas era el representante de Dios, y el matrimonio de Oseas debía servir como representación de la relación entre Dios y los israelitas en aquel tiempo. La profecía de Oseas es como un espectáculo, una representación dramática, pero un drama de la vida real. Al igual que Gomer hizo con Oseas, el pueblo de Dios había estado despreciando su amor con su infidelidad y abandono.

Algunos años después de casarse, Gomer abandonó a Oseas y lo dejó solo con tres hijos que criar. La emoción de los nuevos amantes era embriagadora para Gomer, y se entregó a hombres que vivían para divertirse y le prodigaban lujos de todo tipo. Abrumado por el dolor y la ira, sin saber qué más hacer, Oseas intentó recuperarla apelando a sus instintos maternales. Primero envió a sus hijos a reprender a su madre, pero fue en vano. Gomer estaba absorta en su nueva vida, una existencia materialista y orientada al placer. Tal es así que dijo: "Iré tras mis amantes, que me dan mi pan y mi agua, mi lana y mi lino, mi aceite y mi bebida (Os. 2:5).

Con el tiempo, la reputación de Gomer se fue empañando cada vez más en la comunidad. Ya no se la consideraba la esposa del profeta Oseas. Era una ramera, una mujer barata que se había acostado con hombres de toda la ciudad. Al principio había muchos hombres para tomar, hombres ricos que encontraban excitante a la salvaje Gomer. La invitaban a comer y la hacían beber; era una conquista que valía la pena cualquier esfuerzo. Sin embargo, con el paso del tiempo, su atractivo desapareció. Los encantos de una mujer libertina pronto se esfuman; Gomer ya estaba manoseada y usada. Al pasar de un hombre a otro, sus amantes llegaron a ser hombres de bajo rango en la escala socioeconómica de Israel. Ya no la colmaban de regalos, ni de buena comida, ni de vino de la mejor cosecha. Tuvo que conformarse con hombres que apenas podían ofrecerle ropa que ponerse y una comida en la mesa. Y como Gomer no ocultaba su vergonzosa vida, Oseas fue testigo de muchas de sus actividades ilícitas. Sin embargo, a pesar de su gran dolor y traición, no la perdió de vista y velaba por su bienestar personal. Al ver su decadencia y que carecía de lo básico, como comida y bebida, encontró una forma secreta de proporcionarle los recursos básicos con sus ingresos. Gomer no sabía lo que hacía su marido. Suponía que era su amante de entonces quien se lo daba, y es probable que el amante estuviera encantado de que así lo creyera.

Finalmente, cuando Gomer había caído en una espiral de pobreza y desesperación, su vida con Oseas comenzó a parecerle bien de nuevo. Entonces dijo: "Iré y me volveré a mi primer marido; porque mejor me iba entonces que ahora" (Os. 2:7). Sin embargo, Gomer no regresó y las cosas fueron de mal en peor. Finalmente, Gomer se encontró en la pobreza y sin hogar, por lo que la vendieron como esclava.

Fue entonces cuando el amor de Oseas volvió a ponerse a prueba, tal como lo relata: "Me dijo otra vez Jehová: Ve, ama a una mujer amada de su compañero, aunque adúltera... La compré entonces para mí por quince siclos de plata y un homer y medio de cebada. Y le dije: Tú serás mía durante muchos días; no fornicarás, ni tomarás otro varón; lo mismo haré yo contigo" (Os. 3:1-2).

Oseas se vio obligado a comprar a su mujer como esclava en una subasta. Qué día tan vergonzoso para aquella pareja. En aquel entonces, los esclavos se presentaban desnudos a los posibles compradores. Y aunque sucia por el pecado, la forma de Gomer era, con toda probabilidad, todavía bastante agradable. La puja por esta mujer desnuda y deshonrada puede haber sido ferozmente competitiva, pero Oseas siguió pujando hasta que superó a toda la competencia. Finalmente, por quince siclos de plata y un poco de cebada, se convirtió en el propietario legal de su esposa. Como propietario de esclavos, Oseas había obtenido el derecho de hacer lo que quisiera con Gomer, incluso matarla por haberlo avergonzado con su adulterio, pero no lo hizo. Perdonó a Gomer y la llevó otra vez a casa.

¿Habrías sido tú tan indulgente con tu cónyuge? Un perdón así nos parece imposible, y lo es, sin la ayuda de Dios. Nos estremecemos de horror ante la mera idea de semejante traición. Cuando oímos hablar de mujeres como la Sra. Juárez y Gomer, nos devanamos los sesos al tratar de entender cómo pudieron actuar de esa manera. Al vivir en la época actual, seguro que has experimentado o presenciado cómo se rompe un hogar, cómo se destroza una familia cuando uno de los cónyuges decide marcharse en busca de una nueva vida. La angustia causada por el egoísmo de ese cónyuge a menudo se extiende por generaciones.

Como Oseas con Gomer, Dios nunca deja de amarnos. Él anhela nuestro regreso y hará todo lo posible para que volvamos a casa.

Para la mayoría de nosotras, ese egoísmo parece incomprensible, pero la verdad es que todas somos capaces de pecar así. De hecho, cometemos adulterio espiritual cada vez que pecamos porque, como mujeres cristianas, estamos casadas con Dios, unidas a Él por el mismo tipo de pacto que acompaña al matrimonio. Puede que no hayas abandonado a tu familia, aunque tal vez lo hayas hecho. Sin embargo, no importa qué cosas pecaminosas hayas hecho y sigas haciendo, a los ojos de Dios son iguales a lo que Gomer le hizo a Oseas. Comprender esta verdad es el objetivo de la historia de Oseas. Es la razón por la que se dedican tres capítulos de las Escrituras a su matrimonio.

Amantes, mentirosos y los principales perdedores

De esta historia Dios quiere que entendamos que cuando su pueblo peca, comete adulterio contra Él. Cuando se ve obligado a contemplar cómo nos entregamos a otros dioses, nuestro pecado provoca sus celos y su dolor. No obstante, como Oseas con Gomer, Dios nunca deja de amarnos. Él anhela nuestro regreso y hará todo lo posible para que volvamos a casa.

Puede que estés pensando: "Yo no me entrego a otros dioses. Yo me entrego a Jesucristo", pero cuando entiendas lo que es la idolatría, verás que sí lo haces. Cuando nos encontramos con la adoración de ídolos en la Biblia, leemos sobre estatuas de madera y fundiciones de bronce con nombres como Moloc y Astarté, dioses del río y de la fertilidad. Eso es lo que solemos pensar cuando consideramos la idea de idolatría. Sin embargo, aunque esos antiguos ídolos han desaparecido del panorama, muchos otros nuevos han ocupado su lugar. Solo en nuestra cultura hay numerosos dioses. Está el dios del poder y el dios del materialismo. Mucha gente se inclina ante la diosa del sexo. Probablemente, el ídolo más poderoso que se adora en nuestra cultura es el dios del yo. Nosotras, como mujeres cristianas, no estamos exentas de la tentación de adorar a tales ídolos. E incluso aunque no cometamos adulterio con estos dioses, coqueteamos con ellos de vez en cuando.

Nuestra vida pasajera en esta tierra no es nada comparada con nuestra vida en la eternidad, y Dios hará todo lo necesario para preservarnos para ella.

La mayoría de las mujeres que engañan a sus maridos no se levantan un día y deciden: "Creo que hoy saldré y buscaré a un nuevo hombre con quien divertirme". Más bien, el adulterio ocurre porque una esposa ha permitido que un montón de pequeñas cosas permanezcan sin control, cosas como almuerzos frecuentes con un hombre que no es su marido, viajes de negocios con un compañero de trabajo, un coqueteo aparentemente inofensivo en el gimnasio. Al poco tiempo, se ve envuelta en una aventura amorosa. Cometer adulterio contra Dios sucede de la misma manera. Cedemos en pequeñas cosas, un poco aquí y un poco allá y, antes que nos demos cuenta, caímos en la trampa.

Cuesta abajo hasta el final

¿Sabes lo que nuestro pecado hace al corazón de Dios? Lo sabemos al ver el corazón roto de Oseas. Con la historia de Gomer, Dios quiere que veamos las cosas terribles que suceden cuando cometemos adulterio contra Él y que aprendamos sobre la pendiente resbaladiza en la que nos coloca nuestro pecado. A veces, el pecado nos lleva en línea recta cuesta abajo; otras veces descendemos en espiral, pero vayamos como vayamos, el destino es siempre la destrucción. Dios lo ha ordenado; es una ley natural que ha puesto en vigor con toda la humanidad, cristiana o no. Pablo escribió a los gálatas: "No os engañéis; Dios no puede ser burlado: pues todo lo que el hombre sembrare, eso también segará" (Gá. 6:7).

Para los creyentes, sin embargo, la intención de Dios al permitirnos caer en una espiral no es provocar nuestra destrucción final. Es más bien un acto de su misericordia. El hecho de que el pecado nos lleve a la infelicidad es un acto de misericordia, porque cuando nos sintamos lo suficientemente infelices volveremos a Él. De hecho, el arrepentimiento por haberte alejado de los caminos de Dios está garantizado para los creyentes, porque los que son verdaderamente salvos no pueden perder nunca su salvación. Por amor a Cristo, Dios no permitirá que nos alejemos de Él hasta ese punto. Nuestra vida pasajera en esta tierra no es nada comparada con nuestra vida en la eternidad, y Dios hará todo lo necesario para preservarnos para ella.

Piensa en cada vez que has caído en pecado. ¿Lo recuerdas como un momento feliz? ¿O tu recuerdo es de infelicidad y vergüenza? El apóstol Pablo escribió: "¿Pero qué fruto teníais de aquellas cosas de las cuales ahora os avergonzáis? Porque el fin de ellas es muerte" (Ro. 6:21). El camino cuesta abajo en el que nos lleva nuestro pecado es siempre similar al de Gomer.[1] Al principio, las cosas le iban bastante

---

1. Para muchas de mis ideas sobre la cuesta abajo del pecado, estoy en deuda con la enseñanza sobre Oseas de James Montgomery Boice, *The Minor Prophets, Two Volumes in One* (Grand Rapids, Mich.: Kregel, 1996).

bien. Sus amantes la trataban bien; tenía abundancia de comida, vino, ropa, joyas y afecto. Durante una temporada, el camino pecaminoso de Gomer parecía bien pavimentado de placer. Oseas y sus profecías sombrías, una vida centrada en la justicia, parecían aburridas y monótonas. "Estoy tan contenta de estar lejos de él —habría pensado Gomer—. Todos estos amantes, ¡tan atractivos! Esto sí que es vivir de verdad". Ese es el engaño del pecado. Al principio, el ídolo en el que ponemos nuestro corazón se ve muy bien. A medida que nos enfocamos en él, el camino del discipulado comienza a parecer poco atractivo. De lo contrario, ¡no nos tentaría!

Sin embargo, al poco tiempo, la verdad subyacente comienza a emerger. Gomer experimentó esto cuando sus amantes ricos la dejaron por una nueva mujer. La Sra. Juárez descubrió que sus compañeros de placer solo la estaban utilizando. Tal vez estás viviendo en una situación que sabes que no es la voluntad de Dios para ti. Puede ser una relación que sabes que está mal o un hábito pecaminoso. Si ese es el caso, sea lo que sea, ¿estás empezando a ver la fealdad subyacente? ¿Estás vislumbrando la desdicha que te espera si continúas por ese camino? Cuando dejamos que la obediencia se deslice, pequeñas cosas empiezan a ir mal, cosas que surgen directamente del pecado. Ese es el codazo de Dios. El Espíritu Santo nos está advirtiendo, enviando pequeñas señales de alarma para decirnos que nos hemos desviado del camino de la justicia y que estamos expuestas a la disciplina de Dios.

Por ello, si no hacemos caso de esas pequeñas advertencias, empiezan a ocurrir cosas peores. Los abundantes recursos de Gomer empezaron a agotarse y se encontró luchando por cubrir sus necesidades básicas. En nuestro caso, a menudo sentimos que Dios se ha ido y nos ha retirado su provisión y su favor. Comienzan a surgir problemas mayores y, en el fondo de nuestro corazón, sabemos por qué. El pastor James Montgomery Boice, en su comentario sobre Oseas, explica bien este proceso. Escribió: "Dios es fiel, pero una expresión de su fidelidad es que cuando huimos de Él las cosas no van bien. Dios garantiza que no irán bien. Nos echará en cara nuestros sueños. Puedes pensar que te sentirás realizado al apoderarte del mundo y sus placeres, pero Dios hará que se conviertan en polvo en tu boca, aunque los devores con avidez".[2]

No solo nos sentimos lejos de Dios, sino que cuando persistimos en alejarnos de los caminos de Dios también tendemos a aislarnos de otros creyentes. Decimos que estamos demasiado ocupadas o damos alguna otra excusa, pero la verdad es que estamos avergonzadas, y estar cerca de otros cristianos cuando estamos viviendo en pecado nos pone cara a cara con nuestra conciencia. Si todavía no estamos dispuestas a tratar con nuestro adulterio espiritual, no queremos acercarnos demasiado a nada ni a nadie que pueda condenarnos.

No nos engañemos

Sin darnos cuenta, tarde o temprano, descubrimos que aquello que hemos estado disfrutando lejos de Dios ya no es opcional. Nos ha esclavizado. ¿Lo has experimentado? Si es así, probablemente no te diste cuenta de que te habías convertido en esclava hasta que intentaste salir de la situación o abandonar el pecado. Los fumadores a menudo no se dan cuenta de que son adictos a la nicotina hasta que tratan de dejar de fumar. Los que están en relaciones pecaminosas piensan: "Tengo que terminar con esto", pero cuando tratan de terminarlo, el corazón roto a menudo los empuja a volver. Al hablar a los israelitas a través de Oseas, Dios dijo:

> Habéis arado impiedad, y segasteis iniquidad; comeréis fruto de mentira, porque confiaste en tu camino y en la multitud de tus valientes (Os. 10:13).

En pocas palabras, cometer adulterio contra Dios ocurre cada vez que entregamos nuestro corazón o nuestra vida a alguien o a algo que no es Él o incluso a la par de Él. Podemos tener problemas no solo con las personas, sino también con cosas como la comida, el alcohol, nuestro trabajo y nuestro cuerpo. Aquellas de nosotras que dependemos de la comida chatarra para superar la depresión,

2. Ibíd., 17.

el aburrimiento o la ansiedad hemos creado un ídolo de la comida. Aquellas que no pueden enfrentar una situación social sin una bebida alcohólica están engañando a Dios con el alcohol. Nuestra profesión puede convertirse en un ídolo cuando dependemos de ella para nuestra identidad personal. Hacemos de nuestro cuerpo un amante ilícito cuando pasamos una cantidad desmesurada de tiempo centradas en nuestra apariencia. Incluso algo bueno como la salud puede ser idolátrico si nuestra preocupación por estar sanas desvía nuestra atención de Dios y su reino. Él quiere que confiemos únicamente en Él para salir adelante. Cuando no lo hacemos, es señal de que no creemos que Dios sea suficiente para satisfacer nuestras necesidades.

¿Cómo te sentirías si descubrieras que tu marido te engaña y su explicación fuera: "Cariño, no pude evitarlo. ¿Qué esperabas que hiciera? Hoy día no eres suficiente para mí. Quiero más de lo que puedes darme. Quiero que te quedes y me seas fiel, pero dadas tus insuficiencias, no puedes esperar que te ofrezca fidelidad a cambio". Aunque suene duro, eso es lo que comunicamos a Dios con nuestro pecado.

Cualquier cosa o persona que cautive nuestro corazón y controle nuestra voluntad es un ídolo, y la idolatría es adulterio espiritual.

Cualquier cosa o persona que cautive nuestro corazón y controle nuestra voluntad es un ídolo, y la idolatría es adulterio espiritual. La Biblia habla mucho al respecto. Pablo escribió: "¿No sabéis que si os sometéis a alguien como esclavos para obedecerle, sois esclavos de aquel a quien obedecéis, sea del pecado para muerte, o sea de la obediencia para justicia?" (Ro. 6:16). De una fuente que no recuerdo, leí una vez una verdad contundente que me quedó grabada: "Nos conformamos a aquello que atrae nuestro interés y nuestro amor".

Eso es lo que ocurre cuando nos despertamos un día y descubrimos que estamos esclavizadas a nuestro ídolo. Descubrimos que nos ha engañado. Somos nosotras las que hemos sido utilizadas. Gomer tuvo que enfrentarse a ese hecho, si no antes, el día que estuvo desnuda en la subasta. La fumadora con cáncer de pulmón, la mujer promiscua con una enfermedad de transmisión sexual, el padre que se fue de la casa y no pudo ver a sus hijos más tarde en la vida, todos han descubierto que eso es cierto.

La verdadera letra escarlata

No obstante, en este punto, cuando nos damos cuenta realmente de lo que nuestro adulterio ha hecho a Dios, a los demás y a nosotras mismas, Dios viene con misericordia para restaurar nuestra relación con Él. Gomer había sido quebrantada en su pecado. Había probado las amargas consecuencias, así que cuando Oseas fue a buscarla para llevarla a casa, ella pudo volver con él. Dios nunca se para frente a nosotras y nos dice: "Bien. Me alegro de que estés en desgracia. Te mereces lo que te pasa. No esperes ninguna ayuda de mí". Dios no actúa así, como tampoco Oseas actuó así con Gomer. Dios nos ama y anhela tenernos a su lado. La razón por la que permite que suframos cuando pecamos es para que queramos volver a nuestro verdadero Esposo. Con respecto al descarriado Israel, Dios dijo a través de Oseas:

> Yo sanaré su rebelión, los amaré de pura gracia; porque mi ira se apartó de ellos (Os. 14:4).

El amor de Dios no solo es para Israel, sino que también está presente con la misma fuerza para ti y para mí. ¿Has reincidido en los malos caminos? Si es así, escucha a Dios; oye su corazón herido. Tal vez incluso ahora eres consciente de que está disgustado por lo que haces. Las cosas en tu vida van mal. Si es así, es Dios que está actuando con misericordia para hacerte volver a Él antes que sucedan cosas peores.

Algo importante para recordar es que el hecho de que Dios nos ame intensamente no significa que sea un pusilánime. Dios sabe que el verdadero amor a veces requiere dar un paso atrás y permitir que la persona descarriada sufra una gran calamidad, si así se beneficia como resultado. Por esta razón, Dios no detendrá las consecuencias del pecado si persistimos en seguir nuestro propio camino. Y porque Él es santo y justo, en definitiva, no permitirá que nada malo prospere. Si estás viviendo de alguna manera que sabes que es penosa para Dios, presta atención a la advertencia inherente a las pequeñas adversidades que ves suceder en tu vida. Hacerlo te prevendrá de otras peores. Podemos evitar dolores innecesarios cuando nos arrepentimos y volvemos a nuestro primer amor.

Si al despertar te encuentras en una subasta, esclavizada e incapaz de liberarte, entonces vuelve tu corazón y tu mente a Dios. Él ya ha pujado por ti y ha ofrecido el precio más alto. Oseas pagó por Gomer con siclos de plata y cebada, pero Dios pagó con la vida de su hijo Jesucristo. Con su sangre te ha comprado y ha pagado todas tus deudas. Dios nunca se divorciará de los que son suyos en Cristo Jesús. Por lo tanto, eres libre de salir de la subasta, vestirte con la justicia de Cristo y volver a casa con Dios en este día.

GUÍA DE ESTUDIO

Capítulo 15: Gomer

Lee el siguiente pasaje para aprender lo que las Escrituras nos dicen sobre Gomer: Oseas 1–3.

1. No podemos considerar el mandato de Dios a Oseas (1:2) como una justificación bíblica para contraer un matrimonio no bíblico. Dios tenía en mente un propósito particular cuando mandó a Oseas que hiciera eso. ¿Cuál era ese propósito?

2. Gomer huyó de su casa y se negó a regresar a pesar de las súplicas de su familia. ¿Qué adoraba en ese momento, es decir, a qué dioses o ídolos servía? Véase especialmente Oseas 2:5, 12-13.

3. ¿Cuál fue el resultado final de las pretensiones de Gomer? ¿Consiguió lo que buscaba? ¿Qué aprendemos de la historia de Gomer sobre el curso final del pecado?

4. Describe las formas en que nuestros pecados son actos de adulterio espiritual contra Dios.

5. ¿Qué estaba tratando de revelar Dios acerca de sí mismo a través del matrimonio de Gomer y Oseas?

CAPÍTULO 16

MARÍA, LA MADRE DE JESÚS

De ordinaria a extraordinaria

Mujeres comunes y corrientes

"No es posible que Dios me pida que haga eso —pensó María—. Tiene que haber algún error. No soy nadie". La incredulidad, el pánico y el asombro se entremezclaron en María cuando el ángel Gabriel llegó a comunicarle el llamamiento de Dios. ¿Por qué había sido elegida María, una mujer humilde y común y corriente, para un ministerio tan importante?

Cuando Dios hace un importante llamamiento a mujeres comunes y corrientes como María y como nosotras, esta suele ser nuestra primera reacción. Aun así, nos llama para que lo glorifiquemos de una manera inigualable. Puede que Dios te llame a diferentes tareas y ministerios en diferentes momentos de tu vida o tal vez te aparte para cumplir una misión que te llevará toda la vida. ¿Has escuchado el llamamiento de Dios a tu vida? Si eres cristiana, puedes estar segura de que tienes uno. A veces, como María, lo descubrimos de repente. Con mucha frecuencia, nos lleva un tiempo reconocer el llamamiento de Dios en nuestra mente y nuestro corazón. Lo importante no es tanto cómo lo descubrimos, sino cómo respondemos una vez que lo entendemos. Algunas avanzamos con impaciencia. Otras se demoran porque no están seguras de querer ir hacia donde Dios las está guiando.

Y luego hay numerosas mujeres que dudan por temor a ser incapaces para la tarea.

Todas admiramos a las mujeres que hacen grandes cosas para

Dios y, a menudo, las envidiamos. Parece que Dios las ha provisto de dones y talentos para hacer cosas que nosotras nunca podríamos hacer. Vemos a estas mujeres enseñar la Biblia ante grandes multitudes. Escuchamos a otras en su función de presentadoras de programas de radio. Otras se atreven a dejar una vida cómoda para servir como misioneras en lugares primitivos y aislados. Nos asombra su valentía, sabiduría y piedad, y nos preguntamos cómo han podido llegar a ser tan supergigantes espirituales.

En realidad, mujeres así no son gigantes espirituales. Son mujeres comunes y corrientes, como tú y yo. La razón por la que son capaces de hacer grandes cosas para Dios es que se han vuelto cada vez más centradas en Cristo en lugar de estar centradas en sí mismas, algo que, con el tiempo, sucede a cada mujer que recibe la salvación. Dada esta verdad, hay dos requisitos necesarios para hacer grandes cosas para Dios.

El primer requisito es pura responsabilidad de Dios, una obra que hace por ti, y es tu salvación mediante la obra expiatoria de Jesucristo. La salvación es una dádiva de Dios, no algo que elegimos por nosotras mismas. Las palabras del apóstol Pablo nos enseñan que la salvación por medio de Cristo es un prerrequisito para hacer la obra de Dios: "Porque por gracia sois salvos por medio de la fe; y esto no de vosotros, pues es don de Dios; no por obras, para que nadie se gloríe. Porque somos hechura suya, creados en Cristo Jesús para buenas obras, las cuales Dios preparó de antemano para que anduviésemos en ellas" (Ef. 2:8-10).

El segundo requisito necesario para hacer grandes cosas para Dios es estar dispuestas a servirlo en cualquier tarea en la que Él nos llame a servir. ¿Estás dispuesta a ir adonde Dios te pida? A veces tardamos en descubrir su llamamiento porque estamos empeñadas en servirlo en lo que nosotras queremos. Nos cerramos a vías de servicio que parecen poco atractivas, y tratamos de convencernos a nosotras mismas y a los demás de que no tenemos talento para hacer tales tareas. Las mujeres que hacen grandes cosas para Dios son las que están dispuestas a arriesgarse, incluso cuando eso signifique renunciar a sus sueños y esperanzas personales.

¿Por qué yo?

Cuando María, que llegó a ser la madre de Jesús, recibió el llamamiento de Dios, enfrentó estos mismos retos. María recibió el llamamiento cuando era una mujer joven, probablemente una adolescente. En aquel momento estaba comprometida con un hombre llamado José. Los planes de boda no serían lujosos, ya que su familia judía era humilde, pero como la mayoría de las futuras novias, seguramente se sentía cautivada por la emoción de su inminente matrimonio. Esta joven común y corriente, con su profunda lealtad a Dios y a su prometido, tenía ante sí un futuro brillante.

Las mujeres que hacen grandes cosas para Dios son las que están dispuestas a arriesgarse, incluso cuando eso signifique renunciar a sus sueños y esperanzas personales.

Fue entonces cuando el ángel Gabriel se presentó ante María para comunicarle el llamamiento de Dios: "¡Salve, muy favorecida! El Señor es contigo; bendita tú entre las mujeres" (Lc. 1:28). Cuando María escuchó por primera vez sus palabras, se sintió turbada, asustada y confundida. ¿Qué le estaba diciendo el ángel? ¿Hacia dónde la guiaba Dios? ¿Su futuro feliz y bien planeado estaba tomando de repente un rumbo diferente? Sus emociones en aquel momento son comprensibles. El ángel Gabriel le dijo: "María, no temas, porque has hallado gracia delante de Dios. Y ahora, concebirás en tu vientre, y darás a luz un hijo, y llamarás su nombre JESÚS. Este será grande, y será llamado Hijo del Altísimo; y el Señor Dios le dará el trono de David su padre; y reinará sobre la casa de Jacob para siempre, y su reino no tendrá fin" (Lc. 1:30-33).

¿Qué joven, al oír semejante anuncio, no se quedaría absolutamente asombrada y perpleja? Por ello hizo a Gabriel una pregunta lógica: "¿Cómo será esto? pues no conozco varón" (Lc. 1:34). El ángel le explicó que concebiría a este niño por medio del Espíritu Santo; es decir, el embarazo no se produciría en un contexto sexual. María no pidió tiempo para pensarlo. Más bien, respondió a Gabriel con un compromiso de todo corazón: "He aquí la sierva del Señor; hágase conmigo conforme a tu palabra" (Lc. 1:38). De la respuesta de María se deduce que ya había entregado su vida al servicio de Dios.

Una mujer de poca fe se habría resistido mucho más que María, dados los obstáculos a los que estaba a punto de enfrentarse. ¿Le creería su prometido, José? ¿O pensaría que estaba inventando una historia descabellada para explicar su repentino embarazo, una historia que cualquier hombre racional pondría en duda? En aquella época, los compromisos eran casi tan vinculantes como el matrimonio y, por tanto, las leyes del adulterio eran igualmente aplicables. La costumbre socialmente aceptable, si se descubría que una mujer había sido infiel durante el compromiso, era que el hombre lo rompiera. Por tanto, María sabía que aceptar el llamamiento de Dios implicaba un gran riesgo.

No solo José podía no creerle, sino también sus amigos y familiares. Podría ser expulsada de la sinagoga, avergonzada y deshonrada. ¿Quién se casaría con ella después de algo así? Sería una mujer marcada para el resto de su vida, una vida que antes parecía muy prometedora. No obstante, Dios ocupaba el primer lugar en el corazón de María, y ella confió que Él cuidaría de ella, cosa que hizo.

Y, en efecto, José no quiso continuar con el noviazgo cuando se enteró de que María estaba embarazada; pero aquí descubrimos cómo Dios intervino para que su plan se cumpliera. Entonces "pensando él en esto, he aquí un ángel del Señor le apareció en sueños y le dijo: José, hijo de David, no temas recibir a María tu mujer, porque lo que en ella es engendrado, del Espíritu Santo es... Y despertando José del sueño, hizo como el ángel del Señor le había mandado, y recibió a su mujer. Pero no la conoció hasta que dio a luz a su hijo primogénito; y le puso por nombre JESÚS" (Mt. 1:20, 24-25).

Un llamamiento a la alegría

Cuando María respondió con fe al llamamiento de Dios, se encontró con la mayor bendición para todas las que hacen lo mismo. Se llenó de tanto gozo que apenas podía contenerlo. Esa alegría la experimentan todos los que se dan cuenta de que han sido elegidos por Dios para una obra inigualable que lo glorificará de una manera que nadie más podrá. Con ese descubrimiento viene un impresionante sentido de humildad que pregunta: "Dios, ¿por qué yo? ¿Quién soy yo para que me hagas semejante llamamiento?". Aun cuando el llamamiento implique mucho dolor, hay una sensación de asombro de que Dios nos elija para una tarea que lo glorificará. Esa alegría, por tanto, brota de la humildad, la gratitud, el asombro y el conocimiento de que estamos escondidas en los brazos de su amor protector mientras avanzamos en la misión que nos ha encomendado.

Esa alegría, por tanto, brota de la humildad, la gratitud, el asombro y el conocimiento de que estamos escondidas en los brazos de su amor protector mientras avanzamos en la misión que nos ha encomendado.

Esta bendición de la alegría suele llegar poco después de tomar la decisión de responder al llamamiento que Dios nos ha hecho y de haber iniciado nuestra misión. No está reservada para después de haberla cumplido. Creo que Dios nos trae esa alegría pronto por muchas razones, sobre todo para confirmarnos que vamos por el buen camino. Dios también nos da alegría para que sepamos que se deleita en nuestro deseo de servirlo. Además, el gozo espiritual nos mantiene centradas en Él. En algún momento del camino del servicio enfrentaremos problemas y experimentaremos perplejidades de un tipo u otro; cuando eso ocurra, el recuerdo de esos períodos de gran alegría nos sostendrá.

Otra cosa que aprendemos de María sobre la alegría que acompaña al servicio de Dios es que es necesaria una actitud de humildad para experimentarla. Encontramos esta actitud en el canto de alabanza de María, que está registrado en Lucas 1:46-55.[1] En él, María enumera todas las razones por las que se regocija en el Señor. Se alegra de que Él haya hecho grandes cosas por ella y que le haya mostrado sus proezas. María era no solo una joven de una familia judía pobre, la virgen elegida para dar a luz al tan esperado Salvador de su pueblo, sino que además Dios había obrado para que José aceptara la situación y se casara con ella como estaba previsto. Y descubrió lo que todas descubrimos cuando nos arriesgamos a perder algo por Dios, a saber, que Él se hará cargo de todo lo que nuestra obediencia pueda costarnos. Si perdemos algo, Él se encargará de que ganemos otra cosa aún mejor. María exclamó: "Engrandece mi alma al Señor; y mi espíritu se regocija en Dios mi Salvador. Porque ha mirado la bajeza de su sierva; pues he aquí, desde ahora me dirán bienaventurada todas las generaciones" (Lc. 1:46-48).

Se puede percibir el sentimiento de asombro y admiración que tuvo María al ser elegida para servir a Dios, acompañado de una profunda humildad. Esta humildad reforzó el compromiso de María, su celo y su amor, y le permitió servir a Dios como Él le había pedido. Dios sabía que estas cualidades (humildad, gratitud, alegría y compromiso) eran requisitos importantes para el llamamiento de María, porque convertirse en la madre del Jesús humano no solo resultó ser una gran responsabilidad, sino que también le iba a traer mucho dolor.

No hay caminos de rosas

María intuyó este dolor poco después del nacimiento de Jesús. Ella y José acudieron al templo para presentar al niño a Dios y circuncidarlo, costumbre que observan los judíos devotos ocho días después del nacimiento. Un hombre llamado Simeón presidió la circuncisión,

1. Los teólogos se refieren al cántico de alabanza de María como el Magníficat, por su palabra inicial en la versión en latín.

y después dijo a María: "He aquí, este está puesto para caída y para levantamiento de muchos en Israel, y para señal que será contradicha (y una espada traspasará tu misma alma), para que sean revelados los pensamientos de muchos corazones" (Lc. 2:34-35).

Si conoces la historia de la vida de Jesús, sabrás que las palabras de Simeón se hicieron realidad. El llamamiento inigualable de María duró los treinta y tres años que fue madre de Jesús, desde su nacimiento sobre el duro suelo de un establo hasta su muerte en la cruz, una muerte tortuosa de la que ella fue testigo. Las que son madres saben que la sola idea de ver morir a un hijo es insoportable, pero Dios preparó a María para soportarlo, y lo hizo.

Si perdemos algo, Él se encargará de que ganemos otra cosa aún mejor.

María también tuvo que enfrentar los aspectos más típicos de la crianza de los hijos. Lucas relata un incidente de la infancia de Jesús. Cuando tenía doce años, Jesús y sus padres fueron a Jerusalén para la fiesta de la Pascua. Un día después, María y José descubrieron que Jesús había desaparecido. En aquella época, la gente viajaba en grandes caravanas y era costumbre que los hombres viajaran juntos detrás de las mujeres y los niños. De modo que es probable que cada uno de los padres creyera que Jesús estaba al cuidado del otro o que creyeran que estaba con sus amigos u otros parientes en algún lugar de la caravana. Sea cual fuere la causa de la confusión, María y José se preocuparon mucho cuando descubrieron que Jesús había desaparecido.

Después de tres frenéticos días de búsqueda, lo encontraron en Jerusalén. Su hijo estaba en el templo absorto en una conversación con un grupo de eruditos. Si eres una madre que ha encontrado a su hijo a salvo y sin tomar consciencia de tu temor de que hubiera sucedido una tragedia, sabes que ese temor suele dar paso a un enfado extremo. Eso es lo que sintió María, por eso le dijo: "Hijo, ¿por qué nos has hecho así? He aquí, tu padre y yo te hemos buscado con angustia" (Lc. 2:48). En vez de agachar la cabeza en arrepentimiento, Jesús respondió: "¿Por qué me buscabais? ¿No sabíais que en los negocios de mi Padre me es necesario estar?" (Lc. 2:49).

Jesús no estaba siendo irrespetuoso; le estaba recordando a María que su divinidad, su unión con Dios y el propósito por el que había venido a la tierra debían prevalecer sobre cualquier otra consideración. Por tanto, María no debía esperar recibir de él la deferencia normal de un hijo hacia su madre si ello interfería con su propósito superior. Su respuesta lo deja claro. Sin embargo, puesto que Jesús era intachable en todos los sentidos, como un hijo obediente, se levantó y se fue a casa con sus padres.

Es muy probable que otra dificultad constante para María fuera su conocimiento de que era divino en su humanidad. Nadie más que María conocerá jamás los dilemas de criar a un hijo así. No podemos imaginar cómo educaríamos a un hijo que fuera Dios, pero Dios le dio todo lo que necesitaba para cumplir una responsabilidad tan impresionante a medida que surgía una nueva necesidad. Perplejidades como las que tuvo que enfrentar María son el tipo de preocupaciones que anticipamos sobre nuestro llamamiento y que nos hacen decir: "Dios, no puedo hacerlo. Por favor, elige a otra persona para esta tarea en particular". Se necesita fe para avanzar hacia todas las incógnitas. Dios rara vez nos revela de antemano cómo suplirá exactamente lo que necesitemos; más bien, nos lo muestra a medida que surge la necesidad, para que dependamos de Él en cada paso del camino.

María también enfrentó la tentación de abusar de su llamamiento especial, tentación que Jesús aprovechó, en una ocasión, para realizar su primer milagro. Jesús, sus discípulos y María habían asistido a una boda en Caná, y durante la fiesta se acabó el vino. María sabía que Jesús podía hacer algo al respecto, así que le habló del problema. Aunque Jesús hizo lo que María le pidió, dejó claro que, aunque ella era su madre, no tenía ningún derecho especial sobre su divinidad. Entonces le dijo, con suavidad, pero con firmeza: "¿Qué tienes conmigo, mujer? Aún no ha venido mi hora" (Jn. 2:4). ¡Qué humillación para una madre que su propio hijo la reprenda!

Los tres últimos años de la vida terrena de Jesús fueron sin duda los más difíciles en el especial llamamiento de María. Fueron los años del ministerio público de Jesús, los años en que se hizo famoso por sus milagros y sus enseñanzas. También se hizo cada vez menos popular a medida que difundía la verdad del reino de Dios por toda la nación. Finalmente, las autoridades gobernantes trataron de detenerlo con cualquier táctica que hiciera falta. Aunque la Biblia no lo menciona, no cabe duda de que, como madre de este supuesto alborotador, María no estuvo exenta de persecución. Es probable que sus amigas de toda la vida la despreciaran porque estaban avergonzadas o asustadas. Tal vez incluso la amenazaron con encarcelarla. Además, no se menciona a su marido después del incidente en que encontraron a Jesús en el templo cuando tenía doce años; se supone que murió antes que Jesús llegara a la edad adulta. De ser así, María fue testigo de la creciente hostilidad contra su hijo sin el consuelo de José. Sin embargo, permaneció fiel a lo que Dios la había llamado a hacer, incluso cuando el camino se volvió peligroso.

Dios nunca promete librarnos de los problemas cuando nos llama a hacer algo. Lo que sí promete es estar con nosotras cuando los atravesemos. A veces, el sufrimiento es parte del llamamiento, no solo un subproducto de este. Es el caso de quienes son llamados a soportar una larga enfermedad u otra dolencia física. Joni Earickson Tada, autora y presentadora de radio cristiana, es un ejemplo. Cuando aún era joven, Joni quedó paralizada del cuello para abajo en un accidente de buceo. De su parálisis ha surgido un ministerio de proporciones internacionales, un ministerio que muy probablemente no se habría desarrollado de no ser por el accidente. Desde muy joven, Joni recibió el llamado a servir a Dios a través del sufrimiento físico. A lo largo del camino ha conocido la providencia divina para cada una de sus necesidades y, obviamente, también una gran realización personal.

El período más angustioso del llamamiento de María como madre de Jesús llegó al final de la vida de su hijo. Sabiendo que era inocente de los delitos que se le imputaban, presenció gran parte de sus juicios, su tortura y su cruel ejecución, imágenes que marcarían su memoria de por vida. Ninguna otra madre en toda la historia ha vivido una experiencia semejante, pero esto también estaba ligado al llamamiento de Dios, y Dios estuvo con ella en su hora más oscura. Mientras contemplaba, impotente y con el corazón destrozado, cómo su hijo colgaba desgarrado y sangrante de la cruz, cómo la multitud se burlaba de Él, de sus seguidores y, probablemente, de ella, Dios la consoló en su agonía. La providencia divina vino a través de Jesús durante sus últimos momentos.

Dios nunca promete librarnos de los problemas cuando nos llama a hacer algo. Lo que sí promete es estar con nosotras cuando los atravesemos.

Está escrito: "Estaban junto a la cruz de Jesús su madre, y la hermana de su madre, María mujer de Cleofas, y María Magdalena. Cuando vio Jesús a su madre, y al discípulo a quien él amaba, que estaba presente, dijo a su madre: Mujer, he ahí tu hijo. Después dijo al discípulo: He ahí tu madre. Y desde aquella hora el discípulo la recibió en su casa" (Jn. 19:25-27). Jesús unió a su desconsolada madre con uno de sus amigos más íntimos para consuelo de ambos. Juan recibiría consuelo de María, y ella a su vez tendría un hijo adoptivo para mitigar su dolor.

Un costo que vale la pena pagar

Aunque María sufrió en el cumplimiento de su llamado, conoció más la alegría que la tristeza. No solo se sintió invadida por un gozo sobrecogedor y sobrenatural al comenzar su misión, sino que también experimentó el privilegio de vivir cada día en presencia de

Jesucristo. Y, finalmente, las palabras que María entonó en su canto de alabanza se han hecho realidad: "Porque ha mirado la bajeza de su sierva; pues he aquí, desde ahora me dirán bienaventurada todas las generaciones" (Lc. 1:48). Era una mujer común y corriente como tú y como yo, pero su compromiso con su llamamiento le trajo bendiciones de valor eterno.

María nos enseña que, si seguimos a Dios adondequiera que Él nos guíe, aunque ello requiera sacrificios personales, nunca miraremos atrás con arrepentimiento. Las mujeres como María, que hacen grandes cosas para Dios, que encuentran y viven su llamamiento personal (o llamamientos) al máximo, a menudo tienen que renunciar a su propio camino. No obstante, siempre hay un descubrimiento emocionante preparado para quienes siguen adelante voluntariamente, y es el descubrimiento de bendiciones más allá de sus mayores expectativas, bendiciones inesperadas tanto espirituales como temporales. Jesús dijo: "De cierto os digo que no hay ninguno que haya dejado casa, o hermanos, o hermanas, o padre, o madre, o mujer, o hijos, o tierras, por causa de mí y del evangelio, que no reciba cien veces más ahora en este tiempo; casas, hermanos, hermanas, madres, hijos, y tierras, con persecuciones; y en el siglo venidero la vida eterna" (Mr. 10:29-30).

Por lo general, Dios quiere utilizarnos para su gloria en las circunstancias comunes y cotidianas.

Tal vez sientas que Dios te está llamando a un camino que te alejará de las metas que te habías propuesto. Si es así, recuerda cómo Dios cuidó de María cuando le hizo el llamamiento en medio de sus planes de boda. Con esto en mente, acepta el reto de seguir adelante esperando todo lo que Dios hará en tu vida y a través de ella. Si das un paso adelante con fe y asumes esos riesgos, seguramente harás grandes cosas para Dios.

Sin embargo, es importante tener en cuenta que la mayoría de nosotras no estamos llamadas a la grandeza, aunque estemos llamadas a hacer grandes cosas. Por lo general, Dios quiere utilizarnos para su gloria en las circunstancias comunes y cotidianas. Aunque menos visible, esa labor no glorifica menos a Dios. De hecho, a menudo es más glorificado por quienes son fieles en las pequeñas cosas del día a día. Así que si estás llamada a servir a Dios a través de una carrera en contabilidad, entonces es así como más puedes honrarlo y encontrar tu mayor satisfacción. Si te ha llamado a ser madre, la forma en que educas a tus hijos puede darle la gloria durante generaciones.

Si confiesas a Jesucristo, Dios tiene un llamamiento para ti, ya sea que lo encuentres en lo común y corriente o en circunstancias específicas e inusuales. Si te tomas en serio vivir para Él, como María, y si estás dispuesta a aceptar lo que Él te proponga y adonde Él te lleve, te esperan grandes bendiciones. Con promesas tan grandes, ¿por qué contenerse? El teólogo J. I. Packer abordó esta cuestión en su libro *Conocer a Dios*. Escribió: "¿Te has estado resistiendo a seguir un camino arriesgado y costoso al que sabes en tu corazón que Dios te ha llamado? No te detengas más. Tu Dios es fiel y suficiente para ti. Nunca necesitarás más de lo que Él puede darte, y lo que Él te da, tanto material como espiritualmente, siempre será suficiente para el presente".[2]

¿Quieres correr ese riesgo? Si eres su hija, y si estás dispuesta a hacer todo lo que Él te pida que hagas por Él, puedes lograr grandes cosas para Dios, igual que las mujeres a las que admiras. Es así de sencillo.

---

2. J. I. Packer, *Knowing God* (Downers Grove, Ill.: IVP, 1973), 247. Edición en español *Conocer a Dios*, por Poiema Publicaciones (15 de septiembre de 2023).

GUÍA DE ESTUDIO

Capítulo 16: María, la madre de Jesús

Lee los siguientes pasajes para aprender lo que las Escrituras nos dicen sobre María, la madre de Jesús: Mateo 1–2; 12:46-50; 13:53-58; Marcos 3:31-35; 6:3-4; Lucas 1–2; 3:23; 4:16-30; 8:19-21; 11:27-28; Juan 2:1-12; 6:42; 19:25-27; Hechos 1:14; Romanos 1:3; Gálatas 4:4.

1. ¿Por qué algunas mujeres se demoran en seguir el llamamiento de Dios?

2. ¿Qué actitud fue necesaria en María para superar el miedo que acompañó al anuncio de Gabriel? Basándonos en esto, ¿qué dos cosas descubrimos que son necesarias para seguir el llamamiento de Dios?

3. Describe la actitud de una mujer que puede hacer grandes cosas para Dios.

4. Cuando se le pasó el miedo inicial, ¿por qué se alegró María de la tarea que se le había asignado?

5. ¿Qué actitud acompaña a la alegría en el servicio al Señor?

6. ¿Qué razones da María para regocijarse en el Señor? (Lc. 1:46-55)

CAPÍTULO 17

ANA, LA VIUDA

Lejos de ser el final

Cañas cascadas

La brillante tarjeta fue lo primero que vio Nancy al revisar su correspondencia. Anunciaba el próximo picnic de la iglesia, una actividad anual de la que había disfrutado durante años, pero este año no sería así. Durante años, Nancy y Eduardo habían pasado un día entero de alegre diversión con los amigos de la iglesia, pero Eduardo ya no estaba.

La semana pasada, la esposa del pastor había visitado a Nancy y la había animado a salir de nuevo.

—Eduardo murió hace nueve meses, Nancy —le había dicho—. Es hora de que vuelvas a relacionarte con la gente.

—¡Ya no encajo! —había respondido Nancy—. Eduardo y yo hacíamos todo juntos. No sé cómo salir y hacer todo sola. Fuimos pareja durante muchos años, y casi todo lo que hacíamos era con otras parejas. No me querrán a mí sola. Solo seré la viuda de Eduardo, "estaré de más allí". Me temo que solo me incluirán por lástima.

—Eso no es cierto, Nancy —había refutado la esposa del pastor—. No eras una persona completa porque tuvieras a Eduardo, y no eres solo media persona ahora que él ya no está. La gente te quiere por lo que tú eres. Eres una parte importante de nuestra iglesia.

Nancy no estaba convencida. Tampoco le gustaba volver a ser una mujer sola. Había formado parte de una pareja durante décadas, y enfrentarse al mundo sola ahora era demasiado duro. Quedarse en casa le parecía seguro a pesar de la soledad.

Muchas mujeres pueden identificarse con Nancy. Al principio está el intenso dolor por la pérdida del cónyuge y, una vez que se atenúa un poco, aparece el miedo y la ansiedad inevitables de reanudar la vida normal. Las mujeres que llevan décadas casadas tienen miedo de volver a salir al mundo sin el amparo de sus maridos. La dificultad es aún mayor para las mujeres cuyos cónyuges las han abandonado. Esas mujeres no solo tienen que enfrentarse al duelo y empezar de nuevo, sino también a los horrores del rechazo y la humillación y al estigma del divorcio. Ya sean viudas o divorciadas, muchas de ellas no tienen ningún deseo de volver a empezar. Todo les parece demasiado abrumador.

Si te encuentras en esta situación, la historia de Ana te ofrece esperanza, no solo para empezar a vivir de nuevo, sino también para encontrar una gran alegría al hacerlo. Conocemos a Ana en el Evangelio de Lucas, donde su historia se cuenta en solo tres versículos. Al octavo día de la vida de Jesús, sus padres, María y José, lo llevaron al templo para circuncidarlo. Ana entró por casualidad al templo en ese momento, vio al niñito Jesús y supo inmediatamente que era el Mesías tan esperado. Lucas nos lo cuenta:

> Estaba también allí Ana, profetisa, hija de Fanuel, de la tribu de Aser, de edad muy avanzada, pues había vivido con su marido siete años desde su virginidad, y era viuda hacía ochenta y cuatro años; y no se apartaba del templo, sirviendo de noche y de día con ayunos y oraciones. Esta, presentándose en la misma hora, daba gracias a Dios, y hablaba del niño a todos los que esperaban la redención en Jerusalén (Lc. 2:36-38).

Ana era viuda y había vivido la mayor parte de su vida sin su pareja. De hecho, solo estuvo casada siete años antes de la muerte de su marido, por lo que tuvo que enfrentar una vida solitaria durante muchas décadas. Sin embargo, Ana era una hija de Dios, y a Él se dirigió en busca de consuelo y ayuda para vivir sin su marido. Como podemos ver en su historia, Dios ayudó a Ana a centrar su vida en el templo, y allí encontró todo lo que necesitaba. Ana conocía una gran verdad sobre la vida, y es que, si tenemos a Dios, tenemos todo lo que necesitamos. Ana vivía en constante comunión con Dios y se rodeaba de su pueblo. De ese modo, vivió una vida gratificante y llena de propósito, a pesar de haber perdido a su esposo.

Tal vez, en este momento, la vida de Ana no te parezca alentadora. Tal vez pienses: "¿Qué clase de vida es esa, pasarse todo el tiempo en la iglesia orando y ayunando? ¿Qué pasa con la necesidad de personas en mi vida?". O puede que pienses que el estilo de vida de Ana no es práctico en el mundo de hoy. "Aunque quisiera —tal vez digas—, ¿cómo podría pasar todo el tiempo en la iglesia? Hay asuntos financieros, una casa que mantener y un sinfín de preocupaciones diarias". Es verdad; hacer una aplicación práctica de la vida de Ana podría no ayudarte mucho. Hay numerosas cuestiones de interés práctico de las que te debes ocupar. Sin embargo, hay algunos aspectos cruciales del enfoque de Ana sobre la viudez en los que puedes fundar tu vida si te encuentras sola.

Lazos familiares

El primero es el hecho de que Ana se rodeó de otras personas que adoraban a Dios. Si eres una mujer cristiana, sola y sin cónyuge, aun así, puedes experimentar el verdadero compañerismo con otros creyentes. De hecho, es la voluntad de Dios que lo hagas. Dios nunca quiso que su pueblo viviera aislado. Él desea que vivamos en comunión unos con otros. Así es como crecemos, y es el medio que Dios ha proporcionado para satisfacer muchas de nuestras necesidades. Si oras por compañía cristiana, puedes estar segura de que Dios te la dará. Su Palabra dice:

> Padre de huérfanos y defensor de viudas
> Es Dios en su santa morada.
> Dios hace habitar en familia a los desamparados;
> Saca a los cautivos a prosperidad;
> Mas los rebeldes habitan en tierra seca (Sal. 68:5-6).

¿Está sola? ¿No tienes familia? Dios promete hacerte habitar en familia con su pueblo, y lo hace a través de la iglesia local. Es crucial que encuentres y participes de una iglesia que adora a Dios y cree en la Biblia, una reunión local de creyentes. Este es uno de los aspectos más importantes para encontrar sentido y realización en la vida cristiana. Es tan importante que, si no vives cerca de una iglesia que se ajusta a la Palabra de Dios, deberías mudarte para que puedas hacerlo. Así como el matrimonio es una unión espiritual, también lo es nuestra unión con otros creyentes. A través de nuestra unión con Cristo, estamos unidos unos a otros a través de Él. Estamos más estrechamente unidas a otros creyentes que a parientes consanguíneos ajenos a la fe.

¿Está sola? ¿No tienes familia? Dios promete hacerte habitar en familia con su pueblo, y lo hace a través de la iglesia local.

Pertenezco a una gran iglesia urbana, que atrae a sus miembros de la ciudad y sus suburbios. Sin embargo, con el tiempo he descubierto que los que más se benefician de pertenecer a esta iglesia son los que viven más cerca de ella. Muchas personas viven en el mismo vecindario de la iglesia y, semanalmente, pasan tiempo juntos participando en actividades ministeriales, comiendo juntos y llevando las cargas los unos de los otros. Para los que hemos estructurado nuestras vidas en torno a la iglesia y sus miembros, se ha convertido en una verdadera familia. La pérdida de esa comunión se produce cuando los creyentes eligen vivir lejos unos de otros, y optan por una casa más bonita o un jardín más grande en lugar de conformarse con algo más pequeño cerca de su iglesia. Han malinterpretado las prioridades de la vida cristiana, y eso los ha dejado desamparados.

Así que, si estás sola y te sientes sola, encontrarás tu remedio al afianzarte firmemente en una comunidad de creyentes.[1] Tal vez acabas de quedarte sola, y dar los primeros pasos para involucrarte te parece aterrador y apabullante. Dios lo sabe y te ayudará a dar esos pasos. Recuerda que es su voluntad bendecirte de esta manera, así que puedes confiar en que tu camino se allanará a medida que avances. Ana encontró una vida plena y rica en el templo judío porque allí había otros que también adoraban a Dios. ¡Cuánto más podremos lograr nosotras a través de nuestra unión unas con otras en Cristo!

Padre, Esposo y Amigo

Sin embargo, aún más satisfactoria que la compañía de otros creyentes es nuestra comunión personal con Dios. ¿Lo has experimentado como consolador, amigo y esposo, además de Señor? Ana seguramente sí; de lo contrario, no habría pasado la mayor parte de su tiempo orando y ayunando. No estaba obligada a hacerlo. Creo que muchas de nosotras vemos la comunión con Dios como una especie de consuelo cuando faltan personas en nuestras vidas. Acudimos a Él solo cuando no tenemos a nadie más. Cuando pensamos así, nos estamos perdiendo de disfrutar de la mejor relación que jamás tendremos. El Catecismo Menor de Westminster pregunta: "¿Cuál es el fin principal del hombre?", y la respuesta es: "El fin principal del hombre es glorificar a Dios y gozar de Él para siempre". Ana conocía su fin principal. No solo glorificaba a Dios en su forma de vivir, sino que también conocía el gozo de una relación íntima.

Muchas de nosotras nos perdemos la oportunidad de conocer el inmenso gozo que se encuentra en Dios, porque no lo buscamos. Queremos a Dios, pero también queremos otras cosas en igual o mayor medida. Anhelar una pareja y compañía no son deseos equivocados. Dios nos diseñó así. Pero somos desdichadas cuando determinamos que necesitamos esas cosas para ser felices.

El consejero bíblico David Powlison saca a la luz esta verdad cuando escribe: "La vida cristiana es una gran paradoja. Quienes

---

1. Ver también mi libro *Soledad redimida* (Grand Rapids: Editorial Portavoz, 2024).

mueren a sí mismos, se encuentran a sí mismos. Los que mueren a sus deseos recibirán muchas veces más en este siglo, y en el siglo venidero, la vida eterna (ver Lc. 18:29-30). Si deseo felicidad, recibiré desdicha. Si deseo ser amado, recibiré rechazo. Si deseo hallar significado, recibiré futilidad. Si deseo tener el control, recibiré caos. Si deseo reputación, recibiré humillación. Sin embargo, si deseo a Dios y su sabiduría, recibiré a Dios y su sabiduría. En el camino, tarde o temprano, recibiré también felicidad, amor, significado, orden y gloria".[2]

Anhelar una pareja y compañía no son deseos equivocados. Dios nos diseñó así. Pero somos desdichadas cuando determinamos que necesitamos esas cosas para ser felices.

Nadie nos conoce mejor, tiene más compasión de nuestras angustias y penas, y ofrece más medios de sanidad que Dios. Él está ahí para escucharte constantemente, y está ahí en su Palabra para hablarte en cualquier momento. También sabe cuál es la mejor manera de que cada una de nosotras se levante y siga viviendo cuando nuestra vida está en ruinas.

Todo hecho nuevo

¿Estás luchando por encontrar significado y propósito ahora que tu pareja se ha ido? Ana lo encontró en la entrega de su vida al servicio de Dios. Después de ver a Jesús en el templo, se dedicó a proclamar que el Salvador había llegado y difundir la buena nueva de la salvación en Jerusalén. ¿Qué mayor propósito podría haber? Independientemente de si estás sola o no, Dios quiere utilizarte para su

2. David Powlison, *Dynamics of Biblical Change* (Filadelfia: Westminster Theological Seminary & C.C.E.F., 1995), 49.

gloria y, si estás dispuesta, te colocará en un ámbito de servicio para su reino para el que estás especialmente capacitada.

Uno de los beneficios de estar sola es la libertad que tienes para servir a Dios sin obstáculos. Tanto si nunca te has casado como si eres viuda o divorciada, el hecho de estar sola es un gran privilegio, un honor que Dios no concede a todo el mundo. Las que están atrapadas en las preocupaciones de la vida familiar tienen menos tiempo para dedicar a Dios y a su obra. Si actualmente no tienes pareja, es porque Dios te ha apartado para que estés más disponible para Él. Las mujeres casadas, especialmente las que crían hijos, están ocupadas en el cuidado de los demás la mayor parte de las horas del día. Una de sus mayores luchas es encontrar un momento para poder tomarse unos minutos de soledad con Dios. Las que no tienen familia tienen la bendición de disponer de una abundancia de tiempo discrecional, horas para dedicar a la oración, a la lectura de la Palabra de Dios y a servirlo de diversas maneras junto a creyentes de ideas afines. Es una bendición especial.

El apóstol Pablo se lo recalcó a las solteras o viudas de la iglesia primitiva de Corinto cuando escribió:

> ...pero la casada tiene cuidado de las cosas del mundo, de cómo agradar a su marido. Esto lo digo para vuestro provecho; no para tenderos lazo, sino para lo honesto y decente, y para que sin impedimento os acerquéis al Señor... La mujer casada está ligada por la ley mientras su marido vive; pero si su marido muriere, libre es para casarse con quien quiera, con tal que sea en el Señor. Pero a mi juicio, más dichosa será si se quedare así; y pienso que también yo tengo el Espíritu de Dios (1 Co. 7:34-35, 39-40).

¿Somos más felices sin cónyuge? Sí, según el apóstol Pablo. Aunque escribía a creyentes que vivían bajo la amenaza de la persecución y, por tanto, sus palabras iban dirigidas a quienes necesitaban moverse con facilidad y sin ataduras, el principio sigue siendo aplicable a los creyentes. El principio es que los que no tienen pareja son más libres para pasar el tiempo disfrutando y glorificando a Dios.

¿Lo has comprobado por ti misma? Si no es así, ¿por qué no entregar tu corazón a buscarlo todo en Él? Si crees que no eres capaz de hacerlo, puedes empezar por pedir a Dios que engendre en tu corazón un celo apasionado por descubrir por ti misma que Él es todo lo que promete ser. Si lo haces, encontrarás lo que el salmista Asaf encontró y que lo llevó a escribir:

> ¿A quién tengo yo en los cielos sino a ti?
> Y fuera de ti nada deseo en la tierra.
> Mi carne y mi corazón desfallecen;
> Mas la roca de mi corazón y mi porción es Dios para siempre (Sal. 73:25-26).

GUÍA DE ESTUDIO

Capítulo 17: Ana, la viuda

Lee el siguiente pasaje para aprender lo que las Escrituras nos dicen sobre Ana: Lucas 2:36-38.

1. ¿Qué gran verdad aprendió Ana como resultado de ser viuda?

2. ¿Qué llegó a saber Ana acerca de Dios en su estado de viuda que habría tenido muchas menos probabilidades de aprender si hubiera estado casada?

3. ¿De qué manera el matrimonio la habría apartado de la vida que Dios había planeado para ella?

4. ¿Cómo obró Dios a lo largo de la vida de Ana para glorificarse a sí mismo?

CAPÍTULO 18

MARÍA MAGDALENA

Amada mía

"Mujer solitaria busca amor..."

No hay nada como la intensidad emocional del amor. Los sentimientos viscerales y los pensamientos obsesivos de un amor así relegan al olvido los amores menos apasionados. Muchas mujeres han conocido el amor apasionado, y otras tantas, incluso mujeres felizmente casadas, nunca lo han experimentado. Sin embargo, contrario a la creencia popular, un amor así no es necesario para la felicidad. En nuestra cultura predomina la convicción de que estar enamorada es el culmen de la vida, que sin él estamos condenadas a una vida de mediocridad y que somos incapaces de desarrollar una verdadera profundidad de carácter. Su vínculo sexual también contribuye a ello, porque hoy día mucha gente cree que una persona sin una relación sexual es una vida sin brillo. La propaganda del "amor verdadero" nos llega de todas partes, de los libros que leemos, de la televisión y de amistades bienintencionadas.

Esta semana llegó a mi buzón de correo un ejemplo de tal propaganda: un catálogo que ofrecía clases nocturnas en una universidad local. Al hojear el último listado de cursos, me encontré con una nueva clase llamada "Soluciones para solteros". El curso se describía de la siguiente manera: "Esta clase interactiva se centrará en soluciones para vivir la vida al máximo como persona soltera. Trataremos, entre otros, los temas del miedo a las vacaciones, la soledad, la amistad, conocer gente y encontrar sentido a tu vida cuando no tienes pareja".

Me parece triste porque hay muchas personas perdidas que no conocen el amor y la plenitud que se encuentran en una relación con

Jesucristo. También me parece penoso que tantas mujeres aún no sepan que la relación más profunda e íntima que jamás tendrán en su vida es con Jesús. Contribuye a esa falta de conocimiento el hecho de que los evangélicos se han mezclado tanto con la cultura circundante que el pensamiento del mundo, su agenda y sus temores han tergiversado esa verdad. No es de extrañar que las mujeres, incluso cristianas, sientan que les falta algo si no tienen un gran amor, uno que culmine en pasión física e intimidad.

¿Qué tipo de relación tienes con Jesús? ¿Lo amas de una manera que involucra tus emociones y tus acciones? Creo que muchas de nosotras estamos preocupadas por eso. Vemos a algunas personas que muestran una profunda pasión por Jesús. Lo oímos en lo que cantan y en lo que conversan; incluso brillan cuando hablan de Él, como una mujer enamorada. Vemos eso y nos preguntamos: ¿Qué me pasa? ¿Por qué tengo el corazón tan frío? Entonces llegamos a la conclusión de que esas personas son diferentes a nosotras.

Nuestro amor por Jesús se basa primero en la fe y luego en el intelecto; pero debería caracterizarse también por un elemento emocional. Sin embargo, con demasiada frecuencia, parece seguir siendo más intelectual que emocional. Sabemos lo que Jesús hizo por nosotras, lo creemos y estamos agradecidas. Pero falta pasión, el tipo de amor que se apodera de cada parte de nuestro ser. Llevo mucho tiempo deseando tener un corazón que se abstenga de pecar por amor a Dios, pero muchas veces me siento motivada a ser obediente por miedo a las consecuencias del pecado. Anhelamos amar apasionadamente y, cuando no encontramos ese amor por Cristo en nuestra vida, eso tiende a reforzar aún más la premisa del mundo sobre el verdadero amor.

Una santa obsesión

La historia de María Magdalena es una historia para todas las que buscan el verdadero amor, para las que anhelan tener una pasión profunda, visceral, que ocupe toda su atención y que nunca las decepcione, ni se esfume, ni las desilusione. De María Magdalena aprendemos que es posible experimentar ese tipo de amor por

Jesucristo y que Jesús anhela tener ese tipo de relación con cada una de nosotras.

¿Cómo llegó María a amar a Jesús tan profundamente? María era una mujer de la ciudad de Magdala, que es como la Biblia la distingue de las otras Marías del Nuevo Testamento. Antes de conocer a Jesús, su vida era desdichada. María vivía atormentada por siete demonios. La Biblia no nos dice específicamente cómo la afligían los demonios, si afectaban a su cuerpo o su mente, pero cualquiera que fuera su manifestación, seguramente no podía vivir en paz. No obstante, la posesión demoníaca de María fue el vehículo que Dios utilizó para propiciar su relación con Jesús. Tal vez la vio un día dominada por los poderes del maligno y extendió su mano para liberarla. O tal vez otra persona la llevó a Jesús para que la liberara. Lo cierto es que, sin esa horrible aflicción, María Magdalena nunca habría estado en contacto personal con Jesús. Su relación con Él comenzó en el momento en que la liberó y, desde ese momento, se unió a su grupo de seguidores cercanos.

El amor de María nació de la gratitud. Si Jesús no la hubiera mirado con compasión y no se hubiera acercado para liberarla, habría estado condenada a una vida desdichada. Sin embargo, fue libre para vivir de verdad, para experimentar la vida normal de una mujer sana. Gracias a Jesús, podía levantarse cada día en su sano juicio, sin temor a que un mal ajeno a su voluntad la dominara. María no había podido liberarse a sí misma, por eso, ¡cómo no iba amar a quien la había hecho libre!

Así comienza también para nosotras el verdadero amor por Jesús. No podemos salvarnos a nosotras mismas ni liberarnos de nuestros demonios o el pecado que endurece nuestros corazones y destruye nuestras vidas. Nunca seremos libres porque decidamos que queremos serlo. Tampoco seremos salvas porque nos "pongamos las pilas" o hagamos buenas obras. Podemos entrar en el gozo de la comunión con Jesús solo porque Él nos libera del poder de Satanás y de nuestro pecado. Mientras Jesús hablaba con los apóstoles, les dijo: "No me elegisteis vosotros a mí, sino que yo os elegí a vosotros, y os he puesto para que vayáis y llevéis fruto, y vuestro fruto permanezca; para que todo lo que pidiereis al Padre en mi nombre, él os lo dé" (Jn. 15:16).

Todos los beneficios de la salvación nos llegan porque Dios determinó dárnoslos, y es a través de Jesucristo que esos beneficios se manifiestan. "Nosotros le amamos a él, porque él nos amó primero" (1 Jn. 4:19). Por eso María lo amó primero con tanta pasión.

Los momentos a solas con el Señor son también aquellos en los que somos más propensas a derramar nuestro corazón en oración y revelar nuestros anhelos más profundos y nuestro verdadero yo.

¿Qué hizo María con su nueva libertad? En lugar de regresar a Magdala, su ciudad natal, se unió a Jesús y a su grupo de seguidores en sus recorridos por Galilea. Además de María, había varias mujeres unidas al grupo, y todos se beneficiaban de las magníficas habilidades que aportaban estas mujeres. La Biblia no dice nada del pasado de María ni de su familia, pero sabemos que debía de ser una mujer independiente, ya que ayudó a mantener a los discípulos con sus bienes (Lc. 8:1-3).

Intimidad necesaria

El amor de María por Jesús nació de la gratitud, pero creció y se profundizó como resultado de vivir diariamente en su presencia. Piensa en las personas que más amas. ¿No son aquellas con las que pasas más tiempo y en las que inviertes más energía? Así crece también el amor por Jesús. Nuestro amor por Él no se profundizará sin eso. Las relaciones más profundas se establecen a través de la comunión cercana, íntima y personal con el otro. ¿Llegaste a amar a tu marido por el solo hecho de pasar tiempo con sus amigos y descubrir cosas sobre él a través de ellos? Por supuesto que no. El amor verdadero se desarrolló a medida que interactuabas con él personalmente.

Lo mismo ocurre con el amor por Jesús. El amor profundo no vendrá por el solo hecho de asistir al servicio de adoración el domingo, participar en un estudio bíblico de un grupo pequeño o leer libros sobre Él. Todas esas cosas nos dan una sólida comprensión de quién es Él, lo cual es necesario para el amor verdadero; pero también es de vital importancia reservar tiempo para estar a solas con Él. Durante esos momentos, el Espíritu Santo trae la verdad de Jesucristo a nuestros corazones, tal como se revela en las Escrituras. Los momentos a solas con el Señor son también aquellos en los que somos más propensas a derramar nuestro corazón en oración y revelar nuestros anhelos más profundos y nuestro verdadero yo. Es a través de esa exposición de nosotras mismas a Jesús, y de Él a nosotras, que el amor florece intelectual, emocional y espiritualmente.

María amaba a Jesús porque cada día su vida giraba en torno a Él. Hablaba con Él por las mañanas, escuchaba y observaba lo que hacía a lo largo del día, compartía sus comidas y atendía sus necesidades. Darnos a los demás también aumenta el amor. Las personas a las que más amamos suelen ser aquellas a las que hemos dedicado nuestra energía y nuestro tiempo. Esa fue la experiencia de María; también puede ser la nuestra, en un grado aún mayor. Aunque María tenía a Jesús a su lado, en realidad nosotras lo tenemos en nuestro interior por medio del Espíritu Santo. Por medio del Espíritu, Jesús habita en cada creyente, no es que simplemente está cerca.

Aunque María tenía a Jesús a su lado, en realidad nosotras lo tenemos en nuestro interior por medio del Espíritu Santo.

Una amiga mía, Alejandra, estuvo una vez tan profundamente enamorada de un hombre que su intenso amor lo asustó. Durante el apogeo de la relación, recuerdo que una vez me dijo: “Quiero que él pase todo su tiempo conmigo". Su deseo y su intento de fundirse con ese hombre lo asfixiaron, y en cuanto a Alejandra, se sintió sumamente decepcionada. No se dio cuenta de que la profundidad del amor que ansiaba dar y recibir solo puede encontrarse en una relación con Jesús. No es posible entre seres humanos. Dios nos creó con la capacidad de anhelar un amor así, y luego nos proporcionó los medios para obtener ese amor a través de Jesús. Si lo buscamos en otra parte, nos decepcionaremos.

María no parecía tener ese conflicto. Ella había encontrado su amor y volcó allí su corazón, y al hacerlo, encontró lo que nosotras también encontraremos: que Jesús es la única persona que nunca se sentirá sofocado por nuestro amor. Nunca se aburrirá de nosotras, nos dejará de amar o será desconsiderado o infiel. Es imposible que amemos demasiado a Jesús. Al contrario, cuando nos entregamos a ese amor, descubrimos que hemos saciado por completo nuestro deseo de amar y ser amadas.

El amor de María fue tan profundo que se negó a abandonar a Jesús al final de su vida, incluso cuando muchos discípulos habían escapado despavoridos. Y es que el verdadero amor no puede abandonar al objeto de su afecto, aun a riesgo de la vida y la integridad física. Durante el arresto y el juicio de Jesús, los que lo habían seguido fielmente durante los tres años anteriores de su ministerio ahora también corrían peligro de ser perseguidos. La reputación de Jesús como alborotador, insurrecto y hereje había crecido hasta el punto de que las autoridades gobernantes lo consideraban una amenaza a su modo de vida y su religión. Los dirigentes conocían bien a este grupo ecléctico de discípulos formado por pescadores, recaudadores de impuestos, enfermos y mujeres independientes. Las autoridades creían que todos ellos eran arribistas y que la única forma de detenerlos era capturar a su líder. No obstante, los discípulos no estaban a salvo en absoluto, porque en cualquier momento de la captura y juicio de Jesús, cualquiera de ellos o todos podrían haber sido fácilmente detenidos y condenados a muerte también. María no era ajena a ese peligro, pero su amor por Jesús se antepuso a la preocupación por su seguridad.

Realidades del amor: Sacrificio y dolor

El amor de María era tan profundo como el de los padres dedicados a sus hijos. Los padres amorosos están dispuestos a sacrificarlo todo para ayudar a un hijo con problemas y a hacer un gran sacrificio personal para beneficio de sus hijos. El amor de María era también como el de una hermana que sin vacilar dona un riñón para evitar que su hermano siga dependiendo de la diálisis. Es el tipo de amor que agoniza cuando el ser querido sufre.

Los Evangelios relatan que María estaba entre los que presenciaron la ejecución de Jesús. Vio cómo escupían, golpeaban y ridiculizaban a su Salvador, a su amigo más querido y a su compañero más íntimo. Lo vio cuando lo clavaban en una cruz y lo levantaban en el aire para que se asfixiara lentamente. Lo oyó gritar en la agonía del abandono de su Padre. Lo oyó, en su extremo dolor, mirar hacia abajo para socorrer a su afligida madre y a su discípulo predilecto, Juan. Vio cómo un soldado le perforaba su costado y profanaba aún más el cuerpo de Aquel a quien tanto amaba.

Cuando José de Arimatea recibió permiso para llevarse el cuerpo de Jesús y sepultarlo, María estaba entre las mujeres que lo acompañaron para presenciar la sepultura. Mientras José envolvía el cuerpo de Jesús en lienzos y lo depositaba en el sepulcro, las mujeres observaron cómo y dónde lo depositaban para poder volver después del sábado y ungir el cuerpo con aceite y especias en un último acto de amor. Al día siguiente del día de reposo, antes del amanecer, María y algunas otras mujeres se adentraron en el oscuro huerto hacia el sepulcro, pero al acercarse vieron que la piedra que cubría la entrada había sido removida. ¡El cuerpo de Jesús había desaparecido! María, totalmente consternada, se dio la vuelta y salió corriendo del huerto. Mientras corría, tropezó con Pedro y Juan y les dijo: "Se han llevado del sepulcro al Señor, y no sabemos dónde le han puesto" (Jn. 20:2).

Juntos corrieron de vuelta al huerto. Pedro y Juan se asomaron al interior del sepulcro y vieron los lienzos tendidos en el suelo, y el paño que había envuelto la cabeza de Jesús estaba cuidadosamente doblado y colocado junto a los lienzos. Si alguien había entrado a robar el cuerpo o a violar la tumba, ¿por qué estaban los lienzos tan ordenados? Los discípulos se quedaron perplejos. Aunque Jesús les había contado todo lo que iba a suceder (su crucifixión, su sepultura y su posterior resurrección), seguían sin comprender lo que indicaba la desaparición de su cuerpo. Así que Juan, Pedro y los demás volvieron a sus casas. Todos menos María.

El Evangelio de Juan señala que, cuando los demás se fueron, ella se quedó llorando ante el sepulcro. No podía irse a casa. ¿Cómo iba a marcharse hasta que encontraran a Jesús? Se sentía como se siente una madre a medianoche, cuando su hijo adolescente está todavía fuera, dos horas después de la hora cuando debía regresar a casa. No puede irse a dormir. No puede ver la televisión ni leer un libro con cierto grado de concentración. María, desesperada, se asomó de nuevo al sepulcro y, para su sorpresa, vio a dos ángeles sentados dentro, que le preguntaron por qué lloraba, y ella respondió: "Porque se han llevado a mi Señor, y no sé dónde le han puesto" (Jn. 20:13).

Fíjate cómo se refiere a Jesús como "mi" Señor. Cuando nos referimos a alguien como nuestro ("mi hijo", "mi marido", "mi amiga") estamos manifestando que es de nuestra propiedad y nuestra posesión personal. El verdadero amor siempre tiene este elemento de posesión. Indica un sentido de pertenencia, una propiedad emocional y espiritual. Existe ese elemento de amor en Jesús hacia todos los que ama. María sabía que le pertenecía a Jesús, y Él le pertenecía a ella. Así es como Jesús quiere que nos sintamos y, a medida que nuestra relación con Él se profundiza, también lo hará ese sentido de pertenencia piadoso.

Después de hablar con los ángeles, María se volvió y vio a otra persona de pie junto a ella. Era Jesús, pero ella no lo reconoció. Él le preguntó: "Mujer, ¿por qué lloras? ¿A quién buscas?" (Jn. 20:15). Cabe mencionar que dirigirse a una dama como "mujer" no era una forma poco amable de dirigirse a ella. Era la forma habitual en que Jesús se dirigía a las mujeres que conocía, incluida su madre, y era una forma respetuosa. Cuando María respondió a este hombre que estaba junto a ella, junto al sepulcro, pensó que era simplemente el hortelano. Así que le dijo: "Señor, si tú lo has llevado, dime dónde lo has puesto, y yo lo llevaré. Jesús le dijo: ¡María! Volviéndose ella, le dijo: ¡Raboni! (que quiere decir, Maestro)" (Jn. 20:15-16).

Una cuestión de dar y recibir

Fue así como María se convirtió en la primera de sus devotas seguidoras a quien se apareció Jesús. El Evangelio de Marcos relata: "Habiendo, pues, resucitado Jesús por la mañana, el primer día de la semana, apareció primeramente a María Magdalena, de quien había echado siete demonios. Yendo ella, lo hizo saber a los que habían estado con él, que estaban tristes y llorando" (Mr. 16:9-10). La Biblia no dice por qué se apareció a María antes que a los demás, pero podemos deducir que sabía que el gran amor de María por Él le estaba causando un tremendo sufrimiento emocional, y quería aliviarlo. Al verlo, María tuvo la bendición de recibir su consuelo y tranquilidad. A la luz de esta historia, descubrimos que María es la prueba histórica de que Jesús se revela a los que lo aman y lo buscan. Es una bendición tan grande para nosotras como lo fue para María. Puesto que Jesús es luz, gozo, paz, libertad y amor, quienes lo ven pueden, por tanto, disfrutar de tal luz, gozo, paz, libertad y amor, y participar de los beneficios de todos los demás rasgos que lo caracterizan.

El verdadero amor a Jesús incluye nuestra mente, nuestra voluntad y nuestras emociones, cada parte de nuestro ser.

El hecho de que Jesús se revelara primero a María nos muestra hasta qué punto valora que lo amen con tanta pasión. El conocimiento intelectual es insuficiente, porque no hay pasión en él. La pura emoción es insuficiente, porque nace del impulso y no de un verdadero conocimiento de quién es Él. El conocimiento es necesario para tener una base sólida para dar nuestro amor. Nuestras emociones son nuestra respuesta a lo que conocemos. Por eso, el verdadero amor a

Jesús incluye nuestra mente, nuestra voluntad y nuestras emociones, cada parte de nuestro ser. María amó así a Jesús y, a su vez, experimentó la alegría de su amor.

Está a la puerta

¿Tienes ahora una idea más clara de lo que está a tu alcance? ¿Te das cuenta de que no tienes que buscar más ni esperar más por el amor verdadero? Si anhelas entregarte a alguien que a su vez te ame íntimamente, en Jesucristo lo encontrarás, y puedes empezar a construir esa relación profunda hoy mismo con Él. Hemos aprendido de María Magdalena cómo empezar.

Si todavía eres escéptica sobre la posibilidad de experimentar tal amor profundo por Jesús, vuelve atrás y empieza por donde lo hizo María. Piensa en los demonios que ha expulsado de ti. ¿Te ha liberado de circunstancias imposiblemente difíciles o de una mala relación? Tal vez te haya liberado de una adicción o de otro pecado acosador del que sabías que nunca podrías ser libre. Recuerda cómo comenzó el amor de María: con gratitud. Ora por un corazón agradecido, porque la gratitud es algo que no podemos fabricar por nosotras mismas.

Luego, como María, entrégale tu vida. Vive cada día en comunión con Él a través de la oración, la meditación de su Palabra, la adoración en la iglesia y la comunión con personas de la iglesia tanto como te sea posible. Con frecuencia, la emoción del amor sigue a las acciones que realizamos para procurarlo. Hoy día, con demasiada frecuencia equiparamos el amor con su resultado emocional. Es un lamentable error, porque la emoción nunca contiene las semillas del verdadero amor.

Esa verdad se aplica al amor a Dios y al amor de unos por otros. Lo aprendí hace algunos años de mi abuela. En la década de 1920, mi abuela tuvo dos pretendientes. Uno era un militar encantador y guapo, un hombre emocionante por el que mi abuela sentía una gran atracción, lo que hoy llamamos química. El otro pretendiente no era tan elegante ni sofisticado. Era un joven abogado determinado a ejercer abogacía en el bufete de su padre, un hombre destinado a vivir su vida en su ciudad natal, un hombre estable, fiable y seguro, pero mucho menos proclive a despertar las pasiones de una mujer joven y popular. Aunque estaba enamorada del oficial de West Point, mi abuela eligió casarse con el abogado, mi abuelo, un hombre al que admiraba, pero por el que no sentía gran pasión. Basó su elección en el carácter más que en el encanto, en la reputación más que en un embelesamiento romántico, porque creía que, a la larga, estaba encaminando su vida por un rumbo más sensato. Al año de casarse con mi abuelo, a medida que su carácter se revelaba día a día a lo largo de los cambios y acontecimientos de la vida, se enamoró profundamente de él con un amor que perduró hasta su muerte sesenta y tres años después.

Lo mismo que le ocurrió a mi abuela nos ocurrirá a nosotras cuando nos entreguemos a Jesucristo. Cuanto más tiempo pases con Él, más llegarás a conocerlo tal como es; y al ver el tierno cuidado e interés que pone en tu bienestar, no podrás evitar amarlo como lo hizo María Magdalena. Y cuando lo hagas, descubrirás que es el amor más gratificante que jamás conocerás.

GUÍA DE ESTUDIO

Capítulo 18: María Magdalena

Lee los siguientes pasajes para aprender lo que las Escrituras nos dicen sobre María Magdalena: Mateo 27:55–28:10; Marcos 15:40–16:10; Lucas 8:1-2; 23:55–24:12; Juan 19:25; 20:1-18.

1. ¿Cómo llegó María Magdalena a amar a Jesús? Mientras piensas en esto, recuérdate a ti misma cómo llegaste a amarle por primera vez. ¿Fue tu motivación similar a la de María o diferente?

2. ¿Qué hizo que el amor de María Magdalena por Jesús se hiciera más profundo? Explica las razones que encontraste en los pasajes bíblicos mencionados arriba.

3. ¿En qué formas tangibles expresó María Magdalena su amor por Jesús? Compara y contrasta esas acciones con la forma en que tú expresas tu propio amor por Él.

4. ¿Qué bendiciones recibió María Magdalena como resultado de su relación cercana con Jesús?

CAPÍTULO 19

MARTA

Una personalidad peculiar

Puntos de vista con diferentes matices

—Creo que estás cometiendo un grave error al avalar ese préstamo para Valeria. Estás poniendo en peligro tu crédito —le advirtió Amanda.

—Lo sé —respondió Susana—, pero realmente necesita ayuda. Necesita un auto; además, tiene que pagar todos esos préstamos estudiantiles.

—¡Tiene treinta y cinco años! —argumentó Amanda—. ¡Y tú también tienes préstamos estudiantiles! A su edad, ella debería encontrar la manera de valerse por sí misma.

—Tu perspectiva de las cosas es muy blanco o negro —se defendió Susana—. No todo es tan radical. Hay mucho de gris en esta situación. Eres demasiado crítica con Valeria.

¿Te clasificarías como una mujer como Amanda para quien todo es blanco o negro? ¿O consideras los grises como Susana? La mayoría de nosotras somos una cosa o la otra. Una mujer para quien todo es blanco o negro toma decisiones rápidas sobre casi todo, desde qué ponerse por la mañana hasta evaluar el carácter de otras personas. Las mujeres que consideran los grises se avergüenzan del comportamiento de las mujeres que piensan que todo es blanco o negro. Una mujer que considera los grises cree que una inversión de tiempo y reflexión ofrece una mayor garantía de obtener un resultado bueno y acertado. Sopesa y considera cuidadosamente todos los matices de una situación determinada para evitar una mala decisión. Una mujer que considera los grises suele disculpar los defectos de los demás y prefiere pecar de compasiva.

Si no te cuesta identificarte como alguien que encaja en una u otra categoría, ¡probablemente seas del tipo blanco o negro! Seas como seas, Dios te ha hecho como eres. Ya seas del tipo blanco o negro, o grises, los puntos fuertes de tu personalidad serán una bendición para ti y para los demás, mientras que Dios utilizará tus debilidades para enseñarte muchas cosas.

Lo bueno y lo malo de Marta

El Nuevo Testamento nos ofrece un claro ejemplo de una mujer que juzgaba todo como blanco o negro, una mujer propensa a emitir juicios precipitados. Se trata de Marta, la hermana de María y Lázaro, una mujer que no tuvo ningún problema en dar a Jesús su opinión sobre cómo debían ser las cosas. Marta y sus hermanos vivían juntos en una casa de la ciudad de Betania durante los días del ministerio terrenal de Jesús. Marta pudo haber sido la esposa o viuda de Simón el leproso, quien también se había convertido en seguidor de Jesús, pero la Biblia no aclara si ese fue el caso. Lo que sí sabemos por los Evangelios es que Marta era una mujer dada a la hospitalidad. Está claro que tenía un don para atender las necesidades domésticas de los demás, don que utilizó para bendecir a Jesús. Cuando Jesús llegó a Betania, fue Marta quien lo recibió en su casa y lo invitó a cenar. Jesús y los tres hermanos se hicieron íntimos amigos.

A pesar de ser hermanas, María y Marta eran muy diferentes. Mientras María era tranquila y retraída, Marta era vigorosamente enérgica. María prefería un estilo de vida pasivo, mientras que el de Marta estaba lleno de actividad. El primer atisbo que tenemos del espíritu crítico de Marta se desarrolla mientras Jesús descansaba en su casa. Marta, que lo había invitado a cenar, se dispuso a preparar una comida muy elaborada para Jesús. Mientras ella preparaba la comida, Jesús se sentó a conversar con María. Es posible que el ambiente de la casa le resultara relajante después de un viaje interminable por caminos calurosos y polvorientos, con multitudes de personas que se agolpaban a su alrededor sin cesar. El aroma de la comida, los cuidadosos detalles hogareños en toda la casa, la paz y la tranquilidad complacería sus sentidos y relajaría su cansado cuerpo.

Marta estaba cada vez más irritada a medida que avanzaba la hora. Quería que la comida fuera perfecta para Jesús, por lo que los preparativos debían ser muy cuidadosos. Y allí estaba su hermana María, sumida en sus sueños y pensamientos, como de costumbre, sin hacer nada por ayudar. Estaba sentada a los pies de Jesús escuchándolo mientras ella, Marta, hacía todo el trabajo. Se estaba perdiendo la conversación. No era justo. Finalmente, su irritación llegó al límite, así que se volvió a Jesús exasperada y le dijo: "Señor, ¿no te da cuidado que mi hermana me deje servir sola? Dile, pues, que me ayude" (Lc. 10:40).

Marta no tuvo reparos en expresar su irritación a Jesús ni en pedirle que hiciera algo para ayudarla. Fue franca con Él en lo que opinaba de la situación y le expresó libremente su queja. Había trabajo que hacer, y ella lo estaba haciendo todo. María no hacía nada para ayudarla. Marta criticó a su hermana por dejarla servir sola. Fíjate que también critica a Jesús en su acusación: "¿No te da cuidado [no te importa]...?".

Jesús levantó la vista de su conversación con María para responder a Marta, pero no le dijo: "¡Cómo te atreves a acusarme de que no me importa!". Ni le dijo: "Vete y vuelve cuando hayas cambiado de actitud". En cambio, le dijo: "Marta, Marta, afanada y turbada estás con muchas cosas. Pero solo una cosa es necesaria; y María ha escogido la buena parte, la cual no le será quitada" (Lc. 10:41-42). Jesús es muy amable en su trato con nosotras, incluso cuando no lo tratamos de igual modo. En lugar de reprender a Marta, la ayudó a darse cuenta de que sufría un pecaminoso caso de ansiedad. Entonces salió en defensa de María y, al hacerlo, trató de transmitir a Marta la raíz de la paz de María.

Además, Jesús no estaba diciendo que la preparación de la comida por parte de Marta careciera de importancia. No estaba insinuando que debía dejar el trabajo de lado por asuntos más espirituales. Más bien, abogaba por un equilibrio. Una comida menos elaborada permitiría menos preparación, en cuyo caso Marta estaría libre para escucharlo junto con María. Jesús trató de corregir el punto de vista en blanco o negro que Marta tenía de la situación e impartir un poco de gris a su perspectiva de las cosas.

Jesús dio a Marta una respuesta amable pero clara, y lo mismo hace con nosotras cuando somos sinceras en nuestras oraciones.

Sin embargo, aquí Marta no solo le presentó los hechos tal como le parecían, sino que llevó su opinión un poco demasiado lejos. Estaba convencida de cómo eran las cosas y cómo debían ser; pero Él, en lugar de rechazarla o desoír su petición, la ayudó a ver las cosas desde otra perspectiva. Eso es lo que hace también con nosotras. Si le abrimos nuestro corazón y le decimos lo que pensamos de cualquier cosa, nos ayudará a ver dónde estamos equivocadas.

Cuestiones de fondo

Marta fue dolorosamente sincera con Jesús acerca de sus sentimientos. No se contuvo ni reprimió su estado de ira y enojo. Podría haber pensado fácilmente: "No le diré lo que siento. Suena mezquino y, probablemente, se enojará conmigo por darle demasiada importancia". En lugar de eso, habló con Él de manera sincera, sin dejar de reconocer su señorío. ¿Haces lo mismo o te guardas tu enojo por temor a que Dios se disguste contigo o se moleste por tu actitud? Si tienes miedo, recordar la relación de Marta con Jesús puede ayudarte a superarlo. Mira lo que obtuvo de su sinceridad con Él. Jesús le abrió los ojos para que viera lo que le molestaba: la ansiedad por algo trivial. Si acudimos a Él con nuestras quejas para desahogar irritaciones similares, Dios no hará menos por nosotras. Nos abrirá los ojos para que veamos lo que nos molesta; nos mostrará la fuente subyacente de nuestro problema.

A menudo, un espíritu crítico es una máscara que oculta otra cosa. Tendemos a sentirnos molestas con otras personas que tienen defectos que secretamente reconocemos en nosotras mismas. Otras veces nuestra crítica está fuera de lugar. Cuando no estamos contentas en nuestro trabajo, descubrimos que nuestros compañeros nos sacan de quicio.

La falta de oportunidades sociales en nuestra iglesia puede llevarnos a criticar la predicación y el liderazgo de nuestros pastores. Lo que Dios hará, si somos sinceras con Él acerca de nuestra irritación, es llegar a la razón subyacente de la misma, y nos ayudará a entender por qué nos sentimos tan críticas hacia otra persona o hacia Él.

Como Marta, ¿alguna vez acusas a Dios de no preocuparse por ti? Cuando las cosas no te van bien, cuando tus esperanzas se ven truncadas o cuando alguien más se beneficia a costa tuya, ¿sientes que a Dios no le importa? Si es así, haz lo que hizo Marta. Dile a Dios cómo te sientes. Mantener esos pensamientos y sentimientos guardados en tu interior solo hará que te sientas alejada de la fuente de ayuda y amor más disponible para ti. Dios te invita a ser sincera. Él desea comunicarse con los suyos. Los más grandes santos han aceptado la invitación de Dios en circunstancias difíciles. Uno de los salmistas exclamó: "¿Por qué, oh Jehová, desechas mi alma? ¿Por qué escondes de mí tu rostro? Yo estoy afligido y menesteroso; desde la juventud he llevado tus terrores, he estado medroso" (Sal. 88:14-15). Job es otro ejemplo, al igual que Jeremías. De modo que Marta recibió ayuda para salir de su actitud crítica aquel día al llevársela a Jesús; pero su tendencia a la crítica seguía acechando en su corazón. Todavía no había surgido ningún gris que suavizara los bordes duros del blanco o negro.

Pero, Señor...

Lo sabemos por una historia que narra el Evangelio de Juan. Lázaro, su hermano, estaba gravemente enfermo y, cuando su vida parecía correr peligro, Marta y María mandaron llamar a Jesús, que se encontraba ejerciendo su ministerio en otra ciudad. Al oír esto, Jesús dijo: "Esta enfermedad no es para muerte, sino para la gloria de Dios, para que el Hijo de Dios sea glorificado por ella. Y amaba Jesús a Marta, a su hermana y a Lázaro. Cuando oyó, pues, que estaba enfermo, se quedó dos días más en el lugar donde estaba" (Jn. 11:4-6). No se nos dice si la respuesta de Jesús fue o no comunicada a Marta y María, pero cuando Jesús llegó a Betania, Lázaro llevaba cuatro días muerto.

Marta y María estaban en casa, rodeadas de amigos, desconsoladas por la muerte de su querido hermano. Llegó a la casa la noticia de que Jesús estaba cerca, a solo unos tres kilómetros. Marta salió a su encuentro. Cuando lo encontró, iba camino a su casa. "Señor, si hubieses estado aquí, mi hermano no habría muerto. Mas también sé ahora que todo lo que pidas a Dios, Dios te lo dará" (Jn. 11:21-22). Igual que antes, Marta corrió a Jesús con su angustia; pero, una vez más, las primeras palabras que salieron de su boca estaban llenas de crítica.

Su conversación continuó. Jesús le dijo: "Tu hermano resucitará. Marta le dijo: Yo sé que resucitará en la resurrección, en el día postrero" (Jn. 11:23-24). Marta estaba adoptando una postura rígida, tratando de encontrar aceptación en el dolor de su pérdida, pero Jesús aún no había respondido a su acusación. ¿Por qué no había llegado antes para salvar así la vida de su hermano? Evidentemente, conocía sus pensamientos, porque siguió indagando en ella, y le dijo: "Yo soy la resurrección y la vida; el que cree en mí, aunque esté muerto, vivirá. Y todo aquel que vive y cree en mí, no morirá eternamente. ¿Crees esto?" (Jn. 11:25-26). Jesús no estaba siendo evasivo. Estaba tratando de desarraigar el espíritu crítico de Marta, para ello volvió a centrar sus pensamientos en Él, en su poder, en su cuidado y en su gloria. Y funcionó, porque Marta le respondió: "Sí, Señor; yo he creído que tú eres el Cristo, el Hijo de Dios, que has venido al mundo" (Jn. 11:27).

Dios nunca ha prometido darnos explicaciones de lo que hace. Lo que ha prometido es darnos esperanza, ayuda y sanidad en medio de todo ello.

Dios se acerca a nosotras de la misma manera. Cuando sus caminos nos dejan perplejas, cuando permite que nos suceda algo trágico que no comprendemos, no suele decirnos por qué. En cambio, se revela a nuestros corazones dolidos. Dios nunca ha prometido darnos explicaciones de lo que hace. Lo que ha prometido es darnos esperanza, ayuda y sanidad en medio de todo ello. Eso es lo que le ofreció a Marta cuando acudió a Él en su dolor. Así que, con Jesús a su lado, volvió a la casa donde estaban María y las personas que habían ido a darles el pésame por la muerte de su hermano.

María salió a su encuentro, se postró a sus pies y se hizo eco de la acusación de Marta: "Señor, si hubieses estado aquí, no habría muerto mi hermano" (Jn. 11:32). Leemos que Jesús, al ver a los dolientes y el gran desconsuelo de las dos hermanas, se turbó en su espíritu y se echó a llorar. El Señor no es como nosotras. Si alguien viene a acusarnos de una mala conducta, es poco probable que nos invada un sentimiento de compasión por nuestro acusador, pero eso es lo que hace Dios. Él conoce nuestras heridas y, aun cuando lo culpamos de nuestro dolor, no deja de consolarnos y sanarnos.

Dios conoce nuestras heridas y, aun cuando lo culpamos de nuestro dolor, no deja de consolarnos y sanarnos.

Lo mejor estaba por llegar. Jesús y los dolientes se dirigieron al sepulcro donde habían sepultado a Lázaro y, cuando el grupo llegó allí, Jesús pidió a alguien que quitara la piedra que cubría la entrada. En ese momento intervino Marta, que se caracterizaba por ser práctica, y dijo: "Señor, hiede ya, porque es de cuatro días" (Jn. 11:39). Fue entonces cuando Jesús la bendijo más allá de lo que ella había imaginado. Jesús le respondió: "¿No te he dicho que si crees, verás la gloria de Dios?" (Jn. 11:40). Después de elevar una oración a Dios y de que hubieran quitado la piedra, Jesús clamó a gran voz: "¡Lázaro, ven fuera! Y el que había muerto salió, atadas las manos y los pies con vendas, y el rostro envuelto en un sudario. Jesús les dijo: Desatadle, y dejadle ir" (Jn. 11:43-44). Marta no recibió una explicación, pero sí algo mejor. Una vez más, se había apresurado a criticar, a opinar sobre la situación, a juzgar lo sucedido y a expresar lo que, en su opinión, debería haberse hecho. Y, una vez más, Jesús ministró a Marta con la delicadeza que ella necesitaba.

De cerca y en persona

Marta aprendió varias cosas sobre Jesús aquel día, cosas que te beneficiarán si estás perpleja sobre algo. ¿Estás enojada con Dios? ¿Sientes que ha actuado injustamente o que te ha dado la espalda cuando más lo necesitabas? Si te das cuenta de que lo estás acusando en tu corazón, Él quiere que le lleves tus heridas en oración. Dile exactamente lo que piensas y sientes. Cuando lo hagas, descubrirás lo mismo que Marta: que la paciencia de Dios es infinita. No te dará la espalda. Al contrario, te recibirá en su presencia. Dios se deleita en la sinceridad. También es realista. Sabe todo lo que pensamos y por qué lo pensamos. Lejos de ser pecaminoso, contarle a Dios tus quejas, tu enojo y tu decepción es un acto de humildad, siempre que vayas a Él con la reverencia que se merece. Al acercarte a Dios con absoluta sinceridad, además de respeto y temor, lo estás invitando a que te responda.

Si lo haces, aprenderás lo que Marta aprendió sobre cómo responde Dios. En lugar de rebajarse a tu nivel, te elevará al suyo. Redirigirá tus pensamientos conforme a la verdad de su Palabra y, cuando eso ocurra, empezarás a ver las cosas bajo una nueva luz. Dios no hace esto para evitar tus acusaciones o para adormecerte en medio de las dificultades. Más bien, lo hace porque cuando ves las cosas a la luz de su Palabra, ves las cosas tal como son, lo cual, para sus hijos, siempre significa paz y sanidad. ¿Eres una mujer que se caracteriza por ver todo blanco o negro como Marta, propensa a emitir juicios con espíritu de crítica antes de conocer todos los hechos? Si es así, evitarás mucha decepción, angustia mental y distanciamiento si te sumerges en la Palabra de Dios. Las Escrituras te ayudarán de la misma manera que Jesús ayudó a Marta. La voz que ella oyó y las palabras que leemos están en la misma línea.

Marta también aprendió que su actitud crítica hacia Jesús estaba fuera de lugar, porque Él era digno de su confianza incondicional. Ella descubrió que las demoras no necesariamente significan "no". ¿Has estado clamando a Dios en tu dolor y Él ha hecho silencio ante tu necesidad? Ten la seguridad de que no te ha abandonado en tu sufrimiento. No está esperando a que te recompongas y sigas con tu vida. Él tiene una respuesta, una solución concreta a lo que te causa angustia o agonía. A su debido tiempo te la revelará. Así que espéralo, porque su tiempo perfecto será el momento cuando Él será más glorificado y cuando tú más lo alabarás y más lo amarás.

GUÍA DE ESTUDIO

Capítulo 19: Marta

Lee los siguientes pasajes para aprender lo que las Escrituras nos dicen sobre Marta: Lucas 10:38-42; Juan 11:1-6, 17-44; 12:2.

1. ¿Cómo respondió Jesús a la queja inicial de Marta sobre la falta de ayuda de María? Cuando escuchó la respuesta de Jesús, ¿qué aprendió Marta sobre sí misma?

2. Cuando le entregamos nuestro corazón a Jesús, ¿qué podemos esperar que haga por nosotras? ¿Y qué no debemos esperar que haga?

3. Describe las características de Jesús reveladas en la forma en que respondió a la queja de Marta.

4. ¿Qué ganó Marta al sincerarse con Jesús sobre su queja?

5. ¿Cómo podemos mostrar humildad cuando presentamos una queja a Dios?

6. ¿Te consideras una mujer de blanco o negro, o de grises? Considera cómo tu tendencia ha sido tanto una fortaleza como una debilidad en tu vida.

CAPÍTULO 20

LA SAMARITANA

Satisfacción garantizada

Elegida y apreciada

La vida terrenal de Jesucristo fue relativamente corta, apenas treinta y tres años, pero en ese breve lapso de tiempo se revelaron innumerables aspectos de su naturaleza, que se registraron en los Evangelios. Sabemos lo que lo enoja y lo que le causa dolor. Somos testigos de su trato con las personas, ya sea en la intimidad de la amistad o a través de su paciencia entre las multitudes. Otra cosa que vemos es la gran compasión que Jesús siente por las mujeres, especialmente por las que son pobres, están solas o no son del agrado de los demás.

Las pruebas de esa compasión se ven a lo largo de su vida y de su ministerio. Jesús trató a su madre, María, con el mayor de los respetos y veló por su futuro en medio de su mayor agonía en la cruz. Liberó a María Magdalena de siete demonios. Sanó a una mujer que llevaba doce años sufriendo hemorragias, una mujer cuya enfermedad la había convertido en una mujer impura, una marginada social. Perdonó públicamente a una mujer sorprendida en adulterio, un pecado por el que la pena habitual era la muerte. Sin duda, su compasión por estas mujeres contribuyó a las críticas de un público suspicaz. En una época cuando las mujeres eran ciudadanas de segunda clase, la preocupación de Jesús por ellas asombró a algunos y enfureció a otros. Jesús cruzó muchas barreras culturales para llegar a las mujeres.

Jesús y el alma enferma por el pecado

En ninguna parte es más evidente que en una ocasión cuando Jesús se encontró con una mujer en su camino a Galilea desde Judea. Habitualmente, los judíos devotos hacían ese viaje con un desvío para evitar Samaria. El desprecio entre judíos y samaritanos se había desarrollado a lo largo de los siglos, y las tensiones raciales eran muy fuertes. Sin embargo, Jesús no tenía prejuicios y emprendió su viaje a través de la región difamada. Hacia el mediodía, Jesús llegó al pozo de Jacob y se detuvo allí a descansar. Había enviado a los discípulos a la ciudad para comprar comida, así que estaba solo cuando, unos minutos más tarde, se acercó una lugareña a sacar agua. Evidentemente, era pobre, porque en la época de Jesús las mujeres acomodadas no realizaban esas tareas. Jesús pidió a la mujer que le diera de beber del agua que estaba sacando, y ella le preguntó: "¿Cómo tú, siendo judío, me pides a mí de beber, que soy mujer samaritana? Porque judíos y samaritanos no se tratan entre sí" (Jn. 4:9).

Jesús respondió: "Si conocieras el don de Dios, y quién es el que te dice: Dame de beber; tú le pedirías, y él te daría agua viva" (Jn. 4:10). Jesús le estaba ofreciendo el don de sí mismo, pero esta mujer aún no lo entendía. No pensaba en términos espirituales. Pensó que Jesús le estaba hablando de otro pozo del que podría abastecerse de agua. Jesús continuó diciendo: "Cualquiera que bebiere de esta agua, volverá a tener sed; mas el que bebiere del agua que yo le daré, no tendrá sed jamás; sino que el agua que yo le daré será en él una fuente de agua que salte para vida eterna" (Jn. 4:13-14). Las palabras de Jesús apelaron a su mentalidad terrena, así que ella dijo: "Señor, dame esa agua, para que no tenga yo sed, ni venga aquí a sacarla" (Jn. 4:15).

Lo que Jesús dijo a continuación hizo que la mujer pensara de otra manera: "Ve, llama a tu marido, y ven acá" (Jn. 4:16). Debió de pararse a pensar en su respuesta. En su caso, era algo difícil de decir, pero cuando respondió, lo hizo con sinceridad: "No tengo marido" (Juan 4:17a). Jesús ya lo sabía, por supuesto. Solo estaba haciendo lo que siempre hace cuando nos lleva a la salvación, que es hacernos conscientes de nuestro pecado. Y continuó: "Bien has dicho: No tengo marido; porque cinco maridos has tenido, y el que ahora tienes no es tu marido; esto has dicho con verdad" (Jn. 4:17-18). Aunque le habló con amabilidad, Jesús confrontó a la mujer con su inmoralidad. Solo si nos enfrentamos a lo que hemos sido y a todo lo que hemos hecho para violar las leyes de Dios, seremos conscientes de nuestra necesidad del agua viva que solo Jesús puede proporcionarnos.

Jesús continuó diciéndole lo que había confesado a pocas personas en aquella época: que Él era el Mesías prometido desde hacía mucho tiempo. La samaritana justo empezaba a entender esta verdad cuando los discípulos regresaron y se sorprendieron al ver a Jesús hablando con una mujer. En ese momento, ella dejó sus cántaros de agua y corrió a la ciudad para hablar a los demás de aquel hombre extraño. Y les dijo a todos: "Venid, ved a un hombre que me ha dicho todo cuanto he hecho. ¿No será este el Cristo?" (Jn. 4:29). Y cuando hubieron oído sus palabras, vinieron al pozo a ver a aquel hombre. Es interesante observar que fue ella quien llevó a los samaritanos a ver a Jesús, y no los discípulos, que acababan de llegar de la ciudad. Su entusiasmo era contagioso y eficaz.

Jesús espera a que lleguemos y, al mismo tiempo, nos atrae a Él para darse a sí mismo a nosotras.

Aunque no era plenamente consciente de la importancia de lo que le había ocurrido aquel día, sabía que ese judío con halo de autoridad le había tendido la mano para ofrecerle algo valioso, a pesar de que sabía lo que ella era y todo lo que había hecho. Dado que conocemos toda la historia de Jesús, podemos ver lo que ella no podía ver, es decir, que Jesús anhelaba dar a esta mujer lo que le faltaba. No fue casualidad que se encontrara con ella en el pozo. Él llegó allí y envió a sus discípulos para preparar su llegada a ese lugar, así que cuando ella se encontró con Jesús, Él la estaba esperando. Siempre es así. Jesús espera a que lleguemos y, al mismo tiempo, nos atrae a Él para darse a sí mismo a nosotras.

¿Lo has encontrado? Él también te está esperando, no importa cómo sea tu vida ahora o qué oscuros secretos escondas en tu pasado.

La samaritana se sorprendió de que Él le tendiera la mano, porque sabía que la despreciaban. Los judíos la rechazaban por su nacionalidad y, probablemente, muchos de los suyos la despreciaban por vivir con un hombre que no era su marido. Sin embargo, de repente, aquí estaba alguien que lo sabía todo sobre ella; pero aun así condescendía hablándole y ofreciéndole, además, un precioso regalo. Jesús se dolió por esta mujer. En su comentario sobre el Evangelio de Juan, el pastor James Montgomery Boice escribe: "¡Qué imagen de Jesús! Aquí había un Jesús que no estaba cansado solo por el calor. Podría haberse quedado en la zona más fresca del Jordán. Aquí había un Jesús que estaba cansado en su búsqueda de pecadores y que tenía sed mientras buscaba a aquellos a quienes ofrecería el agua de vida. En la misma misión, experimentaría una sed aún mayor en la cruz".[1]

El Dr. Boice continuó citando al misionero Geoffrey Bull, quien escribe: "Si ella hubiera podido ver en ese momento lo que Jesús vio, habría vislumbrado otro mediodía cuando el sol lloraría en la negrura y este mismo Forastero gritaría desde una cruz romana: '¡Tengo sed! Habría visto en Él la sombra de una gran roca en una tierra seca, el Cristo herido de quien manan las aguas vivas... Tenía más sed de la que ella creía. Hablaba desde el corazón mismo de Dios. Se conmovía en el dolor de su alma y buscaba satisfacción en la restauración de esta mujer herida por el pecado".[2]

Un pozo más profundo y un camino mejor

Jesús sabía lo que esta mujer necesitaba y llegó al meollo de la cuestión. "Ve y llama a tu marido", le dijo. La mujer no solo vivía con el desprecio de los demás, sino que también llevaba dentro la vergüenza que siempre conlleva el comportamiento inmoral. Jesús vino a ofrecerle amor en lugar del desprecio y hacerla libre de su vergüenza, pero ella necesitaba algo más. "No tengo marido", respondió a Jesús. Por la cantidad de hombres con los que había vivido, era evidente que se

---

1. James Montgomery Boice, *The Gospel of John*, volume 1, *The Coming of the Light, John 1–4, Living Water* (Grand Rapids, Mich.: Baker, 1999), 278.

2. Extraído de Geoffrey T. Bull, *God Holds the Key* (Londres: Hodder & Stoughton, 1967), 70-71.

había acostumbrado a buscar sostenimiento económico y consuelo al unirse a ellos, uno tras otro. Pero una y otra vez eso no le había proporcionado lo que realmente anhelaba.

Los cinco maridos habían muerto, suponemos, y este sexto hombre, por la razón que fuera, no se había casado con ella. No había sido capaz de encontrar aquello que tan profundamente anhelaba. Sin embargo, no podía imaginar otra forma de afrontar la vida, así que soportó la vergüenza. Necesitaba a alguien que nunca la abandonara y que la tratara con respeto y dignidad. Lo que más necesitaba era un verdadero Salvador. Jesús la atrajo a Él y le ofreció todo eso.

Hoy día muchas mujeres ven su relación con los hombres bajo la misma luz engañosa que la mujer samaritana. En cierta medida, ellas no creen que estén completas ni seguras sin un hombre. Necesitan la iluminación de Cristo, tal como ella lo necesitaba. Piensan como la mujer samaritana, que cuando inició su conversación con Jesús no podía comprender las verdades espirituales. "Señor, dame esa agua, para que no tenga yo sed, ni venga aquí a sacarla", le había dicho. Ella solo podía comprender realidades terrenales.

Hoy día muchas mujeres ven su relación con los hombres bajo la misma luz engañosa que la mujer samaritana... no creen que estén completas ni seguras sin un hombre.

Sin embargo, hay un número igual de mujeres que ya conocen a Cristo, pero que sufren el mismo problema. Confiesan a Cristo como Señor y Salvador, pero dedican gran parte de su vida a buscar algo o alguien con quien relacionarse. Ya han recibido el agua viva que Cristo les ofrece, pero no la beben. En lugar de eso, se quedan junto al pozo en un día caluroso y polvoriento para buscar otro suministro de agua. Tal vez tú seas una de esas mujeres. Puedes comprobarlo al preguntarte sinceramente si has encontrado a Jesús como el que sacia tu alma o si crees que necesitas a Jesús y otra cosa más.

Aquellas de ustedes que no han descubierto que Jesús es suficiente para todas sus necesidades puede que necesiten una comprensión más profunda del agua viva que Jesús les ofrece. El agua, en sí misma, es algo que damos por sentado en la sociedad occidental. La tenemos en abundancia siempre que la necesitamos. Está disponible en paquetes de seis botellas y en grandes garrafas de cinco litros. En muchos edificios de oficinas hay dispensadores de agua en todas las plantas. Podemos sacarla caliente o fría a nuestro antojo. Nos quejamos si la presión del agua en la ducha no lanza un chorro potente, y en las raras ocasiones en que hay sequía y se aplican restricciones de agua, nos quejamos de los autos sin lavar y los jardines marchitos.

Aquellas de ustedes que no han descubierto que Jesús es suficiente para todas sus necesidades puede que necesiten una comprensión más profunda del agua viva que Jesús les ofrece.

Sin embargo, eso no ocurría en los tiempos de Jesús. El agua no era fácil de conseguir. La mujer samaritana tenía que caminar un buen trecho para sacar agua para uso doméstico. Y, a pesar de todo ese esfuerzo, la necesidad de más agua era constante. La comparación que hizo Jesús de la salvación con el agua viva habría tenido un gran impacto en la mujer samaritana. Así que, para ponerlo en un contexto que podamos entender, piensa en la sed como algo que anhelas, pero que parece que no puedes obtener. Sea lo que sea, Jesús es la respuesta viva a esa necesidad. ¿Tu sed es soledad? Jesús puede colmar tu anhelo de forma permanente. Tal vez tengas sed de amor o de sentido y propósito. Jesús anhela proporcionarte todo eso. El agua viva representa la satisfacción garantizada.

Jesús estaba ofreciendo libertad a la mujer samaritana. Ella era libre de dejar su vida de inmoralidad. Jesús podía proporcionarle todo lo que ella había buscado de sus maridos y de su pareja que vivía con ella. Lo mismo ocurre con nosotras. Cuando Jesús nos salva, nos libera del pecado. Antes de ser salvas, no somos libres del pecado. No sabemos hacer otra cosa, pero cuando el Espíritu Santo ilumina nuestros corazones y nos ofrece la verdadera y eterna agua viva, nuestros corazones se abren a una nueva forma de vida. Por eso, la necesidad nunca es motivo ni excusa para pecar. Si nos falta algo en el plano terrenal, es solo para que Dios nos dé algo mejor. Y, en realidad, si lo tenemos a Él, nada nos falta.

Gozo para las abatidas

¿Quieres conocer por ti misma el agua viva de Jesús? Por supuesto que sí. No dejes que la vergüenza por tu forma de vida te detenga. Si Jesús te confronta con tu pecado, es para mostrarte cuánto lo necesitas. Quiere que hagas lo que hizo la samaritana. Sé sincera con Él. De todos modos, Él ya lo sabe todo. Sé sincera con Él y contigo misma. De ese modo conocerás tu sed, la necesidad que tienes del agua que te limpia de todo ese pecado.

Sea cual sea el largo y caluroso camino que estés recorriendo, sean cuales sean las preocupaciones que te agobian, si te sientes sola, marginada y despreciada por los demás, Jesús siente una especial compasión por ti, y está esperando para ocuparse de todo eso. Jesús anhela darse a sí mismo a cambio de tus pecados y tus problemas. Te espera junto al pozo.

GUÍA DE ESTUDIO

Capítulo 20: La samaritana

Lee el siguiente pasaje para aprender lo que las Escrituras nos dicen sobre la samaritana: Juan 4:7-42.

1. ¿Cómo logró Jesús que la mujer samaritana tomara conciencia de su necesidad de un Salvador?

2. ¿De qué manera el encuentro de Jesús con la samaritana es una imagen de cómo Él viene a nosotras?

3. ¿Cómo captó Jesús el corazón de la samaritana? ¿A dónde quería llegar Jesús cuando le dijo: «Ve, llama a tu marido»?

4. ¿De qué manera ofrecía Jesús libertad a la samaritana, es decir, cómo le permitía la salvación dejar su estilo de vida pecaminoso?

CAPÍTULO 21

LIDIA

El tesoro dentro de ti

En qué te destacas

Juana llegó a la fiesta del brazo de Carlos, con una sonrisa congelada en el rostro. Estaba petrificada de ansiedad por esa noche, el mayor acontecimiento del año para todos los asociados del bufete de abogados de Carlos. Con la apariencia de una reunión social, la velada era el último factor decisivo para decidir cuál de los asociados se convertiría en socio del bufete. Todo dependía de lo ingeniosos que fueran durante la cena, de cómo encandilaran a las esposas de los socios y de las demostraciones de gracia social que mostraran sus propias esposas. Juana sabía lo importante que era esa noche y el papel decisivo que desempeñaba en la determinación del futuro de Carlos.

Mientras observaba la sala, se le cayó el alma al suelo. "Este vestido rosa no es el adecuado —pensó—. Todas las demás van de negro. Ya tenemos un punto en contra". Juana se sentó a cenar sintiéndose abatida y con la lengua trabada. Las otras mujeres de su mesa estaban hablando de una próxima gala para recaudar fondos, una conversación a la que Juana no tenía nada para contribuir. Con tres estudios bíblicos semanales, cocinando todos los días para el ministerio de los indigentes de la iglesia y cuidando de su bonita casa para Carlos, a Juana le quedaba poco tiempo para otras actividades.

Poco antes que se sirviera la comida, Juana se excusó y se escabulló al sanitario para damas. Sin embargo, una vez allí entraron varias mujeres y se pararon cerca de Juana mientras esta fingía arreglarse el maquillaje. Juana no pudo evitar escuchar su conversación, asombrada de los comentarios sarcásticos, la mayoría de ellos de resentimiento e insatisfacción con sus maridos.

—Más vale que Gabriel se haga socio —amenazó una mujer—. Estoy harta de vivir con el sueldo que cobra.

—Sé lo que quieres decir —respondió otra—. Me muero de vergüenza si Jorge no lo consigue. ¡Me encierro y listo!

—Y ni hablar de los cinco años de jornadas laborales de doce horas —añadió una tercera—. Todo ese tiempo en la oficina. Siempre a disposición de la empresa. Como cachorros ávidos de migajas.

Las risas femeninas resonaron en el espejo.

—¿Y tú? —preguntó una de ellas a Juana—. ¿No eres la mujer de Carlos? Estás en el mismo barco que el resto de nosotras. ¿No estás harta de vivir así?

Mientras esperaban su respuesta, la indignación soltó la lengua de Juana. Pensó en el duro trabajo de Carlos, en las horas y días de sacrificio que había pasado para ser testigo de Cristo ante sus compañeros de trabajo y poder darle una vida cómoda, aunque modesta.

—¡No estoy harta en absoluto! —respondió Juana—. Me alegro de que le guste su trabajo. También me alegro de tener un marido con una fuerte ética laboral.

El silencio fue tangible durante un segundo o dos, luego:

—Pero... Juana, ¿significa eso que no te importa si Carlos se hace socio o no?

—Claro que me importa —respondió Juana—, pero me importa por su bien. Ha trabajado mucho. Se lo ha ganado. Quiero ver recompensada la dedicación de mi marido.

Juana volvió a su mesa sin ningún remordimiento. Aunque sus comentarios los hubieran perjudicado socialmente a ella y a Carlos, lo importante era apoyar y alentar a su marido.

Más tarde, después de cenar, Juana se escabulló de nuevo al sanitario para damas con la esperanza de tener un momento de tranquilidad. Mientras se volvía a aplicar el pintalabios, otra mujer apareció a su lado.

—Eres Juana, ¿verdad? —le preguntó—. Soy Marcela. Estaba del otro lado de la puerta cuando hablabas con esas mujeres. No pude evitar fijarme en lo diferente que eres del resto. La forma en que defendiste a tu marido. No creo que hubiera tenido el valor de decir lo que tú dijiste. Me avergoncé de mí misma. De hecho, me ayudaste a ver el trabajo de nuestros maridos desde una nueva perspectiva. Realmente son muy trabajadores y lo hacen por nosotras.

Al final de la velada, todos los asociados y sus esposas pasaron por una fila de recepción donde fueron recibidos por los socios y sus esposas. Cuando Juana y Carlos se acercaban a la puerta, le presentaron a un hombre mayor, el socio principal y, mientras le estrechaba la mano, le dijo a Carlos:

—Tienes una gran esposa —dijo con una sonrisa—. Las palabras de las mujeres viajan rápido. Ya me he enterado de cierta conversación que mantuvieron esta tarde en el sanitario de damas. Esposas que apoyan a sus maridos los hacen felices, y hombres así son capaces de dar lo mejor de sí mismos a la empresa. Eres justo el tipo de hombre que queremos como socio, Carlos.

Regresaron a su casa en un estado de euforia.

—Me preocupaba tanto que mi falta de sofisticación perjudicara tu carrera —confesó Juana—. ¡Dios es tan bueno!

Juana está empezando a aprender una importante verdad: cuando nos centramos en los talentos de los demás y los envidiamos, no vemos nuestros dones únicos. Juana se ha sentido a menudo insegura por su falta de sofisticación según los conceptos del mundo. Desde niña, ha admirado a las mujeres que tienen un don para integrarse socialmente, el tipo de mujer que nunca falla a la hora de presentarse con el atuendo adecuado, la que mantiene conversaciones ingeniosas e interesantes con multitudes de personas. Juana se fija tanto en los dones que poseen otras mujeres que no ve cómo su don de animar a otros, su sensibilidad y su comportamiento amable sirven para reconfortar y fortalecer a quienes la rodean.

Cómo empezar

Tal vez tú seas como Juana. Ves a tu alrededor mujeres, creyentes y no creyentes, que rebosan confianza en sí mismas. Van de una actividad a otra, cumplen sus objetivos y aprovechan al máximo cada oportunidad. Te preguntas por qué las cosas parecen tan fáciles para ellas. ¿Cuál es su secreto? No es ningún misterio. Estas mujeres simplemente saben y entienden que hacen ciertas cosas mejor que otras. Han descubierto sus dones y los ponen en práctica.

Para las mujeres cristianas, hay dos consideraciones adicionales necesarias para vivir con éxito. La primera consideración es para qué o para quién estás trabajando; en otras palabras, ¿cuál es tu motivación? Cualquier cosa que no sea la gloria de Dios es un motivo indigno y no producirá nada de valor eterno. La segunda consideración es la sumisión. Descubrirás que logras mucho más una vez que hayas aceptado que Dios te ha preparado para ciertas cosas, en lugar de desear los dones que Dios les ha dado a otros. Siempre haremos mejor aquello para lo que hemos sido llamadas.

Siempre haremos mejor aquello para lo que hemos sido llamadas.

Si eres cristiana, Dios te ha provisto de talentos naturales y dones espirituales. Hay diferencias entre los talentos y los dones. Tus talentos han estado contigo desde tu nacimiento. Forman parte de lo que se llama la gracia común de Dios, lo que significa que son una bendición reservada no solo para los cristianos, sino que se concede a toda la humanidad. La gracia común de Dios es un término que utilizan los teólogos para referirse al ejercicio de la bondad de Dios hacia todo lo que ha creado. Vemos que la gracia común actúa allí donde hay bondad, prosperidad o felicidad en el mundo y en las personas que nos rodean, independientemente de su posición en el reino de Dios. En referencia a Dios Padre, Jesús dijo: "que hace salir su sol sobre malos y buenos, y que hace llover sobre justos e injustos" (Mt. 5:45). Esta es la gracia común.

Los dones espirituales solo se conceden a los cristianos y son para usarlos en el cuerpo de Cristo. Puedes encontrar listas de dones espirituales en el Nuevo Testamento en Romanos 12:6-8, 1 Corintios 12:4-11 y Efesios 4:7-12. Podemos utilizar nuestros talentos de muchas maneras, para nosotras mismas y para Dios. Los dones espirituales no son para nuestro uso, sino para edificar la familia de Cristo en la madurez espiritual. Cuando Dios nos llama, puede incluir nuestros talentos naturales y, a menudo, lo hace, pero su llamado siempre implicará, en gran medida, nuestro don o dones espirituales.

Una vida bien vivida

Lidia es un ejemplo de mujer que aprovechó al máximo tanto sus talentos naturales como sus dones espirituales. Lidia, que vivía en la ciudad macedonia de Filipos, era una mujer de negocios de la ciudad de Tiatira, una región famosa por su excelente tinte para telas llamado púrpura. Este tinte púrpura no era exactamente como el color que conocemos con ese nombre. Sus matices eran de una gama mucho más amplia. Aquel antiguo tinte producía tonos para telas que iban desde el carmesí rojizo hasta diversas tonalidades de azul. El tinte era costoso y, por lo tanto, normalmente inalcanzable para las personas de medios modestos. Por la historia de Lidia, que aparece en Hechos 16, podemos suponer que era soltera. No se menciona que tuviera marido; eso, y el hecho de que se mantenía a sí misma, nos lleva a tal deducción. El relato nos informa que Lidia también daba cobijo a otras personas. No se nos dice si eran parientes o criados. Si era viuda, puede que fueran sus hijos u otros parientes.

Es evidente que Lidia era una mujer de espíritu independiente, sin miedo a las multitudes, a los comerciantes rudos y a la necesidad de dirigir su negocio en un entorno dominado por los hombres. Al parecer, tuvo bastante éxito en sus negocios, tanto que pudo mantener un hogar para ella y para otros. Aunque todavía no era cristiana, su corazón anhelaba las cosas de Dios, así que cuando Lidia no estaba trabajando, se reunía con las mujeres judías de la zona a la orilla del río para leer y hablar de las Escrituras. Eso es lo que estaba haciendo Lidia un día cuando el apóstol Pablo bajó al río para orar. Cuando no había una sinagoga cerca, los judíos se reunían para orar al aire libre, cerca del agua. Pablo había llegado a Filipos precisamente para predicar el evangelio, así que cuando se encontró con el grupo de mujeres que estudiaban la ley de Dios, se sentó a hablar con ellas.

Lucas estaba con Pablo en ese momento. Más adelante, cuando escribió el libro de los Hechos, Lucas relató lo que le sucedió a Lidia mientras Pablo predicaba el evangelio: "el Señor abrió el corazón de ella para que estuviese atenta a lo que Pablo decía" (Hch. 16:14). Ese fue el momento de la conversión de Lidia a la fe en Cristo. Le sucedió lo mismo que a nosotras. Por medio del Espíritu Santo, Dios le ayudó a comprender y recibir la salvación por medio de Jesucristo. Y junto con la salvación de Lidia vinieron los dones espirituales y, en su caso, el don de la hospitalidad salió rápidamente a la luz. Leemos: "Y cuando fue bautizada, y su familia, nos rogó diciendo: Si habéis juzgado que yo sea fiel al Señor, entrad en mi casa, y posad. Y nos obligó a quedarnos" (Hch. 16:15).

Aunque puede que Lidia tuviera una aptitud natural para la hospitalidad, podemos deducir que su invitación a la hospitalidad procedía también de un don espiritual que acababa de recibir y que ejerció de inmediato en favor de otros creyentes. Su invitación no tenía que ver con el entretenimiento social, sino más bien con ofrecer consuelo y apoyo a los demás mientras hacían la obra del Señor.

La razón por la que Lidia tuvo tanto éxito en los negocios fue que buscó y desarrolló aquellas cosas en las que se destacaba de forma natural.

Como sucede con todos los dones espirituales, podemos ejercerlos bien con la ayuda del Espíritu Santo. Así sucedió en el caso de Lidia. Sabemos que los apóstoles encontraron el descanso que necesitaban porque la casa de Lidia fue el primer lugar al que acudieron tras una angustiosa experiencia poco después. Pablo y su colaborador Silas enfurecieron a los magistrados locales, y los dos apóstoles fueron llevados a la cárcel y golpeados duramente. Esa misma noche, Pablo y Silas fueron puestos en libertad. "Entonces, saliendo de la cárcel, entraron en casa de Lidia, y habiendo visto a los hermanos, los consolaron, y se fueron" (Hch. 16:40). Pablo y Silas acudieron a la casa de Lidia porque, gracias al ejercicio de su don, ella pudo darles refugio.

Admiramos a Lidia por sus talentos naturales y por sus dones espirituales, pero todas podemos hacer tanto como ella. La razón por la que Lidia tuvo tanto éxito en los negocios fue que buscó y desarrolló aquellas cosas en las que se destacaba de forma natural. Al poseer una naturaleza independiente, así como capacidad para mantenerse firme y ser astuta en la negociación y otros asuntos financieros, además de tener el valor de vivir en contra de las normas culturales del comportamiento femenino aceptable, Lidia era instintiva para el éxito en el negocio de los tintes.

En cuanto a su don espiritual de la hospitalidad, podía desempeñarlo bien porque Dios le había proporcionado todo lo que necesitaba para ponerlo en práctica. Ya sea a través de su éxito en los negocios o por algún otro medio, Dios había dado a Lidia una casa adecuada para el ejercicio de su don. Cuando Dios nos da dones para servir al cuerpo de Cristo, siempre nos proporciona los medios a través de los cuales maximizar esos dones.

Supera los obstáculos

¿En qué te destacas y qué haces con eso? ¿Estás haciendo uso de los dones y talentos que Dios te ha dado? Conozco a un buen número de mujeres que se sienten frustradas por esto mismo. Algunas de ellas dedican la mayor parte de sus horas activas a tareas para las que no tienen un talento natural. A menudo, esto forma parte del proceso necesario para descubrir nuestra vocación. Nuestro camino se nos aclara con frecuencia a través del mecanismo de prueba y error. Dios no tiene prisa, y podemos confiar en que nos guiará como considere mejor. Otras veces, las mujeres se sienten frustradas porque desearían tener dones y talentos distintos de los que Dios les ha dado. Cuando eso sucede, si caemos en esa forma de pensar, perderemos mucho tiempo y energía en tratar de llegar a destacarnos en algo para lo que no tenemos capacidad. Y aunque es bueno extendernos fuera de nuestra zona de confort, dedicar nuestra vida a algo para lo que no tenemos un talento natural acabará por provocarnos frustración.

Tengo una amiga íntima llamada Olivia que tiene un don para la docencia. Olivia es consciente de sus aptitudes superiores, tanto por su éxito académico personal como por lo que otros le han dicho. Después de cuatro años de universidad, seguidos inmediatamente por un programa intensivo de postgrado en educación, Olivia se dedicó a las ventas, un campo para el que ni su educación ni su experiencia previa la habían preparado. La elección de Olivia desconcertó a muchos de los que la conocían entonces. Aunque una carrera así requiere educación y mucha inteligencia, no parecía la mejor opción para alguien con sus talentos particulares.

Ahora, varios años después, Olivia no está contenta con su carrera y se cuestiona su decisión anterior. Está tratando de descubrir cómo puede utilizar mejor los talentos y dones que Dios le ha dado, no solo para su realización, sino también para su gloria. De hecho, la búsqueda de la gloria de Dios en el ejercicio de nuestros dones y talentos es de primordial importancia. También es cierto que buscar la honra de Dios siempre va de la mano de nuestra realización personal. Sé que Olivia la encontrará, porque su búsqueda se ha convertido en la de honrar a Dios por encima de cualquier otra consideración.

Envidiar los dones de los demás roba a Dios su gloria y a nosotras el sentido de satisfacción y bienestar en nuestras vidas.

Envidiar los dones de los demás roba a Dios su gloria y a nosotras el sentido de satisfacción y bienestar en nuestras vidas. Es verdaderamente importante valorar y hacer uso de tus dones porque has sido llamada a cumplir una función única en la comunidad cristiana donde Dios te ha colocado. El don de hospitalidad de Lidia y la providencia de Dios para llevar a cabo su don proporcionaron a los apóstoles lo que otros entre ellos no hubieran podido hacer. Lo mismo ocurre con tus dones. Dios te ha dado dones para hacer lo que nadie más puede hacer exactamente igual que tú.

Pablo lo explicó muy bien a los cristianos de la iglesia de Corinto cuando les escribió sobre este asunto. Utilizando el cuerpo humano como analogía, Pablo dijo:

> Si dijere el pie: Porque no soy mano, no soy del cuerpo, ¿por eso no será del cuerpo? Y si dijere la oreja: Porque no soy ojo, no soy del cuerpo, ¿por eso no será del cuerpo? Si todo el cuerpo fuese ojo, ¿dónde estaría el oído? Si todo fuese oído, ¿dónde estaría el olfato? Mas ahora Dios ha colocado los miembros cada uno de ellos en el cuerpo, como él quiso. Porque si todos fueran un solo miembro, ¿dónde estaría el cuerpo? Pero ahora son muchos los miembros, pero el cuerpo es uno solo. Ni el ojo puede decir a la mano: No te necesito, ni tampoco la cabeza a los pies: No tengo necesidad de vosotros (1 Co. 12:15-21).

Encuentra el camino

Es importante tener en cuenta que no debemos tener miedo de no encontrar la voluntad de Dios para nuestras vidas. Él no la cuelga en algún lugar allá arriba en el reino espiritual y espera a ver si estamos lo suficientemente comprometidas, o somos lo suficientemente inteligentes, para encontrarla. Todo lo contrario. Descubrir el llamamiento de Dios ocurre fácilmente cuando buscamos la mejor manera de servirlo en los asuntos cotidianos y cuando obedecemos su Palabra. Su plan para cada una de nosotras se desarrolla de forma natural a medida que ponemos en práctica su Palabra allí donde estamos, donde Él nos ha colocado, hoy.

Sin embargo, al igual que Olivia, seguimos enfrentándonos a preguntas sobre todas las alternativas que compiten entre sí. ¿Cómo determinar cuál es el mejor camino? Tal vez no sepas en qué te destacas y qué dones espirituales posees. Tus amigos, tu familia y quienes mejor te conocen pueden ayudarte a determinar cuáles son. ¿Hay algún aspecto concreto de tu carácter o personalidad por el que recibes elogios con frecuencia o por el que solicitan tus servicios? En el caso de Olivia, a menudo le han pedido que sustituya a profesores ausentes, incluso en la universidad. Esto la ha ayudado a comprender mejor los dones y talentos que posee. Como resultado, Olivia está empezando a darse cuenta de que tal vez Dios la ha llamado a seguir trabajando en un entorno académico y a hacer uso de sus dones de enseñanza también en la iglesia.

Descubrir el llamamiento de Dios ocurre fácilmente cuando buscamos la mejor manera de servirlo en los asuntos cotidianos y cuando obedecemos su Palabra.

¿Eres alguien a quien los demás acuden en los tiempos difíciles en busca de un oído atento y una palabra de aliento? Si es así, es probable que tus dones vayan en esa dirección. Tal vez no tengas inclinaciones sociales y prefieras actividades que impliquen menos interacción con la gente. En lugar de forzarte a seguir una carrera o área de servicio dentro de la iglesia que requiera una constante interacción con otras personas, trabaja con lo que tienes. Busca tareas y trabajos ministeriales que te permitan servir calladamente.

Tal vez, como Lidia, eres una mujer independiente que ama los nuevos desafíos y la interacción con todo tipo de personas. Si es así, una carrera o servicio para Cristo que te mantenga confinada detrás de un escritorio todo el día te resultaría frustrante, además de impedir que otros se beneficien de lo que tienes para ofrecer. ¿Cómo te sientes cuando tus amigos van a tu casa sin avisar? Para muchas es una interrupción irritante, pero a otras les encantan estos encuentros sociales espontáneos. Si disfrutas de recibir invitados a todas horas, puede que tengas el don de la hospitalidad, como Lidia. Si te gusta la vida hogareña y recibir invitados en tu casa, puedes utilizarlo para la gloria de Dios y proporcionar un ambiente atento, cálido y afectuoso a las personas que están solas o necesitadas.

Otro indicador de tu llamamiento es tu deseo personal. El deseo es una herramienta frecuente que Dios utiliza para llevarnos a donde quiere que vivamos y sirvamos. A menudo desconfiamos de nuestros deseos, por temor a que, de alguna manera, si queremos algo, es imposible que sea algo que Dios quiere para nosotras, pero no es así. El deseo de seguir un determinado camino, siempre que no viole los principios bíblicos, a menudo lo enciende Dios mismo en nuestro corazón. Eres libre de tomar cualquier decisión que no esté prohibida en la Biblia. Eso significa que no tienes que preocuparte por si seguir una carrera en enseñanza o enfermería es la voluntad de Dios o si debes servir a tu iglesia como diaconisa o dirigir un estudio bíblico. Las decisiones que tomamos dentro del marco de las Escrituras son la realización de nuestro llamado personal.

Empieza a dar gracias a Dios por cómo te ha diseñado. Incluso las cosas que te gustaría cambiar de ti misma no son accidentales, sino que están en consonancia con el diseño de Dios sobre cómo has de darle la gloria. Tu apariencia, tu personalidad, incluso las cosas peculiares de ti, todo funciona para la gloria de Dios. Y cuando intentes descubrirlas y aceptarlas por completo, comprenderás para tu gozo eterno que estás contribuyendo a la edificación del cuerpo de Cristo, así como a tu propia felicidad.

El capítulo 12 de Romanos describe la forma de encontrar y utilizar tus dones únicos. Allí Pablo escribió: "Así que, hermanos, os ruego por las misericordias de Dios, que presentéis vuestros cuerpos en sacrificio vivo, santo, agradable a Dios, que es vuestro culto racional. No os conforméis a este siglo, sino transformaos por medio de la renovación de vuestro entendimiento, para que comprobéis cuál sea la buena voluntad de Dios, agradable y perfecta" (Ro. 12:1-2). ¿Lo harás? Eso es lo que hizo Lidia y, puesto que lo hizo, sus dones y talentos han quedado registrados para siempre.

GUÍA DE ESTUDIO

Capítulo 21: Lidia

Lee el siguiente pasaje para aprender lo que las Escrituras nos dicen sobre Lidia: Hechos 16:11-15.

1. ¿Cuál es el "secreto" de las mujeres que rebosan confianza?

2. ¿En qué se diferencia el don espiritual de la hospitalidad de una aptitud natural para recibir invitados?

3. ¿Cuál es el poder activo que hay detrás de nuestros dones espirituales?

4. ¿Por qué tenía éxito Lidia en las cosas que hacía en su vida diaria?

5. ¿Por qué nos podemos sentir frustradas en nuestro trabajo y vocación diarios?

6. ¿Qué motivación nos puede ayudar siempre a descubrir dónde y cómo utilizar nuestros dones?

7. ¿Qué papel tiene tu deseo personal en el descubrimiento de tu vocación?

8. ¿Sabes cuáles son tus dones espirituales? Si es así, ¿cómo los estás utilizando para el reino de Dios?

ÍNDICE DE LAS ESCRITURAS

EDITORIAL
PORTAVOZ

NUESTRA VISIÓN

Maximizar el efecto de recursos cristianos de calidad que transforman vidas.

NUESTRA MISIÓN

Desarrollar y distribuir productos de calidad —con integridad y excelencia—, desde una perspectiva bíblica y confiable, que animen a las personas a conocer y servir a Jesucristo.

NUESTROS VALORES

Nuestros valores se encuentran fundamentados en la Biblia, fuente de toda verdad para hoy y para siempre. Nosotros ponemos en práctica estas verdades bíblicas como fundamento para las decisiones, normas y productos de nuestra compañía.

Valoramos la excelencia y la calidad
Valoramos la integridad y la confianza
Valoramos el mérito y la dignidad de los individuos y las relaciones
Valoramos el servicio
Valoramos la administración de los recursos

Para más información acerca de nuestra editorial y los productos que publicamos visite nuestra página en la red: www.portavoz.com